PROMESSA DE PAI

JOE BIDEN

PROMESSA DE PAI

UM ANO DE SOFRIMENTO,

ESPERANÇA E DETERMINAÇÃO

Tradução de Alexandre Raposo,
Bruno Casotti e Jaime Biaggio

intrínseca

Copyright © 2017 by Joe Biden
Discurso fúnebre © 2019 by Ashley and Hunter Biden
Publicado mediante acordo com Flatiron Books.
Todos os direitos reservados.

TÍTULO ORIGINAL
Promise Me, Dad

PREPARAÇÃO
Carolina Vaz
Stella Carneiro

REVISÃO
Ulisses Teixeira
Luiz Felipe Fonseca

DIAGRAMAÇÃO
Ilustrarte Design e Produção Editorial

CIP-BRASIL. CATALOGAÇÃO NA PUBLICAÇÃO
SINDICATO NACIONAL DOS EDITORES DE LIVROS, RJ

B498p

    Biden, Joe, 1942-
        Promessa de pai / Joe Biden ; tradução Bruno Casotti, Alexandre Raposo, Jaime Biaggio. - 1. ed. - Rio de Janeiro : Intrínseca, 2020.
        256 p. ; 23 cm.

    Tradução de: Promise me, Dad
    ISBN 978-65-5560-052-0

    1. Biden, Joe, 1942-. 2. Biden, Beau, 1969-2015. 3. Pais e filhos - Estados Unidos - Biografia. 4. Presidentes - Estados Unidos - Eleições - 2016. 5. Vice-Presidentes - Estados Unidos - Biografia. I. Casotti, Bruno. II. Raposo, Alexandre. III. Biaggio, Jaime. IV. Título.

20-65990   CDD: 923.2
                                                                                   CDU: 929:32-057.177.11

Meri Gleice Rodrigues de Souza - Bibliotecária - CRB-7/6439

[2020]
Todos os direitos desta edição reservados à
EDITORA INTRÍNSECA LTDA.
Rua Marquês de São Vicente, 99, 3º andar
22451-041 – Gávea
Rio de Janeiro – RJ
Tel./Fax: (21) 3206-7400
www.intrinseca.com.br

Para Natalie e Hunter

*Regras para a felicidade: algo para fazer,
alguém para amar, algo para dar esperança.*
— Immanuel Kant

Sumário

CAPÍTULO UM: *O Dia de Ação de Graças da família Biden* — 11
CAPÍTULO DOIS: *Tenha um propósito* — 31
CAPÍTULO TRÊS: *Consolo* — 40
CAPÍTULO QUATRO: *Confiança* — 58
CAPÍTULO CINCO: *Mantendo-me ocupado* — 78
CAPÍTULO SEIS: *Tem que ser você* — 105
CAPÍTULO SETE: *Riscos calculados* — 125
CAPÍTULO OITO: *Base* — 145
CAPÍTULO NOVE: *Vocês têm que contar a verdade a eles* — 164
CAPÍTULO DEZ: *Você pode ficar?* — 178
CAPÍTULO ONZE: *Concorra, Joe, concorra* — 197
EPÍLOGO — 220
POSFÁCIO: *O presente de Beau* — 229
TRIBUTO A BEAU — 235

AGRADECIMENTOS — 254

CAPÍTULO UM

O Dia de Ação de Graças da família Biden

Os dias estavam ficando mais curtos, então a luz do sol já havia começado a sumir quando o portão de nossa casa temporária se abriu e nosso comboio avançou para além da cerca que contornava o Observatório Naval dos Estados Unidos, em Washington, D.C. Estávamos indo de nossa residência oficial no observatório para a Base da Força Aérea de Andrews, onde meus filhos e netos já se encontravam reunidos. Jill e eu estávamos ansiosos para vê-los em nossa viagem anual do Dia de Ação de Graças. A família se tornara um escape essencial em meus cinco anos e meio como vice-presidente; passar tempo com eles era como estar no olho de um furacão — um lembrete da tranquilidade e do ritmo naturais de nossa vida anterior, e da calma por vir quando terminasse meu período no poder. O trabalho vinha sendo uma aventura incrível, mas Jill e eu estávamos com saudade da época anterior à vice-presidência. Sentíamos falta de nossa casa em Wilmington. Sentíamos falta de fazer longos passeios de carro em que pudéssemos conversar à vontade. Sentíamos falta de ter controle sobre nossa agenda e nossos movimentos. Em última instância, feriados, férias e comemorações com a família haviam se tornado os respiros que restauravam alguma sensação de equilíbrio. E o restante da família parecia precisar desses intervalos tanto quanto nós dois.

Estivemos todos juntos alguns meses antes, em nossa viagem anual de verão para um dos parques nacionais. Mas cinco dias de caminhadas, rafting em corredeiras e longos jantares barulhentos na cordilheira Teton não haviam sido suficientes para os adultos, pelo visto. No último dia, Jill e eu estávamos em nosso chalé fazendo as malas para partir quando bateram à porta. Era nosso filho Hunter. Ele sabia que Jill e eu iríamos sozinhos para um retiro de quatro dias na praia, mas pensou que, como ele e a esposa tinham algum tempo livre, talvez pudessem ir junto. "É claro!", respondemos. Cinco minutos depois, nosso outro filho, Beau, também bateu à porta. Seus sogros haviam concordado em cuidar das crianças. Talvez não nos importássemos se ele e a esposa se juntassem a nós na praia em Long Island. "É claro!", respondemos.

Imagino que alguns pais podem se sentir passados para trás quando solicitados a desistir de aproveitarem um tempo sozinhos. No entanto, considerei aqueles pedidos o fruto de uma vida bem vivida: nossos filhos crescidos *queriam* nossa companhia. Então tivemos mais quatro dias maravilhosos juntos na praia em agosto. Em novembro, contudo, havia também uma urgência perceptível — e um pouco inquietante — na necessidade de ficarmos juntos. Eu estava ciente disso quando parti ao lado de Jill para nossa escapada anual em Nantucket, para mais um Dia de Ação de Graças da família Biden.

Passamos pelos portões do observatório e senti que nossa limusine blindada — uma exigência do governo — fazia seu costumeiro giro suave na Massachusetts Avenue, onde o trânsito fora interrompido para abrir caminho para nossa viagem. Olhei de soslaio para o relógio digital bojudo postado no alto da pista como fizera talvez mil vezes desde que havíamos nos mudado para a residência oficial. Os números vermelhos brilhavam, marcando com perfeição metronômica: *5:11:42, 5:11:43, 5:11:44, 5:11:45.* Aquele era o Tempo Preciso da nação, gerado a menos de cem metros de distância pelo Relógio Mestre do Observatório Naval dos Estados Unidos. O Tempo Preciso — sincronizado em milissegundos — era considerado um imperativo operacional pelo Departamento de Defesa, que tinha tropas e bases em locais espalhadas no mundo inteiro. *5:11:50, 5:11:51, 5:11:52.*

Nossa limusine já estava acelerando ao sair da curva, com uma força abrupta que me jogou contra o encosto do assento de couro macio. O relógio logo ficou para trás, fora de vista, mas ainda marcando o tempo enquanto desaparecia — *5:11:58, 5:11:59, 5:12:00.* O comboio seguiu na direção sudeste, descendo por um lado do círculo em torno do observatório, e pudemos ver as luzes da residência oficial brilhando por entre as árvores desfolhadas. Estava feliz por dizer adeus à casa por alguns dias. Com nossa partida, muitos dos assistentes navais que tomavam conta de nós estavam livres para passar o feriado inteiro com suas famílias.

A procissão ganhou velocidade quando alcançamos a rodovia e nossa escolta de motocicletas afastou para o lado os outros viajantes. O comboio seguiu pela margem sul de Washington, permitindo a visão de monumentos e prédios públicos: o Cemitério Nacional de Arlington, o Lincoln Memorial, o Monumento de Washington — com a Casa Branca a distância —, o Jefferson Memorial, o Capitólio. Tenho servido em cargos eletivos nessa cidade desde 1973, 36 anos como senador e seis como vice-presidente, mas não me tornara indiferente à beleza e à importância desses marcos altivos, que agora tinham um suave resplendor de luz. Eu ainda enxergava aquelas vigorosas estruturas de mármore como representantes de nossos ideais, nossas esperanças e nossos sonhos.

Minha vida profissional em Washington me proporcionara uma sensação de orgulho e realização desde o primeiro dia, sentimento que não arrefeceu após quase 42 anos. A verdade é que, em 25 de novembro de 2014, eu estava tão animado e revigorado com meu trabalho quanto em qualquer momento de minha carreira, embora meu cargo atual fosse verdadeiramente curioso, devo admitir. Há uma flexibilidade estranha e singular nas responsabilidades de um vice-presidente. Em termos estritamente constitucionais, o ocupante do cargo tem muito pouco poder. O vice é encarregado de dar o voto de minerva no Senado — algo que não fora convocado a fazer em quase seis anos — e de esperar para assumir se o presidente estiver de algum modo incapacitado. Um ocupante anterior ficou conhecido por ter dito que o cargo "não vale um balde de cuspe quente". (Esta é a versão educada. Ele não disse "cuspe".) O poder verdadeiro desse cargo é refletivo; depende quase todo da confiança do presidente.

Barack Obama me imbuíra de grandes assuntos para dirigir desde o começo de nosso primeiro mandato, e, quando me designou para supervisionar a Lei de Recuperação de 2009, as negociações de orçamento com o senador Mitch McConnell ou as relações diplomáticas com o Iraque, não ficou tentando me vigiar. Acredito que fiz meu trabalho bem o bastante para ganhar e manter sua confiança. Ele buscou meu aconselhamento com frequência no fim de 2014 e pareceu valorizá-lo, assim houve dias em que senti que estava em meu poder ajudar a inclinar o curso da história um pouquinho para melhor.

E, em algum ponto no comboio naquele entardecer, enquanto seguíamos com velocidade pelas ruas de Washington, um carro transportava o assessor militar vice-presidencial, que estava em posse da "bola nuclear", algo que deveria estar sempre ao meu alcance. Eu era uma das poucas pessoas que tinham o controle dos códigos capazes de lançar um ataque nuclear sobre quase qualquer alvo no planeta. Portanto, um lembrete das sérias responsabilidades do cargo e da confiança depositada em mim estava ali, o tempo todo, 24 horas por dia, sete dias por semana.

Entretanto, apesar de tudo isso, apesar de minha posição, eu não tinha condições de fazer o que mais queria a caminho daquela semana de feriado: retardar o Relógio Mestre no alto da pista, fazer aqueles números vermelhos hesitarem, dar a mim mesmo, à minha família e, mais importante, ao meu filho mais velho uma pausa um pouco maior para respirar. Eu queria o poder de enganar o tempo.

* * *

A tradição de nossa família para o Dia de Ação de Graças em Nantucket começou em 1975 como um ato de diplomacia. Eu era um senador em primeiro mandato e pai solteiro de dois meninos — Beau tinha seis anos, e Hunter, apenas cinco —, e Jill Jacobs e eu havíamos começado a conversar seriamente sobre um futuro a dois. O Dia de Ação de Graças era o primeiro feriado em que Jill e eu passaríamos juntos. O problema era que tínhamos recebido convites demais. Meus pais nos chamaram para passar o dia com eles em Wilmington. Os pais de Jill queriam que fôssemos a Willow Grove, Pensilvânia. Os pais de minha primeira esposa, que morrera alguns anos antes com nossa filha bebê em um acidente de carro, queriam que levássemos seus netos para o norte do estado de Nova York e passássemos um fim de semana com eles. Qualquer que fosse a família que escolhêssemos, acabaríamos magoando alguém, o que era a última coisa que queríamos fazer. Eu estava no Senado certo dia daquele outono, explicando essa situação difícil ao meu chefe de gabinete, e ele disse: "Você precisa é de um Dia de Ação de Graças nuclear." Ele estava querendo dizer apenas com a família nuclear. Só que Wes Barthelmes era de Boston, então o que ele disse, na verdade, foi "Dia de Ação de Graças nucle-aah". Eu não tinha entendido muito bem o que ele tentou falar exatamente, até que Wes explicou que poderia ser mais fácil para todos se nós quatro — eu, Jill, Beau e Hunt — viajássemos sozinhos. Ele sugeriu a ilha de Nantucket, que ficava a uma hora de barca ao sul de Cape Cod. Não conhecíamos a área, mas decidimos ir em frente e fazer disso uma aventura.

Abastecemos meu Jeep Wagoneer com gasolina a 57 centavos o galão e amontoamos os meninos e o cachorro no banco de trás para o que seria provavelmente uma viagem de seis horas até a barca em Hyannis, Massachusetts. Bem, seis horas é tempo demais para dois meninos pequenos ficarem presos no banco de trás de um carro em movimento, mas Jill já estava provando ser uma cuidadora talentosa. Ela apanhara todos os catálogos de brinquedos e de roupas que conseguira encontrar e os jogou no banco de trás quando Beau e Hunt começaram a ficar inquietos. Eles passaram horas folheando as páginas e começaram a fazer e aprimorar suas listas de presentes de Natal, para que tivessem algo para mandar para o Papai Noel, lá no Polo Norte. Jill pediu às crianças que pensassem com calma e tivessem certeza do que incluiriam na lista; não havia pressa.

Quando enfim chegamos, oito horas depois de sairmos de casa, Nantucket se revelou um local que valia a pena. Fazia bastante frio na ilhazinha no fim de novembro, mas podíamos sentir o cheiro forte do ar salgado do Atlântico. A ilha esvaziara na baixa temporada, então tivemos boa parte do lugar só para nós. A maioria dos restaurantes e das muitas lojas estava fechada. O centro era pequeno, talvez uns cinco quarteirões, mas passamos horas ali observando as vitrines e entrando nos estabelecimentos abertos para dar uma olhada. Contei aos meninos que compraria um único presente para cada um deles naquela viagem — o que quisessem, dentro de limites razoáveis. Eles passaram algum tempo olhando. Beau gostou especialmente da Murray's Toggery Shop, a casa das famosas Nantucket Reds, calças de algodão feitas para desbotarem e ganharem um tom suave de rosa. Hunt se apaixonou pela Nobby Clothes Shop, cujo dono fez um alvoroço quando meu filho entrou na loja. Tivemos um jantar de Dia de Ação de Graças na Jared Coffin House, uma hospedaria de 130 anos construída quando Nantucket era um centro comercial da indústria baleeira, e depois nos sentamos junto à lareira para jogar damas. No dia seguinte, almoçamos em um restaurante chamado Brotherhood of Thieves, fomos ao pequeno cinema da cidade, jogamos futebol americano na praia e voltamos à cidade para assistir à cerimônia anual em que as luzes da árvore de Natal são acesas. Fizemos passeios de carro para explorar a ilha e, sempre que passávamos por uma torre de transmissão de rádio com uma grande luz vermelha no topo, eu avisava aos meninos para se abaixarem no banco de trás e se esconderem do Monstro de Olhos Vermelhos. Passamos momentos tão bons que chegamos a dar uma olhada em uma casinha em estilo *saltbox* sobre as dunas da praia de Sconset. O preço pedido era alto demais para o salário de um senador em 1975, mas tiramos uma foto de nós quatro na varanda da casa, sob uma placa de madeira entalhada em que se lia SELVAGENS PARA SEMPRE. No caminho de volta a Delaware, eu já estava pensando em uma nova viagem para lá no ano seguinte.

Jill e eu nos casamos um ano e meio depois, e nossa filha, Ashley, nasceu quatro anos após nossas bodas. E o tempo pareceu correr mais rápido. Beau e Hunt se formaram no ensino médio e, depois, na faculdade de direito. Hunt se casou com Kathleen em 1993, e o casal teve três filhas. Beau se casou com Hallie em 2002, e eles tiveram uma filha e um filho. Jill e eu já não éramos apenas mãe e pai; éramos "Nana" e "Pop". Ashley terminou a pós-graduação e se casou com Howard. E todo ano, mesmo depois que a família cresceu, passávamos o Dia de Ação de Graças em Nantucket — ou "Nana-tucket", como nossos netos passaram a chamar, mesmo quando já eram mais velhos e sabiam o nome certo. A pequena viagem no Wagoneer se tornou uma caravana de dois ou três carros, com netos trocando de lugar na frota quando parávamos para descansar. Depois havia a correria maluca para pegar a barca, com direito a chocolate quente ou sopa de mariscos na travessia sobre a água. Tivemos alguns anos ótimos nesse período e alguns anos ruins, mas, o que quer que estivesse acontecendo, quaisquer que fossem os baques e as contusões que estivéssemos sofrendo, púnhamos tudo de lado e comemorávamos o Dia de Ação de Graças em Nantucket. A viagem no feriado sempre foi uma constante na vida de nossos netos, e os meninos deixavam claro como isso era significativo para eles. Bilhetinhos começavam a aparecer em nossa casa já em setembro, antes mesmo de as folhas começarem a mudar de cor, todos escritos pelas mãos das crianças: *Dois meses para Nana-tucket. Cinco semanas para Nana-tucket.* Alguns tinham desenhos das casas onde havíamos nos hospedado ou da praia. *Duas semanas para Nana-tucket. Só cinco dias para Nana-tucket.*

As brincadeiras e os hábitos de nossas primeiras visitas à ilha se tornaram tradições imutáveis da família: fazer compras no centro, almoçar no Brotherhood, os passeios na praia com a bola de futebol americano na mão. Voltávamos àquela pequena casa em estilo *saltbox* todos os anos para fazer a foto da família sob a placa de SELVAGENS PARA SEMPRE. Essas fotos se tornaram uma marca do crescimento de nossa família, assim como os riscos que os pais fazem no batente da porta para registrar a altura dos filhos — primeiro, só nós quatro, depois cinco, oito, onze e, depois que o filho de Beau, Hunter, nasceu, em 2006, e que o marido de Ashley, Howard, ingressou na família, éramos treze.

As listas de Natal continuaram sendo a atividade mais trabalhosa da viagem do Dia de Ação de Graças, ano após ano; era um negócio cuidadoso, deliberado e sério. Ninguém se esquivava nem se apressava no empreendimento. Os catálogos geralmente chegavam no meio da viagem para o norte, em algum lugar entre a Tappan Zee Bridge e Mystic, em Connecticut. Mas isso era apenas o começo. Havia longas sessões após o jantar em qualquer que fosse a pousada ou casa em que estivéssemos hospedados. E só na noite seguinte ao Dia de Ação de Graças é que Jill fechava a negociação, e *todos* — crianças e adultos — tinham que apresentar a ela sua lista de Natal: no máximo, dez itens; no mínimo, dez itens. Invariavelmente eu ficava em apuros com meus netos ao fechar o negócio. "Pop só tem dois! De novo!"

Houve um pequeno empecilho no imenso empreendimento da lista de Natal, que foi eu me tornar vice-presidente em 2009. Naquele ano, o clã inteiro voou junto para Nantucket a bordo do *Air Force Two*, o que considerei uma mudança muito bem-vinda depois de todas aquelas horas pegando a estrada durante uma das semanas mais movimentadas do ano. Inclusive, cheguei a pensar que isso fosse agradar sobretudo os netos. Mas de avião leva-se pouco mais de uma hora da Base de Andrews até o aeroporto de Nantucket — o que se revelou um prazo insuficiente para folhear os catálogos. Então, no voo de volta, depois que o feriado acabou e as listas de Natal daquele ano estavam seguras nas mãos de Jill, todos os meus netos entraram em minha cabine privada no *Air Force Two* — de Naomi, com quinze anos, a Hunter, com três. Eles haviam conversado, e a conclusão era unânime: aquele novo modo de viajar não funcionaria. "Pop", falou Naomi em nome do grupo, "será que podemos voltar a viajar de carro no ano que vem?"

Imaginei que o chefe de meu destacamento do Serviço Secreto, ao considerar as preocupações com segurança, provavelmente não seria dobrado pelo poder do argumento da lista de Natal — por mais sincero que fosse.

Todos na família sabiam o que fazer em novembro de 2014; essa viagem marcaria nosso sexto voo para Nantucket a bordo do *Air Force Two*. Normalmente, viajávamos de carro para a Base de Andrews em veículos separados e nos encontrávamos na pista de decolagem. O resto da família já estava lá quando Jill e eu e chegamos após um percurso de 25 minutos até a base aérea. Nosso pastor-alemão saltou para fora do carro e correu pela pista, sem coleira nem nada. Champ estava mais do que acostumado: ele foi direto para a escada e subiu para entrar no avião. A escada que leva à porta de entrada do *Air Force Two* tem largura suficiente para duas pessoas e mais ou menos vinte degraus. Fiquei de olho em Beau quando ele subiu pelo lado esquerdo da escada. Meu filho mais velho estava um pouco mais magro do que quando nos vimos pela última vez, mas achei que talvez tivesse recuperado um pouco da força que perdera no braço e na perna direitos alguns meses antes. Subir aqueles degraus foi uma luta, mas ele insistiu em fazê-lo sozinho. Estava bem, dizia. Na verdade, eu não o ouvira reclamar uma única vez desde seu diagnóstico, recebido quinze meses antes. "Está tudo bem", repetia sempre. "Melhorando a cada dia." Eu tinha ordens estritas para jamais mostrar preocupação diante de *ninguém*. "Pai, não me olhe com tristeza", repreendera ele certa vez, quando me pegou observando-o. Ele havia sido firme: "Pai. Pai! Você entendeu? Não me olhe assim."

Duas horas depois de embarcarmos no *Air Force Two* estávamos na casa de um amigo na ilha, escolhendo os quartos. Na questão da acomodação, a primogenitura era uma tradição familiar. Portanto, Jill e eu escolhíamos primeiro, em seguida Beau e Hallie, Hunt e Kathleen, Ashley e Howard, até chegar aos netos. A equipe de comunicação da Casa Branca já havia reivindicado o próprio quarto. Um vice-presidente pode deixar o escritório, mas o escritório nunca deixa um vice-presidente. A equipe de comunicação instalara uma linha de telefone segura para uma emergência ou chamadas internacionais e, por precaução, montara um sistema de videoconferência seguro ligado à sala de comando de emergência da Casa Branca.

Jantamos naquela noite de terça-feira, dois dias antes do Dia de Ação de Graças, e depois nos sentamos com os netos, que insistiram para que todos nós jogássemos Mafia, um jogo de detetive que podia ser jogado à mesa da sala de jantar. Depois que os menores foram dormir, os adultos ficaram por ali, contando velhas histórias de família. Meus dois filhos homens não me deixavam esquecer do dia, quase quarenta anos antes, em que fiz Beau comer uma maçã coberta de areia depois que ele a deixou cair, apesar de ter sido advertido a não levá-la para a praia. E lembra quando Beau e Ashley penduraram uma baqueta sobre o nariz de Hunt, para que fosse a primeira coisa que ele visse quando acordasse dos efeitos da comilança no banquete do Dia de Ação de Graças? E quando pulamos nas dunas pela primeira vez? Já passava da meia-noite quando Jill e eu enfim nos recolhemos. Estávamos felizes. A família se encontrava reunida em um lugar que nos trouxera só alegria por quase quatro décadas. Mas, antes de dormir, Jill e eu conversamos sobre certos ajustes que deveríamos fazer de acordo com as circunstâncias daquela viagem — talvez reduzir o ritmo de atividades por conta de Beau, embora soubéssemos que ele insistiria em não mudar nada. "Está tudo bem", diria. "Está tudo bem."

***

Ninguém falou isso em voz alta e nem precisava fazê-lo, mas aquele Dia de Ação de Graças parecia diferente, como se houvesse uma pressão a mais para *sermos autênticos*. Observávamos nossos antigos rituais com mais rigor. Dormimos até mais tarde na manhã de quarta-feira e ficamos na cama por preguiça, como sempre, até Nana incitar o grupo a sair. Fomos de carro ao centro da cidade, passeamos pelas mesmas ruas e entramos nas mesmas lojas que visitávamos havia quase quarenta anos. Cada membro da família já estava em busca do prêmio prefeito. Como fazia *todo ano*, comprei um presente para cada um. Fomos primeiro à Nobby Clothes Shop, como sempre, e o dono ouviu nossa chegada. "Onde está Hunt?", perguntou Sammy, exatamente como fazia quando meu filho mais novo ainda era um menino tímido de oito anos, e não um homem crescido com uma filha na faculdade. Depois foi a vez de dar uma olhada na loja de Spyder Wright, um lendário surfista e designer de pranchas que conhecia meus filhos desde sempre; e a Sunken Ship, uma loja de suvenir que as crianças adoravam; e a Murray's Toggery Shop.

Andamos em bandos, com pequenos grupos se dividindo para ir a lojas específicas. Os netos mais velhos levavam os mais novos a reboque. Eu queria parar no Hub para tomar café e talvez ler o jornal. Ashley e Jill desejavam ir à Nantucket Cashmere. Champ estava por conta própria para perambular com o grupo que lhe demonstrasse mais afeto. Passamos horas explorando os estabelecimentos, os telefones celulares zumbindo. *Você tem que vir aqui dar uma olhada em...* Meu médico da Casa Branca, Kevin O'Connor, que passara a fazer a viagem conosco desde o ano anterior, balançava a cabeça diante do espetáculo das compras. "Isso é o quê? Uns quatro ou cinco quarteirões de lojas?", dizia ele. "Estou aqui há uma hora e já vi o lugar inteiro. O que vocês andaram fazendo esse *tempo todo*?"

Mas eu me sentia muito bem em estar de férias com o grupo de novo, fazendo algo que para a maioria das pessoas é corriqueiro. Nosso destacamento do Serviço Secreto manteve distância, então havia uma ilusão de liberdade real. Por um momento, tudo parecia bem. Tudo parecia normal.

Nosso progresso era retardado por pessoas que queriam um aperto de mão, um abraço ou uma selfie com o vice-presidente dos Estados Unidos. E eu não era a única atração. Beau Biden já era um astro em ascensão na política do Partido Democrata. Estava prestes a terminar seu segundo mandato como procurador-geral de Delaware e já declarara sua intenção de concorrer a governador em 2016. Seu anúncio deixara o campo livre; ninguém em Delaware estava preparado para desafiar Beau nas primárias democratas. Em geral, ele era considerado o político mais popular do estado, até mais popular que o pai. O povo de Delaware via nele o mesmo que eu: Beau Biden, aos 45 anos, era uma espécie de Joe Biden 2.0. Ele tinha o melhor de mim, mas sem os defeitos e as falhas de fabricação. E contava com Hunt o apoiando com a confecção dos discursos e os conselhos. Eu tinha certeza de que Beau poderia concorrer à presidência algum dia e, com a ajuda do irmão, vencer as eleições. Quando Barack e eu fomos reeleitos, em 2012, eu comecei a pensar com mais seriedade em me afastar após o segundo mandato e mudar o foco para o futuro político de Beau.

Não sei bem quando isso aconteceu, mas, em algum ponto ao longo do caminho, minha admiração por meus filhos ganhou uma nova dimensão. Eles eram homens bons e honrados que compartilhavam uma crença no serviço público e agiam movidos por esse ideal. Hunt passou o verão depois de seu primeiro ano na faculdade dando aulas de inglês para crianças em Belize, como membro do Jesuit Volunteer Corps (JVC). Logo após a faculdade, o trabalho no JVC o levou para Portland, Oregon, onde foi o responsável por um centro de serviços de emergência em um bairro carente. Seu primeiro grande trabalho depois da graduação na Yale Law School foi como *trainee* executivo em um grande banco em Wilmington, onde logo subiu na hierarquia. Mas certa noite, alguns anos depois, ele me procurou e disse que precisava fazer algo mais significativo, então deixou seu cargo muito bem remunerado para assumir um trabalho no governo. No Dia de Ação de Graças de 2014, Hunt estava em seu terceiro ano como presidente do conselho do Programa Mundial de Alimentos dos Estados Unidos.

Beau tomara um caminho semelhante, impulsionado por seu forte senso de honra e dever. Ele se oferecera como voluntário — como civil pelo gabinete da Procuradoria-Geral dos Estados Unidos — para ir a uma zona de guerra no Kosovo a fim de ajudar essa república emergente a desenvolver seu sistema legal e seus tribunais. Ingressara na Guarda Nacional do Exército de Delaware aos 34 anos e insistiu em ir com sua unidade quando esta foi destacada para o Iraque cinco anos depois. Mas tivera que assumir com o Pentágono o firme compromisso de que tiraria uma licença como procurador-geral do estado para dedicar toda a sua energia às responsabilidades assumidas no Iraque. Meu filho fez isso de bom grado. Não posso dizer que fiquei feliz com o modo como ele saiu de seu caminho para se pôr em risco mais uma vez, mas tampouco me surpreendi. Cogitei lhe falar que ele já servira em um campo de batalha e tinha todo o direito de não querer fazer aquilo de novo. No entanto, eu o conhecia bem o bastante para saber o que ele diria: "Eu me inscrevi para isso, pai. Não posso decepcionar meu pessoal. É meu dever."

Beau também estava determinado a ser um bom pai. Há uma história que circulou por minha equipe, algo que aconteceu em uma de nossas viagens anteriores a Nantucket: Beau voltava para casa com seu filho Hunter em um dos carros do comboio quando decidiu dar uma parada rápida na Murray's Toggery para comprar um novo par de Nantucket Reds. Sua esposa, Natalie, brincava dizendo que Beau era conservador demais para usar aquelas calças extravagantes, mas gostava de saber que elas estavam em seu armário. Quando o carro de Beau se afastou do comboio principal naquela manhã para retornar em direção à Murray, o pequeno Hunter gritou do banco de trás do carro: "Ei, motorista, você perdeu o lugar!"

"Por favor, pare o carro", disse Beau a Ethan Rosenzweig, que dirigia. Ethan era o reitor de admissões da Emory Law, em Atlanta, mas gostava de trabalhar conosco, como voluntário, quando tinha tempo livre nos feriados. Ethan conhecia Beau há muito tempo e sabia quando ele estava incomodado. "Ei, Beau", disse Ethan, "não foi nada. Ele não falou por mal." Beau, no entanto, o exortou a encostar o carro. Queria que essa lição fosse registrada por Hunter. Ethan parou no acostamento, Beau saiu do carro e abriu a porta de trás para falar com o filho. "Olhe, Hunter", declarou Beau, com firmeza, "aquele é Ethan, e ele é nosso amigo. Você nunca deve se referir a alguém como 'motorista'. Não se dirija à pessoa pelo trabalho que ela faz. Não é educado. Está bem? Entendeu? Amo você, companheiro."

Beau se manteve recluso em nosso primeiro dia em Nantucket. Seu destacamento do Serviço Secreto se tornara realmente eficiente para cercá-lo. Ele se cansava com facilidade e estava cada vez mais acanhado para interagir com as pessoas. Estava perdendo a sensibilidade na mão direita, que não tinha força suficiente para um aperto de mão firme, e vinha enfrentando um distúrbio chamado afasia. A radiação e a quimioterapia causaram algum dano na parte de seu cérebro que controlava a capacidade de nomear as coisas. Beau mantinha íntegra a capacidade cognitiva, mas tinha dificuldade para lembrar os nomes. Estava se esforçando muito para recuperar a força e reverter a afasia. Ia à Filadélfia quase todo dia para fazer uma hora de fisioterapia e terapia ocupacional e, depois, uma hora de fonoaudiologia, tudo isso além do tratamento de quimioterapia. Ashley o encontrava para lhe acompanhar nas sessões enquanto ele fazia exercícios de força e alongamento, ou enquanto percorria folhas com imagens para nomear os objetos.

Ashley o levava para comer fora antes de ele seguir para o expediente como procurador-geral. Ele queria provar a todos que podia lidar com aquilo e que estava progredindo. E eu acreditava nele.

O cérebro humano é muito ágil, e Beau estava literalmente treinando outras áreas próximas aos seus centros de fala para que assumissem a função perdida. O processo era lento, mas ele nunca demonstrava frustração. Ninguém na família, em seu círculo de amigos ou na equipe no gabinete da Procuradoria-Geral o via irritado ou desanimado. Era preciso apenas um pouco de paciência e algumas palavras a mais quando ele não conseguia lembrar a palavra *prefeito*: "Sabe, o cara que governa a cidade." Ou o *pãozinho* que acompanhava o jantar. "Me passa, você sabe, aquela coisa marrom em que você põe manteiga."

Parte da beleza do feriado da família em Nantucket era a maravilhosa privacidade a que nos reservávamos. O passeio sempre havia sido livre de telefones durante todos os meus anos no Senado. Eu não cuidava de nada que não fosse uma emergência, de modo que me dedicava exclusivamente aos meus filhos e netos. Mas essa foi a única tradição comprometida em 2014. Como vice-presidente, eu nunca estava completamente livre de trabalho, mesmo no Dia de Ação de Graças. Por exemplo, tive que deixar o passeio na cidade naquela quarta-feira e voltar para casa a fim de conversar, pela linha segura, com Arseniy Yatsenyuk, o primeiro-ministro da Ucrânia, que estava ansioso para me informar o que acontecera em Kiev naquele dia. Eu estivera na capital ucraniana quatro dias antes, e as coisas pareciam complicadas. O movimento iniciado pela Revolução da Dignidade, um notável protesto ocorrido em uma praça de Kiev chamada Maidan Nezalezhnosti, perdia forças. Os habitantes do país pareciam prestes a perder a luta por democracia e independência. O presidente russo Vladimir Putin usara a instabilidade da revolução de então como oportunidade para tomar, pela força militar, uma parte da Ucrânia chamada Crimeia, e mantinha a pressão. O mandatário enviara havia pouco tempo tanques e soldados russos para atravessarem a fronteira e intimidar outras províncias na parte leste do país, e estava ameaçando cortar o abastecimento de gás natural da Ucrânia, o que desestabilizaria muito a já combalida economia do país. O recém-eleito governo democrático da Ucrânia corria um risco real de desmoronar sob os esforços de Putin.

Enquanto isso, o novo presidente da Ucrânia e o novo primeiro-ministro passavam por problemas recorrentes de confiança. O presidente Petro Poroshenko e o primeiro-ministro Yatsenyuk eram de partidos rivais, e as eleições haviam sido agressivas e polarizadas. Seus eleitorados permaneciam mais empenhados em marcar pontos políticos do que em governar. As facções de Poroshenko e Yatsenyuk desperdiçavam energia brigando entre si quando deveriam estar criando instituições e forças de segurança capazes de defendê-las de Putin. Os ucranianos ainda não haviam formado um governo de coalizão viável no fim de novembro, seis meses após Poroshenko assumir a presidência. Se não resolvessem aquilo logo, isso implicaria eleições antecipadas. O que, por conseguinte, resultaria em problemas. Agentes de Putin com certeza injetariam dinheiro nas campanhas de candidatos pró-Rússia e provavelmente eliminariam qualquer esperança de uma independência real na Ucrânia. E, assim, União Europeia e a Otan provavelmente abandonariam a Ucrânia, considerando-a uma causa perdida, e o país seria empurrado de volta à influência tóxica da Rússia. A bravura e o sacrifício de tantos ucranianos na Revolução da Dignidade não resultariam em nada.

Eu passara meses trocando telefonemas tanto com Poroshenko quanto com Yatsenyuk, tentando convencer cada um deles, em separado, a pôr a lealdade ao país acima da lealdade ao partido político. Eu investira dois dias inteiros em Kiev na semana anterior tentando fazer o presidente e o primeiro-ministro enxergarem o perigo de sua teimosa relutância em cooperar. Ainda estava trabalhando para resolver o problema ao sair de Kiev, em 22 de novembro, quatro dias antes. Yatsenyuk me telefonara quando eu estava partindo, e convidei-o para ir ao aeroporto comigo. Eu gostava de Arseniy. Ele era inteligente —

um economista com ph.D. —, mas não um acadêmico recluso. Era um líder jovem e sério que se importava profundamente que seu país fosse uma democracia plena, com fronteiras seguras. O primeiro-ministro de quarenta anos também tinha um traço de idealismo que eu apreciava, e, no trajeto de limusine até o aeroporto, apelei a essa característica. "Olhe", falei a Yatsenyuk, "você precisa ficar ao lado de Poroshenko. Vocês têm que ser um time. Não podem seguir caminhos separados. Se novas eleições forem convocadas, vai ser um desastre. Vocês vão perder tudo. Estou lhe dizendo, Arseniy, você tem que dar um passo à frente. Tem que ser um grande homem. Você pode fazer isso. Vai ser difícil, mas tem condições de fazer isso."

Ao falar comigo na linha segura naquela tarde, Yatsenyuk tinha uma boa notícia e queria que eu fosse o primeiro a saber. Ele me contou que os partidos rivais na Ucrânia haviam acabado de formar um novo governo de coalizão. Ele continuaria sendo primeiro-ministro, mas um aliado-chave de Poroshenko seria o presidente do novo Parlamento. Os dois também haviam concordado com uma agenda em comum para avançar. "Estou mantendo meu compromisso com você, senhor vice-presidente", disse ele.

Eu me senti satisfeito no jantar aquela noite, com nós treze à mesa, trabalhando nas listas de presentes e sabendo que os partidos conseguiram estabelecer um novo governo em Kiev.

Acordamos na manhã do Dia de Ação de Graças e fizemos nosso Trote do Peru anual — uma corrida de mais de quinze quilômetros (para quem tivesse disposição) até o outro lado da ilha. Fiz a rota de bicicleta com alguns netos. Passamos parte do dia jogando futebol americano na praia. Mostrei ao jovem Hunter os barrancos onde seu pai e seu tio costumavam pular e trocar passes com a bola de futebol americano quando tinham a idade dele. Beau, Hallie e seus filhos cuidaram de tirar algumas boas fotos dos quatro juntos na praia. E fomos à casinha em estilo *saltbox* para nossa foto anual, mas o terreno estava cercado por uma fita amarela da polícia. A casa tinha sumido, vítima de marés altas que vinham levando um metro ou mais do Barranco de Sconset a cada ano nas últimas duas décadas. Anos com tempestades fortes podem levar até dez vezes mais do que isso em certos lugares. Selvagens para sempre ficara sem chão, e seu tempo se esgotara; fora varrida para dentro do Atlântico. A única coisa que restara era um pedaço da fundação.

Voltamos ao centro da cidade no dia seguinte ao de Ação de Graças, fazendo todo o possível para que estivéssemos no lugar certo ao entardecer para assistir à cerimônia anual em que a árvore de Natal de Nantucket é acesa. Beau havia pedido Hallie em casamento na cerimônia de 2001, e os dois se casaram na igreja de St. Mary, no coração da ilha, no ano seguinte. Hallie sempre suspeitou que essa foi a maneira de Beau de prendê-los para sempre ao Dia de Ação de Graças da família Biden. E funcionou. Eles estavam comemorando o 12º aniversário naquele fim da semana, e Hallie nunca faltara a um Dia de Ação de Graças. Mesmo no ano em que Beau estava no Iraque, ela insistiu para que todos nós mantivéssemos a tradição e fôssemos para Nantucket.

Enquanto fazíamos nosso passeio em família, me vi remoendo uma questão que começava a pesar sobre mim. Eu estava recebendo muitas perguntas, vindas de todos os lados, sobre concorrer à presidência em 2016. Até o presidente Obama me surpreendera ao perguntar diretamente sobre meus planos em um de nossos almoços regulares algumas semanas antes. Ele queria saber se eu havia pensado em todas as coisas que poderia fazer se *não* concorresse. E assegurou que, mesmo assim, eu poderia fazer diferença. Poderia montar uma fundação ou um centro de política externa, por exemplo. Poderia até fazer algumas coisas que nunca fizera antes — como ganhar algum dinheiro. "Mas você tomou uma decisão [sobre concorrer]?", perguntou-me o presidente, sem rodeios, do outro lado da mesa, em um pequeno espaço privado perto do Salão Oval. "Não", foi tudo o que consegui dizer.

Em algum momento nas ruas de Nantucket, naquele dia, abordei a questão sobre 2016 com meus dois filhos. Tinha uma sensação de que eles não queriam que eu concorresse. Falei isso para eles, e Beau olhou para mim. "Precisamos conversar, pai", disse ele. Então, quando voltamos para a casa naquela noite, nós três nos sentamos na cozinha e conversamos.

Eu sabia que havia muitos bons motivos para não concorrer, e a incerteza sobre a saúde de Beau era o maior deles. E eu realmente achava que meus filhos, cujas avaliações eu passara a valorizar e nas quais eu confiava, não queriam submeter a família à provação de uma campanha presidencial naquele momento. "Pai, você entendeu tudo errado", falou Beau quando nos acomodamos na cozinha. "Você tem que concorrer. Eu quero que você concorra." Hunter concordou. "*Nós* queremos que você concorra." Conversamos durante uma hora. Eles queriam saber o que eu estava fazendo para me preparar e qual seria o momento certo para fazer o anúncio. Alguns de meus especialistas políticos argumentavam com firmeza que, se eu fosse concorrer, deveria anunciar logo, já no início de 2015. Mas acho que nós três queríamos um pouco mais de tempo para ver o que aconteceria com Beau. O momento da decisão não era crucial, meus filhos me disseram; eles só queriam que eu soubesse que eram a favor. Hunt ficou me dizendo que, de todos os potenciais candidatos, eu era o mais preparado e o mais capaz de liderar o país. Contudo, foi a convicção e a intensidade na voz de Beau que me pegaram desprevenido. Em determinado momento, ele disse que era minha obrigação concorrer, meu dever. *Dever* era uma palavra que Beau Biden levava a sério.

Quando embarcamos no *Air Force Two* para a viagem de volta naquele domingo, todos pareciam felizes. Os cinco dias haviam sido um sucesso em todos os aspectos. Jill escondera as listas completas de Natal por segurança. Tinha sido um ótimo passeio. Nós dois — Jill e eu — chegamos ao Observatório Naval naquela tarde e subimos a imponente escada central até o segundo andar para nos acomodarmos nos aposentos que usávamos quando estávamos a sós. Era um espaço pequeno e meio atulhado, mas era nosso pedacinho de lar dentro de uma residência projetada em grande parte para uso público. Havíamos mobiliado a sala de estar com sofás de couro que combinavam com os de nossa biblioteca em Wilmington e alinhado as prateleiras com nossos livros favoritos e fotos da família. Havia uma mesinha em um canto que servia de mesa de jantar a dois, onde comíamos à luz de velas mesmo sob o persistente sol do verão.

Eu me sentei em nosso sofá, em um lugar da casa que parecia verdadeiramente pertencer a nós, para relaxar e refletir. Mas havia uma imagem que eu não conseguia tirar da cabeça. Continuava vendo a casinha de SELVAGENS PARA SEMPRE arruinada pela poderosa indiferença da natureza e pela inevitabilidade do tempo, não mais capaz de se manter de pé. Quase podia ouvir o estalo quando sua estrutura cedeu, podia visualizar a maré indo e voltando, arrastando-a sem piedade ou remorso até ela ficar à deriva e ser engolida pelo mar. Nenhum Dia de Ação de Graças jamais seria o mesmo. Peguei meu diário e comecei a escrever. Eu tinha, sim, um grande item para minha lista de Natal daquele ano, mas o estava guardando para mim: *ObsNac, 30 de novembro de 2014, 19h30. Em casa, chegando de Nantucket. Rezo para que tenhamos outro ano juntos em 2015. Beau. Beau. Beau. Beau.*

CAPÍTULO DOIS

Tenha um propósito

No verão de 2013, quando Beau viu pela primeira vez os exames que indicavam uma lesão em seu cérebro, sua reação continha certo alívio; finalmente havia uma explicação para o que vinha acontecendo com ele. Beau acordara certa manhã, três anos antes, incapaz de falar e com o lado direito do corpo paralisado. Foi levado às pressas para o hospital, onde o exame inicial mostrou um coágulo no cérebro. Mas os sintomas clássicos de AVC sumiram algumas horas depois de ele chegar à sala de emergência, onde os médicos ainda estavam decidindo o melhor tratamento. "Pai, olhe", disse Beau, em cima de uma maca na sala de exames, e moveu o braço e a perna direitos para cima e para baixo. Aquilo me parecia um milagre. Meu médico da Casa Branca, Kevin O'Connor, pensou que Beau provavelmente sofrera algo chamado paralisia de Todd, um efeito secundário de convulsões cerebrais. Ninguém podia explicar com exatidão, mas qualquer sinal de coágulo desaparecera e Beau não ficou com nenhuma sequela.

Meu filho ficou bem por uns dois anos depois daquilo, mas então começou a ter sensações estranhas e tontura em algumas de suas corridas mais longas. Achou que podia ser desidratação, até que piorou. Seu equilíbrio nem sempre era estável, e Beau tinha alucinações auditivas. Em algumas corridas, o som de um motor de jato se abatendo sobre ele era tão real e presente que, descobri mais tarde, ele se agachava no acostamento. Meu filho começara a se perguntar se eram ataques de pânico, transtorno de estresse pós-traumático decorrente de seu período de serviço no Iraque ou se estava pirando. Então, por mais desconcertante que fosse, o contorno de uma grande massa no lado esquerdo do cérebro pelo menos lhe deu a segurança de que não estava ficando louco.

Eles viram o tumor em uma tomografia em Chicago, depois que Beau teve outro episódio semelhante a um AVC durante um período de férias com Hunt e suas famílias. Levamos Beau de volta ao Thomas Jefferson University Hospital, na Filadélfia, onde os médicos já o conheciam e onde o marido de Ashley, Howard, trabalhava como cirurgião de cabeça e pescoço. Os neurologistas do Jefferson fizeram uma bateria de testes e exames antes de nos apresentarem um conjunto de diagnósticos possíveis: desde um crescimento benigno até um linfoma, que talvez tivesse cura, e um glioblastoma, que provavelmente não tinha. Quando os médicos do Jefferson sugeriram que, por precaução, deveríamos nos preparar para o pior, a primeira reação de Beau foi de raiva. *Maldição!* Então todos nós pusemos as mãos à obra.

Howard e Kevin O'Connor, que todos nós chamávamos de Doc, telefonaram para especialistas atrás de conselhos sobre qual seria o melhor lugar para tratamento, qualquer que fosse o diagnóstico. Assim como Beau, Doc era do Exército, um médico da Força Delta que estivera em combates importantes. Quase sempre mantinha a calma sob pressão, mas até ele estava abalado pela possibilidade de glioblastoma. Quando Jill lhe perguntou sobre o melhor lugar para ir se fosse o caso, ele deixou escapar, sem pensar — porque não se permitia acreditar que podia ser o pior: "Se for o Monstro, o hospital não vai fazer diferença." Jill começou a chorar.

Doc era bom com Beau, que ainda tentava entender a situação naqueles primeiros dias. O verdadeiro medo estava começando a se insinuar. Às vezes, Beau segurava Doc, quando ninguém estava por perto, para obter uma avaliação franca. "O que quer que seja, não é bom", respondeu Doc, "mas vamos descobrir o que é. E quando descobrirmos, teremos um plano."

"Promete?", perguntou Beau.

"Prometo. Você está bem. Pessoas sobrevivem a isso, e todas aquelas que conseguiram são como você. Jovens. Em boa forma. Saudáveis. Teremos um plano."

"Obrigado, Doc", disse Beau. "Você sabe que eu adoro o Exército."

Alguns dias depois, quando levamos Beau ao M. D. Anderson Cancer Center, em Houston, todos os diagnósticos tendiam para glioblastoma, mas eles não conseguiram cravar o resultado. Olhando para Beau — bronzeado, bonito e em boa forma, com a atípica barba crescida de uma semana —, era difícil conceber que podia haver alguma coisa muito errada com ele. Ele me parecia saudável e vibrante como sempre, desde os tempos em que era um menininho. Poderia ter saído e corrido quinze quilômetros naquele dia, e parecia estar em ótimas condições. O anestesista do hospital reservou uma hora para explicar a cirurgia, complicada e arriscada, que teria no dia seguinte para remover o tumor e determinar se era realmente um glioblastoma. Beau acenou para ele depois de vinte minutos. "Já entendi", disse. *Vamos em frente com isso!* Achamos um grande restaurante italiano por perto naquela noite, e ninguém ali imaginaria que estávamos enfrentando uma crise. Comemos, rimos um pouco e projetamos nossas esperanças. Estávamos todos juntos: Beau e Hallie, Jill e eu, Hunt e Kathleen, Ashley e Howard.

Beau não tentava se enganar a respeito da enormidade de sua situação. A tomografia mais recente no M. D. Anderson mostrava uma grande massa cinzenta em seu lobo temporal esquerdo, ou seja, provavelmente entremeada em áreas do cérebro que controlavam a fala, a cognição e o movimento. Mesmo assim, ele parecia menos preocupado consigo mesmo e com seu prognóstico do que todos os outros da família. Estava preocupado com a esposa e os filhos, com o irmão e a irmã, com sua mãe e até mesmo comigo. Quando o levaram de maca rumo à Brainsuite, para a longa e árdua cirurgia, Howard e Doc estavam com ele. Beau segurou a mão de Doc no caminho. "Doc", disse ele, "me prometa que vai cuidar de Pop."

"Você vai estar por perto para cuidar de seu pai, Beau."

"É sério, Doc. Não importa o que aconteça. Cuide de Pop. De verdade. Me prometa. De verdade."

Enquanto Beau era acomodado na sala de operação, fomos escoltados até a sala de conferência que o serviço do hospital tivera a gentileza de reservar para nós. Havia espaço suficiente para o destacamento do Serviço Secreto, e eu tinha uma linha segura. A equipe do M. D. Anderson trabalhava bastante para preservar nossa privacidade, o que desejávamos imensamente, mas o trajeto para nossa sala de espera acrescentou um toque surreal ao dia. Andamos por um labirinto de corredores, cada um deles silencioso, bege e aparentemente interminável. As lâmpadas acima eram de um branco fluorescente forte. Acho que a família inteira se sentia como se estivéssemos em um lugar onde nunca havíamos estado, fosse física ou intelectualmente. Havia muita informação chegando, e rápido. Tinha muita coisa que eu precisava aprender sobre aquela doença. Será que eu teria tempo para aprender tudo que era necessário? Eu podia sentir o controle se esvaindo enquanto seguíamos nossos guias pelos longos corredores. Não havia nenhuma janela, nenhuma forma de ver um horizonte, nenhuma maneira de se orientar para um futuro próximo. Ninguém dizia nada.

Enfim chegamos à sala de conferência e nos sentamos para a longa espera que teríamos pela frente.

O que nos levou para o M. D. Anderson foi a reputação do dr. Raymond Sawaya, considerado um dos melhores neurocirurgiões do mundo para um procedimento chamado craniotomia em paciente acordado. A operação permitia que o médico removesse a maior parte do tumor cerebral sem causar danos à fala, à cognição ou à capacidade motora. O paciente permanecia consciente durante a maior parte do procedimento, nomeando objetos simples desenhados em cartões ou mantendo uma conversa casual com o anestesista, enquanto o dr. Sawaya sondava os contornos do tumor com pequenos eletrodos. Se Beau de repente não conseguisse identificar a imagem de um elefante ou um carro, sentisse uma perda de força ou não conseguisse falar, Sawaya saberia que não podia cortar aquele ponto sem causar sequelas. Beau tinha que ser forte para suportar horas desse procedimento desconcertante. O dr. Sawaya e seu anestesista haviam permitido a permanência de Howard e Doc O'Connor na sala de operação, assim eles podiam ajudar a acalmá-lo. E pelo visto eles mantiveram o clima leve, tranquilo e bem-humorado. "Lembre-se", disse um dos profissionais médicos, "o que acontece na Brainsuite fica na Brainsuite."

Enquanto explorava a área em torno do tumor de Beau, procurando lugares onde pudesse fazer as incisões, o dr. Sawaya enviou uma pequena biópsia para o laboratório. Ele precisava esperar os resultados antes de começar a extração do tumor. Se o câncer se revelasse um linfoma, Sawaya poderia adotar uma abordagem mais conservadora. O linfoma se dissolveria sob radiação e quimioterapia, enquanto o glioblastoma seria muito pouco afetado até por doses cada vez maiores. Portanto, se os resultados do laboratório confirmassem um glioblastoma, ele trabalharia firme para remover o máximo possível. Sawaya tinha mais de setenta sobreviventes de longo prazo entre os pacientes que tratara nos trinta anos anteriores, e o que destacava esses sobreviventes era a porção do tumor removida na cirurgia inicial. Quando o dr. Sawaya conseguia retirar 98%, havia uma chance muito maior de o paciente superar as dificuldades. Qualquer coisa abaixo disso complicaria essa difícil batalha.

* * *

Todos nós estávamos esgotados — a maioria em silêncio — quando o dr. Sawaya entrou na sala privativa de espera em algum momento depois de uma da tarde, mais de sete horas depois de Beau ser encaminhado à sala de operação. O cirurgião era um homem alto e elegante, com um leve sotaque por sua vida anterior na Síria e no Líbano. Sua presença e conduta eram sempre confiantes e reconfortantes, e ele estava obviamente satisfeito com o modo como a cirurgia transcorrera. Ele removera um tumor um pouco maior que uma bola de golfe, e Beau passara por isso sem uma única complicação. Exceto por uma cicatriz no lado esquerdo da cabeça, ele ficaria como antes. Sua fala, sua cognição e sua capacidade motora estavam ilesas. No entanto, a notícia não era 100% boa. O tumor estava um pouco difuso, e Sawaya não conseguira extirpá-lo integralmente. Ele detectara algumas células de câncer contra a parede de uma artéria e sabia que, se tivesse tentado tirá-las, Beau teria sofrido danos sérios e irreversíveis. Então a notícia ficou pior. Bem pior. Os resultados do laboratório, explicou o dr. Sawaya, confirmaram as expectativas da equipe médica: o tumor era definitivamente um glioblastoma. Estágio IV. Eu estava no fundo da sala, virado para um canto, quando Sawaya deu a notícia — fiquei satisfeito por ninguém da família estar olhando para mim. Abaixei a cabeça, o olhar fixo no chão. Era como se eu tivesse sido derrubado. Apanhei meu rosário e pedi a Deus que me desse força para lidar com aquilo.

Beau estava acordado e alerta naquela tarde, e comendo alimentos sólidos à noite. Na manhã seguinte, estava fora da cama, andando e já ansioso para voltar para casa. Mas havia muito a absorver e muitas decisões a tomar. Estávamos agora nas mãos do preeminente neuro--oncologista do M. D. Anderson, dr. W. K. Alfred Yung, que supervisionaria o tratamento de Beau. O dr. Yung crescera em Hong Kong, mas viera estudar medicina nos Estados Unidos. Perdera a mãe e dois irmãos para o câncer, e ele próprio era um sobrevivente da doença, o que o tornava um guerreiro comprometido contra esse mal e alguém que *entendia* o que estávamos vivendo.

O dr. Yung tinha à mão todos os novos relatos da patologia. Testes genéticos na massa mostraram que Beau tinha o pior do pior; não apenas lhe faltava uma mutação-chave que retardava o crescimento do tumor, como ele tinha duas mutações separadas que o aceleravam. Yung foi delicado, mas sincero e direto: "Vamos traçar um plano de tratamento agressivo. Acho que você consegue lidar com isso. Você é jovem e saudável. Sabemos que são fatores prognósticos bons. Mas será uma luta difícil, Beau. Você tem uma longa batalha pela frente."

Beau não pediu ao dr. Yung uma avaliação sobre o tempo que isso poderia levar. Assim como ninguém na família. Todos nós já havíamos pesquisado o prognóstico padrão para glioblastoma a essa altura. Em geral, o tumor reaparecia seis ou sete meses depois da cirurgia, e a expectativa de vida após o diagnóstico inicial era de doze a quatorze meses. Talvez apenas dois em cem consigam uma remissão livre do tumor a longo prazo. Mas isso significa que algumas pessoas *vencem*, dissemos a nós mesmos. Por que não Beau?

Também sabíamos que avanços extraordinários estavam sendo feitos no tratamento de glioblastomas e que o dr. Yung, ao lado da equipe do M. D. Anderson, estava na vanguarda dos tratamentos experimentais. Eu tinha certeza de que conseguiria acesso às outras mentes mais destacadas do campo. A experiência me ensinara que um vice-presidente provavelmente era capaz de convencer quase qualquer médico ou pesquisador do país a atender seu chamado. E eu não me acanharia em pedir ajuda e conselhos. Beau também tinha um sistema robusto de apoio. Hallie era uma rocha. Ela manteria a vida deles nos trilhos, garantiria o bem-estar e a segurança dos filhos. Eu sabia que ela lhe daria todo o suporte e todas as esperanças. Jill manteria em Beau seus olhos vigilantes de mãe, sempre treinados. Se algo o deixasse desconfortável ou lhe causasse dor, ela saberia antes que ele abrisse a boca e faria o que fosse preciso pelo bem dele. Ashley estaria ao seu lado durante os tratamentos na Filadélfia e ofereceria seu amor incondicional e sua adoração de irmã mais nova. Hunt era a arma secreta. Sua missão durante a vida inteira havia sido proteger o irmão; e era isso que ele faria. Tudo que fosse necessário. E Beau sabia que Hunt estaria ali quando ele precisasse. Estava implícito. Eles sempre haviam apoiado um ao outro, desde pequenos, e nada mudara desde então. A única diferença era que o sentimento ficara mais intenso. "Você sabe que eu trocaria de lugar com você se pudesse, Beau", dissera Hunt ao irmão no dia da cirurgia. E todos nós sabíamos que ele falava sério. Se Beau precisasse de ajuda para tomar decisões difíceis sobre qual novo tratamento promissor, mas não comprovado, poderia valer o risco, Hunt daria o conselho final. E seria a pessoa à qual Beau poderia confidenciar qualquer coisa. Embora estivesse dizendo a mim e a todo mundo que estava bem, Beau podia contar a Hunt a absoluta verdade sobre seus temores reais.

Mais importante do que isso, estávamos todos seguindo a liderança de Beau, seguindo seu exemplo. E Beau estava determinado a enfrentar a luta — danem-se as chances. "Não deixem ninguém me dizer quais são as chances", disse para Hunt e para mim. "Está bem? Vou vencer isso. *Nós* vamos vencer isso. Não quero ouvir nada sobre porcentagens."

Quando estávamos nos preparando para ir embora do hospital, apenas dois dias após a cirurgia, o dr. Sawaya foi ao quarto de Beau para lhe desejar sorte. Beau lhe deu um abraço, e o dr. Sawaya retribuiu. Os dois claramente haviam passado por algo semelhante a uma batalha. Quando o dr. Yung veio mais tarde para conferir como estávamos, eu o puxei de lado e lhe fiz a pergunta que provavelmente todos os pais fazem: "O que meu filho deveria fazer agora? Como ele deveria viver?"

O médico disse que Beau deveria ser positivo e ter esperança. Deveria ir para casa e fazer o que teria feito antes do diagnóstico. Eu lhe disse que Beau planejava concorrer ao governo de Delaware. "Então diga a ele que vá para casa e concorra ao governo", respondeu. "Ele deve viver como quem vai continuar vivo."

Eu queria que a família ouvisse isso, então reuni todos em um pequeno saguão fora do quarto de Beau, e o dr. Yung explicou mais uma vez que, embora a luta fosse difícil, havia esperança. Acho que ele estava olhando para Beau quando disse aquilo, mas a mensagem era para todos nós. Não deveríamos deixar essa doença tomar conta de nossa existência. Ele disse a Beau para voltar para casa e viver como se tivesse um futuro. "Concorra ao governo. Tenha um propósito."

Quase todos os dias depois disso, me vi agindo de acordo com esse conselho — ter um propósito. Não importava o que aparecesse em meu caminho, eu me apegava ao meu senso de propósito. Eu me agarrava com todas as forças àquilo. Temia que, se deixasse a batalha de Beau me consumir, todo o meu mundo desmoronaria. Eu não queria decepcionar o país, a administração Obama, minha família ou, acima de tudo, meu Beau.

CAPÍTULO TRÊS

Consolo

A Casa Branca achou melhor que eu fosse a Nova York representar o presidente no enterro de um dos dois oficiais da polícia mortos no sábado anterior ao Natal de 2014. O presidente estava com Michelle e as filhas em sua viagem de feriado anual ao Havaí, onde crescera, e a equipe considerou insensato ele tomar um voo de onze horas direto para uma grande controvérsia. Portanto, concordei em ir ao evento. Eu sabia que deveria ir, embora fazer aqueles discursos fúnebres sempre remexesse lembranças dolorosas de minhas próprias perdas e tivessem adquirido um senso premonitório desde o diagnóstico de Beau. Assim, passei os últimos dias antes do Natal preparando meus comentários. Eu tinha plena noção de que precisava alcançar o equilíbrio perfeito para ajudar a começar o processo de cura da cidade. O assassinato dos policiais de Nova York Rafael Ramos e Wenjian Liu era mais um de uma série de eventos repentinos e violentos na desgastada relação entre policiais e a comunidade negra. Os dois foram executados por um atirador solitário quando estavam sentados calmamente em um carro de patrulha no Brooklyn, fazendo seu trabalho. "Eles simplesmente foram mortos, viraram alvos por causa do uniforme", dissera o comissário de polícia da cidade, Bill Bratton, ao anunciar a morte deles. "Foram emboscados e assassinados."

A notícia desse ato sem sentido chegou em meio a mais de duas semanas de crescentes manifestações contra a brutalidade policial em Nova York. Os protestos foram desencadeados pela decisão de um grande júri de não indiciar um policial que havia sufocado até a morte um afro-americano de 43 anos chamado Eric Garner — apesar de o incidente ter sido integralmente filmado por um celular. O prefeito Bill de Blasio tivera o cuidado de não criticar o júri, mas fez questão de expressar solidariedade à família Garner e a todos os pais que tinham que se preocupar com um filho não branco em qualquer encontro com policiais. O prefeito detalhou as precauções especiais que ele, que é branco, e a esposa, que é negra, insistiam para que seu filho observasse ao lidar com a polícia: faça tudo que lhe disserem para fazer, evite movimentos repentinos, não pegue o celular. "Tenho sido obrigado a me preocupar ao longo dos anos", explicou De Blasio. "Será que Dante está a salvo a cada noite? [...] E não só de algumas realidades dolorosas de crime e violência em alguns de nossos bairros, mas a salvo das próprias pessoas nas quais queremos ter fé de que sejam nossas protetoras." O chefe do maior sindicato de polícia da cidade, Patrick Lynch, na mesma hora acusou o prefeito de jogar a polícia "aos leões".

Ao saber da emboscada a Ramos e Liu no Brooklyn, De Blasio correu para o hospital a fim de confortar suas famílias e seus amigos. O prefeito condenou veementemente os assassinatos e o fez sem cessar, assim como o presidente Obama. "Oficiais que servem nossas comunidades e as protegem arriscam sua segurança por nós todos os dias e merecem respeito e gratidão todos os dias", disse o presidente. "Peço às pessoas que rejeitem a violência e as palavras de ódio, e se voltem para palavras que curam — prece, diálogo paciente e solidariedade aos amigos e à família daqueles que tombaram." Mas as coisas já estavam saindo de controle.

O congressista de Nova York Peter King estava visivelmente aflito quando foi à TV, horas depois dos disparos. O deputado é um servidor público sensato e dedicado, mas parecia dominado pela raiva diante dos terríveis assassinatos. As declarações do presidente e do prefeito foram superficiais e pouco confiáveis, dissera King a um entrevistador. Era "hora de dirigentes eleitos apoiarem homens e mulheres da polícia e colocarem um fim na depreciação de oficiais e grandes júris", disse King, indicando que o presidente e o prefeito eram parte do problema. Nas primeiras horas após os disparos, o ex-prefeito de Nova York Rudy Giuliani já estava sendo ultrajante. E sabia, por longa experiência, que vários veículos da imprensa lhe permitiriam falar sem ser contestado. Ele afirmou que o presidente dera "permissão" ao atirador, que, descobriu-se depois, anunciara nas redes sociais sua intenção de caçar e matar policiais para vingar Garner e outros que foram mortos durante recentes interações com a polícia. "Tivemos quatro meses de propaganda, começando pelo presidente, de que todos deveriam odiar a polícia", alegou Giuliani, uma declaração maldosa e facilmente refutável. Patrick Lynch foi ainda mais dramático: "Há sangue em muitas mãos hoje à noite." Ele culpou todos "aqueles que incitaram a violência nas ruas sob o pretexto de protesto e que tentaram derrubar o que funcionários do Departamento de Polícia de Nova York [NYPD, na sigla em inglês] faziam todos os dias [...] Esse sangue nas mãos tem origem nos degraus da prefeitura, no gabinete do prefeito".

Giuliani, Lynch e alguns outros ficaram lançando ataques nos dias posteriores aos assassinatos, insensíveis aos muitos nova-iorquinos generosos que não só marcharam contra a morte injustificada de Eric Garner como também apareceram para apresentar suas condolências em uma homenagem aos oficiais Ramos e Liu improvisada na calçada — incluindo a própria filha de Garner, que chegou para oferecer a solidariedade de alguém que de fato entendia tudo aquilo. "Tive que vir e mostrar às famílias que estamos do lado delas", disse Emerald Snipes-Garner, de 22 anos, com uma altivez que deveria ter deixado o país inteiro orgulhoso, "e vou enviar minhas preces a todas as famílias que estão sofrendo com essa tragédia."

Quando cheguei a Nova York para o funeral do oficial Ramos, no sábado, 27 de dezembro, a cidade parecia em ponto de ebulição. Centenas de nova-iorquinos haviam se recusado a suspender suas manifestações para demonstrar respeito ao policial assassinado. "Não queremos desrespeitar ninguém", disse um organizador de uma das marchas, sob uma placa que dizia TERROR DA POLÍCIA RACISTA. "Mas estamos aqui para dizer que é ridículo, é ultrajante, é insultuoso qualquer pessoa nos pedir para interromper esses protestos." Ao mesmo tempo, a polícia do país viajara para Nova York a fim de comparecer à homenagem a Rafael Ramos, em uma demonstração de apoio a um irmão policial e seus companheiros. Nada menos que 25 mil membros da polícia estavam reunidos no Queens para participar do funeral, e alguns políticos locais lhes diziam que eles estavam em "grave perigo" naqueles dias e tinham "alvos presos nas costas". Gente como Lynch e Giuliani ainda tentavam convencer a todos que o prefeito De Blasio e o presidente Obama eram o problema.

De Blasio parecia feliz por eu estar representando o Executivo, porque sabia que eu tinha uma relação próxima com a polícia e a comunidade de direitos civis. O prefeito me telefonara alguns dias depois dos disparos e pediu ajuda para lidar com o crescente abismo de desconfiança entre a polícia e a comunidade negra. A verdade é que, por mais impossível que a situação pudesse parecer, eu acreditava ter um caminho para cruzar essa linha divisória. Eu o atravessara antes, em Delaware, bem como no restante do país. Sempre havia demagogos de ambos os lados da questão, era inevitável, mas eu sabia que eles não representavam a grande maioria. Sempre considerei o problema solucionável — porque o problema era óbvio. Havia temores reais e legítimos das duas partes. E, se o problema é medo, a resposta é conhecimento. Cada lado estava tentando entender as preocupações do outro.

Foi por isso que, no fim dos anos 1980, quando o índice de criminalidade explodiu, comecei a buscar um novo — na verdade, bem velho — conceito de policiamento. Tratava-se de fazer os policiais voltarem a andar na rua para conhecer os lojistas, as crianças da vizinhança, o bairro em si. E fazer o bairro conhecer os policiais e confiar neles.

Havíamos nos afastado desse conceito — o novo modelo consistia em um policial sozinho circulando na radiopatrulha em vez de fazer a ronda a pé —, e os melhores criminologistas defendiam a velha ideia com um novo nome: policiamento comunitário. Contudo, foi difícil lutar por isso no fim dos anos 1980 e início dos 1990, porque o Partido Republicano começara a falar em devolução de poder: qualquer coisa local deveria ser paga com fundos locais, e não com impostos federais. E eles argumentavam que os crimes eram locais. Tive que lembrar a meus colegas de que a maioria dos crimes locais era causada pela epidemia de drogas, que eram uma responsabilidade federal. Levei algum tempo, mas enfim consegui que um financiamento real fosse incluído na lei criminal de minha autoria em 1994, que forneceu um acréscimo de cem mil policiais locais. E funcionou.

Os crimes violentos caíram abruptamente de quase dois milhões em 1994 para 1,4 milhão em 2000. O índice nacional de homicídios caiu para quase metade. As relações entre a polícia e a comunidade negra, embora longe de perfeitas, melhoraram muito. Entretanto, o policiamento comunitário se tornou vítima de seu próprio sucesso. À medida que os crimes diminuíram, também caía a pressão pública para focar no policiamento. Pesquisas de opinião indicaram que os crimes haviam deixado de ser o principal problema que os americanos queriam que o governo resolvesse. Assim, quando a administração Bush chegou à presidência e restaurou o pedido ideológico de devolução de poder, já não havia muita resistência ao seu argumento de que os crimes eram uma questão estritamente local. Por que gastar dinheiro federal em polícia local quando, em vez disso, você pode reduzir os impostos dos ricos?

Por vezes me senti uma voz solitária naqueles anos, constantemente advertindo que trazer segurança às comunidades é como cortar grama. Você corta a sua em um belo fim de semana de verão, e o quintal fica lindo. Você relaxa uma semana, e a grama fica meio irregular. Relaxa um mês, e ela fica feia. Relaxa durante o verão inteiro, e você tem em mãos um desastre para resolver.

E foi exatamente isso que aconteceu. Havia cada vez menos policiais patrulhando a pé, o que trouxe como consequência previsível relações cada vez mais tensas entre a polícia e a comunidade negra. Os policiais já não saíam tanto de seus carros para conhecer as pessoas. Tornou-se frequente circularem de carro sozinhos, compreensivelmente temerosos nos bairros mais complicados, às vezes tão armados que pareciam invasores em vez de protetores. Imagens chocantes de mortes apareciam constantemente nos telejornais e se espalhavam como fogo nas redes sociais. À medida que as histórias horríveis de Eric Garner em Nova York, Michael Brown em Ferguson, Tamir Rice, de doze anos, em Cleveland e dos oficiais Ramos e Liu ganhavam as manchetes, ficava cada vez mais difícil para ambos os lados reconhecer a humanidade básica do outro.

O policial local no carro olhava um menino de quinze anos vestindo em moletom com capuz em uma esquina como um criminoso em treinamento, não como um aspirante a escritor que poderia um dia vir a ser um poeta laureado e merecia uma chance. As pessoas no bairro viam uma policial como uma ameaça, e não como uma mãe que era treinadora de basquete e lecionava em uma escola dominical, uma mulher que queria mais do que tudo chegar em casa em segurança para se aconchegar com os três filhos e merecia o direito de fazer isso.

Achei que era hora de voltar à comprovada política de investir em um efetivo mais numeroso e bem treinado na ronda. Dias antes do funeral de Ramos, contei ao prefeito De Blasio que lhe enviaria as estatísticas sobre o policiamento comunitário e me sentaria com ele a partir de 1º de janeiro, depois que a última tempestade passasse, se ele desejasse conversar.

O presidente Obama vinha trabalhando bastante para encontrar maneiras de melhorar as relações entre os policiais e *todas* as comunidades que eles serviam, e desenvolvera propostas de políticas de ação muito específicas. No entanto, havia gente demais interessada em marcar pontos políticos e não em resolver o problema, e os ataques de pessoas como Lynch e Giuliani ao presidente tornavam quase impossível que ele obtivesse uma audiência justa.

Eu estava ali há tempo suficiente para saber que boas políticas de ação eram sempre necessárias, mas quase nunca suficientes. Trabalhara por muito tempo e com afinco ao longo dos anos para construir relações pessoais e ganhar a confiança de ambos os lados, de modo que podia argumentar tanto com a polícia quanto com a comunidade até nas circunstâncias mais delicadas. Eu sempre tentara entender a perspectiva de todos. "Você é o único que pode fazer isso, Joe", disse-me nossa secretária de Educação, Arne Duncan, após os disparos em Nova York. "Você é respeitado pelas duas comunidades." Arne pode ter me dado mais crédito do que eu merecia, mas seu incentivo serviu como um lembrete daquilo que me atraiu para o serviço público e por que eu permanecera nele por tanto tempo. Passei a acreditar que o primeiro dever de um servidor público é ajudar a unir as pessoas, sobretudo em crises — principalmente ao atravessar fronteiras sensíveis —, mostrar respeito por *todos* à mesa e ajudar a encontrar um caminho seguro para avançar. Depois de 45 anos de serviço, essa convicção básica ainda me dava propósito.

Eu estava fazendo modificações e anotações de última hora nos comentários que preparara enquanto Jill e eu voávamos de Washington para Nova York no *Air Force Two*, naquela radiante manhã de inverno. Os funerais são para os vivos, eu sempre acreditara nisso, e o trabalho daquele que faz um discurso fúnebre é reconhecer a enormidade da perda que as pessoas acabaram de sofrer e ajudá-las a perceber que o legado e as realizações do ente querido não morreram com ele. Também me esforço para lhes assegurar de que eles não estão sozinhos. Eu tinha que fazer isso pela família Ramos, mas também pela grande família da polícia que estaria presente no enterro. A força policial da cidade — e do país — estava com raiva e de luto. Alguns estavam de fato magoados diante da impressão de que tanta gente se voltara contra eles. Precisavam ser lembrados de que seu serviço era digno de nossa honra e nosso respeito. Sempre afirmei que ser policial não é apenas o que esses homens e essas mulheres fazem — é quem eles são. Eu era capaz de distinguir o tipo de colega de sala que se tornaria policial quando ainda estava na escola. Era a pessoa que vinha em sua defesa quando você era agredido na vizinhança. Quando você era vítima de bullying, ela aparecia. Seu desejo era proteger os outros.

Corri minha caneta pelas palavras no papel, fazendo breves anotações sobre onde pausar e quais palavras enfatizar. "Pela minha experiência, e estou certo de que isto se aplica a cada homem e mulher uniformizado ao alcance de minha voz, todo policial ingressa na força pelo mesmo motivo: um sentimento de obrigação. Você pensou que podia ajudar. Esse é o elemento singular, creio, que perpassa toda a polícia americana. Quando eventos como esse ocorrem, a nação é sempre lembrada da bravura de vocês." Eu estava lendo o discurso pela última vez quando chegamos à Christ Tabernacle Church, no Queens, por volta de nove e meia daquela manhã de sábado. A igreja parecia uma fachada de loja e era pequena demais para acomodar a multidão maciça à espera do lado de fora. Mais de vinte mil homens e mulheres, quase todos uniformizados, permaneciam em silêncio nas ruas e estacionamentos em volta, preparando-se para assistir a uma transmissão por satélite da cerimônia em um telão suspenso.

Saí do carro de encontro ao revigorante dia de inverno e deu para sentir a tensão no ar. A temperatura estava subindo, mas ainda fazia muito frio, e o céu era de um azul cristalino que parecia em vias de quebrar em mil pedaços. Nossa escolta abriu caminho para que Jill e eu entrássemos no santuário e nos conduziu até nossos assentos na fila da frente, enquanto eu tentava adaptar meus olhos ao interior escuro do templo. A igreja havia sido o lar espiritual e o guia de Rafael Ramos; ele estava a horas de se formar em um programa para capelães voluntários quando foi assassinado. Quando nos sentamos, meus joelhos quase tocavam o caixão do oficial Ramos, acomodado sobre uma armação diante do altar. Os outros oradores já estavam em seus assentos; o prefeito estava lá, junto com o comissário de polícia Bratton e o governador Andrew Cuomo. Senti uma leve pontada quando vi o governador. Ele me fez lembrar de Beau, que estava nos últimos dias de seu mandato como superintendente da polícia de Delaware. Desde seus tempos de procurador assistente na Filadélfia até seu trabalho como procurador-geral em Delaware, Beau trabalhara todo dia em questões envolvendo crimes e também atuara com firmeza para melhorar as relações entre a polícia e a comunidade, de modo que essas tragédias fatais pudessem ser evitadas. Ele queria muito viajar comigo para prestar seu tributo, mas sua incapacidade física tinha realmente começado a cobrar um preço. "Vou esperar melhorar, pai", disse ele.

Fui chamado ao púlpito para falar primeiro, e, quando me dirigi à frente de todos, a plateia se sentou em reservado silêncio. Virei-me primeiro para oferecer uma simples expressão de condolência de minha família à família Ramos e me detive ao deparar com a imagem dos dois filhos adolescentes da vítima sentados à minha frente. Eles eram novos demais para ter perdido um dos pais. Eu me senti incapaz de desviar o olhar. Foi quase como se estivesse vendo os jovens Beau e Hunt sentados naquelas cadeiras, fitando-me, e isso me lembrou a desolação que eles haviam enfrentado ao perderem a mãe e o que significou para mim a sobrevivência deles. Lembrou-me também que, por mais altos que sejam os riscos políticos e públicos, minha missão ali em Nova York era, em seu cerne, algo pessoal. Se eu permitisse que a perda dos Ramos fosse ofuscada pela política do dia, eu falharia. "Que meninos bonitos", falei, já fora de meu texto cuidadosamente preparado. "Eu me lembro de uma ocasião semelhante há muito tempo."

"Mãe, asseguro a você", disse a Maritza Ramos, "que esses meninos vão superar tudo isso. Estou certo de que falo por toda a nação quando digo que nossos corações sofrem por sua perda. Sei, por experiência própria, que é pouco o que alguém pode falar ou fazer neste momento para aliviar a dor, esse sentimento de perda, de solidão. Mas espero que encontre algum consolo no fato de que, como relatou a imprensa, há mais de 25 mil — 25 mil — membros da mesma fraternidade e irmandade de seu marido que estão com você pelo resto da vida. E eles estarão. Esta é uma fraternidade incomum."

O escritor que me ajudou naquele discurso era filho de um detetive da polícia de Nova York aposentado que dedicara algum tempo a entender a vida de Rafael e o que seus filhos significavam para ele. "Justin e Jayden", falei, "seu pai tinha muito orgulho de vocês e quero deixar claro que, por mais difícil que seja acreditar nisso, ele fará parte de sua vida, de sua vida inteira." Então me vi me olhando para a jovem viúva e lhe dando uma garantia, como fizera com inúmeros outros sobreviventes ao longo dos anos. "Também sei por experiência que vai chegar o momento em que a lembrança de Rafael lhe trará um sorriso aos lábios antes de lhe trazer uma lágrima aos olhos. Então, você saberá que vai ficar tudo bem. Sei que é difícil acreditar, mas prometo, prometo a você que isso vai acontecer. E minha prece é para que esse sentimento faça parte de sua vida o quanto antes."

Eu estava fora do roteiro até então, mas sem a menor dúvida sobre o que eu queria dizer: "Já discursei em muitos enterros de diversos oficiais da paz, em inúmeros enterros de mulheres e homens de coragem que nos mantêm em segurança. E vi suas famílias sofrerem. E, infelizmente, apenas quando uma tragédia como essa ocorre é que os amigos, os vizinhos e as pessoas que nem os conheciam se tornam conscientes e são lembrados dos sacrifícios que eles fazem a cada dia para tornar nossa vida melhor... Os oficiais da polícia e suas famílias são de uma linhagem diferente. Agradeço a Deus por eles. Agradeço a Deus por eles.

"Seu marido, sra. Ramos, e o parceiro dele faziam parte do melhor de Nova York. E esta não é uma frase de efeito. Este é provavelmente o melhor departamento de polícia do mundo. O melhor departamento de polícia do mundo. Eles mereceram este título...

"Ao patrulhar as ruas de Nova York, você circunda a Terra. Os prédios de três andares sem elevador, as torres de apartamentos, os aromas de um milhão de cozinhas continuando mil tradições. Ruas cheias de silêncio e ruas crepitando com uma centena de línguas: cochichando, gritando, rindo, chorando. Em cada bairro da mais viva de todas as cidades — esse milagre caótico que permanece como um farol para o mundo.

"A bala do assassino atingiu não apenas dois oficiais, não apenas um uniforme. Atingiu esta cidade. Uma cidade onde o filho de imigrantes chineses compartilha a patrulha com um pastor hispânico em treinamento."

E lembrei a todos que essa cidade, a maior e mais diversa dos Estados Unidos, ajudara a criar um jovem universitário chamado Barack Obama. Meu amigo presidente aprendeu algo aqui em Nova York que permaneceu como um marco de sua vida pública: "Não existe uma América negra, uma América branca, uma América latina e uma América asiática", disse ele no discurso que o apresentou ao país, dez anos antes. "Existem os Estados Unidos da América."

A manhã estava ainda mais clara quando Jill e eu fomos conduzidos para a saída da Christ Tabernacle e atravessamos a rua para esperar o transporte do caixão de Rafael Ramos para dentro do carro fúnebre na avenida lotada. O sol cintilava no topo do carro condutor, mas parecia que o dia havia suavizado. Eu me vi de pé em meio a um grupo de dignitários, que incluía o deputado King e, à minha direita, Rudy Giuliani. Giuliani não pôde resistir a dar um golpe de revés no presidente. "Pelo menos alguém na administração entende", disse ele.

Segurei minha língua. "O presidente entende", foi tudo o que respondi, embora, pelo visto, isso não tenha sido registrado.

Os músicos de gaita de foles tocaram. Um grupo de helicópteros da polícia de Nova York sobrevoou em formação. E a guarda de honra conduziu o caixão enfeitado com a bandeira até a porta de trás aberta do carro fúnebre. Pude ver Jayden e Justin em frente a mim do outro lado da rua, seus ternos escuros abotoados para protegê-los do frio, os cenhos franzidos, segurando as mãos da mãe. Tudo que o restante de nós pôde fazer foi permanecer em silêncio, com a mão sobre o coração. Quando o caixão foi acomodado e a bandeira, presenteada à família, o carro fúnebre partiu para o cemitério. Quando fez a curva e saiu da avenida, comecei a ouvir vozes na multidão de policiais: "Joe!"; "Ei, Joe!" Ninguém gritou "sr. vice-presidente!". Era "Joe!", "*Ei, Joe!*", como se me conhecessem. Homens e mulheres de uniforme se aproximaram para apertar minha mão e, de vez em quando, eu sentia um puxão de policiais de moto que passavam e esticavam o braço para tocar minha mão. A primeira parte do dia havia acabado, mas não a mais difícil.

Jill e eu precisávamos fazer outra parada antes de ir embora da cidade — por insistência minha, embora soubesse que não seria nada fácil. Tínhamos um percurso de 45 minutos até Gravesend, no Brooklyn, para visitar a família de Wenjian Liu, o outro policial assassinado. Ele tinha apenas 32 anos, um recém-casado que comprara uma casa grande o bastante para seus pais morarem com ele e a esposa. O funeral de Liu tinha sido postergado porque muitos de seus parentes na China ainda tentavam obter os documentos de viagem necessários para ir a Nova York, e eu sabia que não conseguiria retornar para aquele funeral. Queria pelo menos prestar minhas condolências, mas, enquanto nosso comboio passava por Jamaica Bay, Brighton Beach e Coney Island, eu estava certo de que poderia oferecer muito mais à família Liu.

Constatei ao longo dos anos que, embora me trouxesse lembranças vívidas de momentos tristes, minha presença quase sempre levava algum conforto para pessoas que haviam sofrido perdas repentinas e inesperadas. Não porque eu tenha algum poder especial, mas porque minha história me precede: eu era um senador dos Estados Unidos de trinta anos recém-eleito, animado por estar em Washington entrevistando a equipe, quando recebi por telefone a notícia de que minha esposa e minha filha de dezoito meses haviam morrido em um acidente de carro ao saírem para fazer compras na semana anterior ao Natal. Beau e Hunt estavam no veículo também. Eles se recuperaram sem sequelas, mas passaram semanas no hospital. A dor parecia insuportável no início, e precisei de um longo tempo para curá-la, mas sobrevivi à provação. Superei, com muito apoio, e reconstruí minha vida e minha família. Quando converso com pessoas de luto, elas sabem que falo por experiência própria. Sabem que tenho uma percepção da profundidade de sua dor.

Uma coisa que constatei no decorrer dos anos é a quantidade de pessoas que em qualquer momento estão sofrendo, em silêncio e sem reclamar, dores físicas e emocionais. Considere o simples fato de que mais de 2,5 milhões de companheiros cidadãos haviam perecido naquele ano de 2014. Um quinto dessas pessoas falecera em decorrência do câncer, o que significa que provavelmente tiveram mortes lentas, angustiantes e dolorosas enquanto suas famílias observavam na mais completa impotência. Uma população com o dobro do tamanho de minha cidade, Wilmington, havia morrido em algum tipo de acidente. Em um dia, a pessoa está saudável aqui; no dia seguinte, foi embora para sempre. Quase 43 mil adultos e adolescentes haviam cometido suicídio em 2014. As mortes relacionadas a álcool chegavam a mais de trinta mil; as relacionadas a drogas estavam em quase cinquenta mil e subiam a cada ano. A maioria das mortes por drogas era de homens e mulheres com menos de quarenta anos. As mortes por arma de fogo chegaram perto de 34 mil em 2014, sendo dois terços dessa cifra devido a suicídios ou acidentes. Como na maioria dos anos, quase 1% de nossos concidadãos havia morrido. As simples estatísticas contam muito pouco da história humana real, sempre complexa. Aqueles não eram meros números. Eram pessoas como Rafael Ramos, cuja morte abrira um buraco imenso na família que eu acabara de ver e cuja nova capelania jamais seria usada para melhorar um pouco a vida de centenas, se não milhares, de pessoas.

Considere que quase todos que morreram deixaram para trás pelo menos uma ou duas pessoas que ficaram profundamente feridas pela perda; alguns deixaram mais de dez pessoas desoladas, outros, vinte. Fico impressionado com a quantidade de pessoas que suportam e vivem com perdas devastadoras sem nem uma fração do apoio que tive, que acordam todos os dias, põem um pé na frente do outro e simplesmente seguem em frente. Continuam a fazer seus trabalhos, a cumprir as tarefas diárias e a criar seus filhos como pais solteiros — e com frequência sem reclamar. Há um exército desses soldados. Segundo minha estimativa, em qualquer dado momento, uma pessoa em cada dez no país está sofrendo por causa de uma perda recente, e não estou só citando estatísticas de novo. Eu as vejo nos cordões de isolamento em cada evento político que faço, em pé ali, com algo atrás dos olhos que é quase suplicante. *Por favor, por favor, me ajude.* É sempre mais prático simplesmente ignorá-las, evitar qualquer constrangimento pessoal desnecessário, não sair da programação. Todos nós passamos muito tempo em movimento, correndo para corresponder aos imperativos da vida moderna e da ambição pessoal. Então procuro estar atento, em todos os momentos, à diferença que um pequeno gesto de humanidade pode fazer para pessoas necessitadas. Quanto custa dedicar um momento a olhar alguém nos olhos, dar-lhe um abraço, fazer com que saiba "Eu entendo, você não está sozinho"?

Havia nove oficiais uniformizados de guarda em frente à casa de Liu quando cheguei. O NYPD também chamara um tradutor, porque os pais de Liu, embora tivessem vindo da China vinte anos antes, não se sentiam confortáveis falando inglês e preferiam falar em seu cantonês nativo. Eles dependiam do filho. Wenjian tinha doze anos quando a família chegou, então recebera uma boa educação em língua inglesa e na cultura americana. Filho único, cresceu ajudando os pais a navegar por aquele mundo novo, o que fizera constantemente até sua morte. Chegara a levar os pais consigo em sua lua de mel, três meses antes.

O jovem Liu era uma história de imigrante de sucesso. O primeiro suvenir que comprou em Nova York era um adesivo da Estátua da Liberdade. Ele ingressara em uma faculdade de contabilidade, mas depois do ataque ao World Trade Center, em 11 de setembro de 2001, determinou-se a se tornar policial. Quando morreu, estava recém-casado, tinha uma casa e era um veterano de sete anos na polícia, fazendo o trabalho que mais queria fazer. Porém não se tratava apenas do que ele realizara, mas do que almejava. Wenjian Liu era o futuro daquela família e já vinha conversando com a esposa sobre a possibilidade de ter filhos. Seus filhos e filhas teriam começado em terreno já estabelecido, com um pai que poderia ajudá-los a navegar em direção ao que quisessem na vida, e pude sentir esse futuro perdido quando subi os pequenos degraus para entrar na casa.

Cerca de vinte membros de sua família estavam sentados na cozinha para que sua esposa e seus pais pudessem receber a mim e Jill com conforto na sala de estar. O pai de Liu me deu um abraço quando entramos e tocou meu rosto. Era um homem pequeno e magro que se esforçava para ser corajoso. "Obrigado", disse repetidamente, enquanto sua esposa mantinha distância e fazia uma educada reverência. "Obrigado", disse Wei Tang Liu, permanecendo por perto. "Obrigado. Obrigado."

A esposa do oficial Liu, Pei Xia Chen, era muito jovem e bonita. Era chamada de "Sanny". O inglês não era sua primeira língua, mas ela era fluente, então falou pela família. Sua recepção foi discreta e hesitante. Percebi que ela estava não apenas abalada com a morte do homem que considerava o amor de sua vida, seu melhor amigo e seu herói, mas também um pouco intimidada por ter o vice-presidente dos Estados Unidos e a esposa em sua casa. Mas não demorou muito para relaxar, e logo ela nos contou que tinha algo que gostaria de nos mostrar no quarto que compartilhara com o marido. Jill sempre teve vergonha de invadir espaços pessoais dos outros, mas Sanny insistiu. Ela nos pegou pela mão e nós três entramos no quarto.

O que a jovem queria nos mostrar era uma foto dos dois, no quintal de casa, abraçados, no dia do casamento, três meses antes. Fiquei impressionado com o tamanho do retrato, com a felicidade que eles emanavam, com o orgulho que deviam sentir para pendurá-lo para quem quisesse ver e com a tristeza que ela sentia agora ao olhar para aquilo. Eu estivera ali, exatamente onde ela estava. Podia me lembrar vividamente que, depois de minha esposa, Neilia, morrer, não conseguia abrir a porta do armário do quarto que compartilhávamos. Podia recordar a angústia de sentir seu cheiro nos travesseiros e de olhar para o lugar vazio da pia do banheiro onde ficava sua escova de dentes. Não conseguia ficar naquele quarto e acabei vendendo a casa. E me perguntei como Sanny lidaria com a situação, lamentando por ser obrigada a viver aquilo.

Puxei-a para o lado para lhe oferecer algum conselho sobre o que estava enfrentando. Compartilhei alguns dos melhores conselhos que recebi depois da morte de Neilia, vindos das fontes mais inusitadas. Houve um ex-governador de Nova Jersey que me telefonou de forma inesperada para me falar sobre a perda da própria esposa. Por muito tempo ele pensou que as coisas jamais iriam melhorar. Seis meses depois da morte, ele pensava na esposa e sofria tanto quanto no dia em que recebera a notícia. Estava apavorado, achando que seu tormento jamais abrandaria, e sabia que provavelmente eu estava me sentindo da mesma forma. Ele me falou para pegar um calendário e, toda noite, antes de dormir, pôr um número na data do dia. O número um significando "tão ruim quanto no dia em que recebeu a notícia", e dez sendo o melhor dia de sua vida. Ele me disse para não esperar por um dia nota dez e não gastar tempo olhando o calendário, apenas marcá-lo todos os dias. Depois de seis meses, ponha isso em um papel quadriculado e faça um gráfico. O que ele me prometeu acabou se revelando verdade: os dias ruins ainda eram ruins, mas foram ficando mais distantes entre si com o passar do tempo.

Eu também disse a Sanny, com mais detalhes, o que tentava dizer a todos: chegará um momento em que você passará por um lugar que vocês dois adoravam ou verá uma flor, ou sentirá a fragrância do terno do marido quando ele o tirava e o pendurava no armário, ou ouvirá uma música, ou observará o modo como alguém caminha, e tudo voltará. No entanto, um dia lá na frente, Deus sabe quando, você perceberá que aquilo não lhe fará chorar. Aquilo lhe fará sorrir. "Vai chegar o momento em que a lembrança lhe trará um sorriso aos lábios", eu dizia a todos naquela situação, "antes de lhe trazer uma lágrima aos olhos". "Isso *vai* acontecer", assegurei-lhe. E é aí que você sabe que mudou de fase.

A última coisa que fiz antes de sairmos do quarto foi lhe dar meu número de telefone privado. "Neste momento, você sabe, todos estarão com você", expliquei. "Todos vão cercá-la de amor, você estará ocupada e terá coisas para manter sua mente afastada do pior. E depois, em seis semanas, talvez doze, a vida de todos os outros começará a voltar ao normal. A sua, no entanto, não estará de volta à normalidade. Na verdade, como provavelmente já sabe, estará mais difícil para você. E, depois de algum tempo, vai começar a se sentir culpada por procurar as mesmas pessoas constantemente para pedir ajuda ou apenas para conversar. E, à medida que a vida delas voltar ao normal, você começará a se preocupar em recorrer demais a elas. Pode ser que, em algum momento, você pense que está pedindo demais dos outros ou que precisa parar de reclamar.

"Então, quando estiver desanimada e se sentir culpada por sobrecarregar sua família e os amigos", falei, "pegue o telefone e ligue para mim." Tive a impressão de que ela não acreditou muito que eu estava sendo sincero. Mas estava. Há uma longa lista de estranhos que têm meu número privado e um convite para me ligar, e muitos deles o fazem. "Ligue para mim quando quiser conversar", eu lhe disse. "Às vezes, é mais fácil abrir seu coração para uma pessoa que não conhecemos bem, mas que sabemos que ela já passou por isso. É só pegar o telefone e me ligar."

Ficamos quase uma hora na casinha em Gravesend, e, mais para o fim da visita, comecei a notar que o pai de Wenjian Liu raramente saía do meu lado. De vez em quando, ele se inclinava para mim de modo que seu ombro tocasse meu braço. "Obrigado", repetia ele. "Obrigado. Obrigado." Em vez de me afastar, eu me inclinava para que ele pudesse me sentir ali. Quando nossa equipe chegou para nos levar embora, Wei Tang Liu insistiu em me acompanhar até o lado de fora, no frio, usando nada além de uma blusa de gola alta, calças e sandálias com meias. Parecia alheio à temperatura e permanecia junto ao meu ombro, como se estivesse tentando desesperadamente transmitir algo que eu precisava saber. Wei Tang chamava o dia em que perdeu seu filho único de "o dia mais triste de sua vida". Wenjian havia sido um modelo de devoção filial confuciana, dizia ele a outros que lamentavam a perda, um filho respeitoso, obediente e atencioso. Ele contava às pessoas que seu filho insistia em levá-lo ao médico sempre que o pai se sentia doente, ou ia à confecção para ajudá-lo a terminar um serviço antes de levá-lo de carro para casa, ou lhe telefonava todos os dias antes de terminar seu turno para lhe assegurar de que estava bem e voltando para casa. "Agora você pode parar de se preocupar", dizia o oficial Liu ao pai.

Mas eu não sabia nada disso na época. Ele não tinha o inglês para expressar, e eu não tinha o cantonês para entender. Quando me deu um abraço final na frente de casa, diante da fileira de policiais de guarda, Wei Tang me segurou com força por um bom tempo, como se não suportasse me deixar ir. Ficamos ali por um longo momento, abraçados na pequena calçada da casa onde ele vivera com seu único filho, apenas dois pais. Entendi tudo o que ele queria que eu soubesse — ou ao menos achei que entendi.

CAPÍTULO QUATRO

Confiança

O telefonema chegou bem na hora marcada, ao meio-dia e meia da primeira segunda-feira do novo ano de 2015: "Com licença, senhor, o presidente está pronto." Peguei meu cartãozinho com anotações sobre os assuntos que queria discutir naquele dia e parti para a caminhada de 45 segundos do meu gabinete até o dele, para nosso almoço privado semanal. Às vezes, a caminho, eu pensava na primeira vez em que Barack Obama e eu conversamos sobre compartilharmos uma refeição. Fora exatamente dez anos antes, quando Obama, com 43 anos, era um senador recém-eleito tentando se situar em Washington; ele queria estar na Comissão de Relações Exteriores. Eu era o principal democrata na comissão, veterano o bastante para determinar quem ganharia um lugar, então ele perguntou se poderíamos nos encontrar.

Estava claro que o senador Obama seria um recurso e tanto para a comissão. Ele parecia ter uma amplitude e profundidade de intelecto, uma disposição para trabalhar duro e uma percepção do papel dos Estados Unidos no mundo — tanto as possibilidades quanto as limitações — semelhantes às minhas. Além disso, seu discurso na Convenção Nacional Democrata de John Kerry, no verão anterior, realmente me impressionara, assim como a todos que o ouviram. Quando ele falou do "verdadeiro espírito da América, uma fé em sonhos simples, uma insistência em pequenos milagres", soou como um sujeito de ideais similares aos meus. "As pessoas não esperam que o governo resolva todos os seus problemas. Mas sentem lá no fundo que, com uma leve mudança nas prioridades, podemos assegurar que toda criança no país tenha uma chance decente na vida e que as portas da oportunidade se mantenham abertas a todos."

Quando Barack Obama veio ao meu escritório me cumprimentar naquele dia frio de inverno, dez anos antes, eu lhe disse que ficaria feliz em tê-lo na comissão e faria isso acontecer. Não tivemos muito tempo para conversar, e sugeri que nos encontrássemos mais uma vez, para nos conhecermos um pouco melhor. Eu sabia que sua família ainda estava em Chicago e que ele estava indo e vindo, assim como eu, então lhe disse que, se quisesse jantar comigo alguma noite, seria ótimo. Eu poderia ficar por ali depois do expediente no Senado e poderíamos ir a um restaurante italiano perto do Hill. "Nada sofisticado", informei.

"Ah, podemos ir a um lugar bom", respondeu ele, explicando que os direitos autorais de seu livro o haviam deixado em boas condições. "Eu posso pagar."

"*Eu posso pagar*" soou aos meus ouvidos como um comentário estranho, beirando o arrogante. Só mais tarde me ocorreu, quando passei a conhecê-lo melhor, que Barack não era do tipo que falava sobre o que podia ou não pagar, e que ele poderia ter ficado ofendido por eu tê-lo tomado por um homem com recursos limitados. Assim como provavelmente não ocorreu a Barack na época que *eu* sou um homem de recursos limitados. Aquele jantar acabou não acontecendo, mas ele e eu almoçamos inúmeras vezes nos anos posteriores.

Barack Obama me ligou pela primeira vez para falar que eu estava sendo cogitado como seu companheiro de chapa em junho de 2008, não muito depois de assegurar delegados suficientes para sua indicação. Eu voltava de trem para Wilmington quando meu celular tocou. Ele me pediu permissão para me incluir na sondagem, e respondi que não.

"Ajudarei você com tudo o que estiver ao meu alcance", expliquei, "mas não quero ser vice-presidente." Obviamente não falei aquilo de maneira leviana. Senti-me honrado por ter sido consultado, mas eu era senador dos Estados Unidos havia 35 anos, um trabalho que eu adorava, em uma instituição que venerava. Eu ganhara respeito como um legislador formidável e era um veterano. Tinha certa independência e gostava do que fazia. Também acreditava que poderia dar contribuições mais significativas como presidente da Comissão de Relações Exteriores do que como vice-presidente.

Ele insistiu dizendo que aquilo não era um mero exercício e me deu a impressão de que eu já era seu principal candidato. "Isso é real", disse ele. "Mas preciso de uma resposta agora."

"Então a resposta é não."

"Me faça um favor, Joe. Vá para casa e converse com sua família primeiro."

Concordei em fazê-lo e, quando desliguei, telefonei para Jill e lhe pedi que convocasse uma reunião de família. Nós cinco nos sentamos naquela noite para conversar.

A resposta de minha família me surpreendeu. Todos foram a favor. Beau e Hunt argumentaram que eu poderia ajudar Obama a vencer em estados cruciais como Pensilvânia, Ohio e Flórida, e que minha experiência em política externa ajudaria a fortalecer a chapa eleitoral.

Jill estava na verdade aliviada com o telefonema de Barack. Ela vinha temendo, com base no que todos os democratas bem posicionados lhe sugeriam, que Obama me recrutaria para ser seu secretário de Estado e que, nos próximos quatro anos, eu viveria em aviões e capitais estrangeiras. Ela afirmou que ser vice-presidente seria um novo desafio para toda a família. Para ela, também havia certo apelo em ter a residência oficial do vice-presidente em Washington, o que significaria que teríamos uma casa a poucos minutos de Hunt e suas três filhas, e a mais alguns minutos de Beau e seus dois filhos. Além de me deixar mais perto de meus netos, isso eliminaria as quatro horas de deslocamento que nos últimos 35 anos eu vinha fazendo todos os dias em que o Senado estava em sessão.

O outro argumento convincente era o seguinte: mesmo que minha participação fosse apenas em segundo plano, eu ajudaria a eleger o primeiro presidente afro-americano dos Estados Unidos — e um homem que eu acreditava que poderia ser um ótimo presidente. Minha mãe de noventa anos, que acompanhara minha luta de uma vida inteira por direitos civis e igualdade racial, resumiu assim, em uma reunião maior da família no dia seguinte: "Deixe-me ver se entendi direito, querido. O primeiro afro-americano na história que tem uma chance de ser presidente diz que precisa de sua ajuda para vencer — *e você disse não.*"

A decisão, mesmo com o incentivo da família, ainda era difícil. Eu estava em Washington há tempo suficiente para ter visto oito vice-presidentes, e conhecia a história. O cargo tem uma carreira longa e célebre — como piada. Benjamin Franklin sugeriu que o vice-presidente fosse tratado como "Sua Excelência Supérflua". Richard Nixon foi vítima do que talvez tenha sido a única piada que Dwight Eisenhower fez em oito anos de presidência. Perguntaram a Eisenhower, durante a dura luta da campanha de Nixon contra John F. Kennedy, se ele poderia delinear para os repórteres algumas das grandes decisões que seu vice-presidente ajudara a moldar. "Se você me der uma semana", respondeu ele, "posso pensar em uma."

Quando Calvin Coolidge assumiu o cargo, seu predecessor, Thomas Riley Marshall, enviou uma breve nota: "Por favor, aceite minha sincera compaixão." Marshall foi um homem que trouxe uma imensa humildade e uma centelha luminosa de humor para o cargo. Um vice-presidente é um "homem com uma propensão cataléptica", disse certa vez. "Não pode falar; não pode se mexer; não sofre nenhuma dor; é perfeitamente consciente de tudo o que acontece, mas não faz parte de nada disso."

Marshall estava há pouco tempo no cargo quando começou a explicar o trabalho da seguinte maneira: uma mulher tinha dois filhos;

um fugiu para o mar, e o outro foi eleito vice-presidente; nunca mais se ouviu falar de nenhum dos dois. Thomas Riley Marshall passou oito anos como vice, ajudou a direcionar o país em meio à Primeira Guerra Mundial e depois entrou para o programa de proteção a testemunhas da história. A identidade do vice-presidente de Woodrow Wilson é uma pergunta que faria os fãs de *Jeopardy!* telefonarem para reclamar da dificuldade da questão. Mas pelo menos Marshall pareceu manter o ânimo. Nelson Rockefeller estava no cargo fazia apenas dois anos, porém logo se aborreceu: "Eu vou a funerais", reclamou. "Vou a terremotos."

O mais cáustico de todos foi Daniel Webster, que se esquivou da indicação de seu partido para que fosse o companheiro de chapa de William Henry Harrison em 1840. "Só me ofereço para ser enterrado quando estiver de fato morto em meu caixão", dizia ele. Webster calculou mal o lado positivo do cargo. Harrison se tornou o primeiro presidente a morrer no poder — apenas um mês depois da posse —, o que teria dado a Webster um mandato inteiro de quatro anos como presidente. Ele recusou a indicação vice-presidencial de novo oito anos depois, e viu Zachary Taylor se tornar o segundo presidente a morrer no poder, após apenas dezesseis meses.

Ponderei durante um ou dois dias sobre a ideia de *servir* como vice-presidente de alguém. O que mais me preocupava era que eu faria algo que não fazia havia quase quarenta anos: trabalhar para outra pessoa. Como me disse meu chefe de gabinete e amigo de longa data Ted Kaufman quando eu estava decidindo: "Não quero estar no gabinete do vice-presidente no primeiro dia em que o chefe de gabinete do presidente entrar e lhe der uma missão." Entendi o que ele queria dizer. "Nunca tive chefe", falei para Jill certa vez. "Não sei como lidar com isso." Na verdade, devo ter dito isso a ela várias vezes. "O que acontecerá quando eu tiver que apoiar uma política da administração com a qual não concordo?" "Como será viver como o número dois?"… "Nunca *tive* chefe." "Como vou lidar com isso?" Então Jill enfim deu uma resposta: "Vamos lá, Joe", disse ela. "Cresça."

Concordei em passar pelo processo de exame, mas sem muito entusiasmo.

A equipe de verificação analisou minhas finanças para se certificar de que não havia nenhum grande conflito. Examinaram as contas bancárias, os bens, as hipotecas, as contas e outras dívidas. Queriam ver minhas declarações de imposto de renda dos dez anos anteriores, qualquer negócio externo que eu pudesse ter tido e quaisquer ações. Não havia muita coisa para procurar. Eu não tinha nenhum interesse em negócios; não era dono de ações nem títulos. Tínhamos o patrimônio de nossa casa e minha aposentadoria. Jill tinha uma aposentadoria de professora e alguns certificados de depósitos que sua mãe lhe dera. "Isso é tudo?", perguntou Obama à equipe que me investigava. Quando o encontrei após a conclusão do processo, Barack olhou para mim e brincou: "Foi um dos exames mais fáceis do mundo. Você não tem nada."

A última sessão que tive com a equipe que examinou meus dados aconteceu em meu gabinete, perto da câmara do Senado. Havia oito ou nove advogados analisando os detalhes finais, seguindo com as poucas dúvidas que sobraram. Quando a reunião estava terminando, o principal advogado me disse: "Bem, uma última pergunta e terminamos por aqui. Por que o senhor quer ser vice-presidente?"

"Eu não quero", respondi.

"Sério, senhor, por que quer ser vice-presidente?"

"Eu não quero ser vice-presidente", repeti. "Mas se ele quer que eu faça isso e acha que vai ajudar, eu farei."

De algum modo aquela conversa chegou à minha família. Eles não ficaram nada felizes, porque acharam que eu podia estar tentando me sabotar.

Eu me lembro exatamente quando ficou claro para mim que aquilo seria a coisa certa a fazer. Barack me fizera pegar um voo em segredo para Minneápolis durante um comício de campanha. De jeans, boné de beisebol e óculos escuros, me esgueirei para dentro de sua suíte no hotel, onde tivemos a conversa mais significativa do início de nossa relação. Eu já sabia, pelos debates das primárias presidenciais e pelo trabalho com ele na Comissão de Relações Exteriores, que não tínhamos diferenças substanciais em nosso modo de pensar. Se havia diferenças, eram táticas. Mas lhe perguntei em Minneápolis se o que ele estava dizendo era realmente para valer: que me queria para ajudá-lo a governar, sobretudo em assuntos de política externa. Ele respondeu que sim. E eu lhe perguntei se ele falava sério quando comentava sobre a restauração da classe média como uma questão definidora de sua presidência.

"Sim", disse. "Eu realmente falei sério."

Acreditei nele. Estava convencido de que Barack era um homem honesto e honrado que mantinha sua palavra. Também estava convencido de que ele podia ser um presidente bom de verdade.

Naquele encontro clandestino, Barack me questionou em que áreas específicas eu queria assumir uma liderança. Minha resposta foi que não queria nenhuma área específica. Depois de 35 anos no Senado, envolvido em quase todas as grandes questões, achava que podia oferecer muito mais do que isso. Queria ter um impacto em *todas* as áreas. Disse também que faria o que ele mais precisasse que eu fizesse e prometi apoiar e defender ativamente suas políticas. Queria, contudo, mais do que um conjunto de tarefas específicas que traçasse limites nítidos no cargo. "Quero ser o último homem presente em cada grande decisão", falei. "Você é o presidente. Não eu. Entendo isso. Mas se é minha experiência que você está buscando, quero ser o último sujeito a argumentar."

A única questão que faltava abordar era como eu me encaixaria na equipe incrivelmente eficiente que Barack reunira. E estava claro que isso fazia diferença para ele. Então ele pediu que eu me encontrasse com seu gerente e seu estrategista-chefe da campanha para falar sobre qual seria meu papel na corrida presidencial. Eles pegaram um voo em segredo para o aeroporto de New Castle, em um avião particular, e Beau e Jill os apanharam e os levaram de carro para a casa de minha irmã, portanto a imprensa não seria alertada. Foi um encontro importante, e, quando nos separamos, estávamos convencidos de que aquilo funcionaria.

* * *

Eu estava em uma sala de espera aguardando Jill sair da consulta com o dentista quando Barack me ligou para revelar sua decisão final. Ele me pediu para ser seu companheiro de chapa e aceitei sem hesitação. Eu me senti bem por ter aceitado.

"Espero ansiosamente por isso", disse ele.

"Eu também."

Meia hora depois, Jill e eu entramos pela porta da frente da casa e encontramos Ashley sentada na cozinha. Ela deve ter visto algo em nosso rosto.

"Papai, ele ligou, não ligou?"

"Sim, ligou."

"E você aceitou?"

"Sim. Aceitei."

Ela pulou e me deu um abraço apertado.

"Papai, você está sempre citando um poema de Seamus Heaney", disse ela. Acho que todos na família poderiam recitar de cor *The Cure of Troy* àquela altura. Eles haviam me ouvido citá-lo muitas vezes ao longo dos anos:

> *A história diz: não espere*
> *Antes de virar lembrança*
> *Mas uma vez na vida*
> *A grande onda de justiça,*
> *Tão esperada, pode se erguer*
> *E história rimar com esperança.**

---

* Tradução livre de *History says, don't hope/On this side of the grave./But then, once in a lifetime/The longed-for tidal wave/Of justice can rise up,/And hope and history rhyme.* (N. do E.)

"Pai, isso é esperança *e* história."

"Ah, ótimo", brinquei. "Ele é a esperança. E eu sou a história."

Mas eu sabia o que ela estava querendo dizer e me contagiei com sua alegria. Pegamos o telefone e contamos para a família toda. E não duvidei nem por um momento de que havíamos tomado a decisão certa.

Enquanto estava sendo cogitado para ser vice-presidente, procurei Walter Mondale em busca de conselhos, e ele me disse que seu almoço semanal com o presidente Jimmy Carter se revelara a base da relação de trabalho entre presidente e vice-presidente. Então Barack e eu decidimos seguir esse conselho como uma forma de assegurarmos que tivéssemos encontros regulares em que pudéssemos conversar em particular, e com absoluta honestidade, sobre qualquer coisa que estivesse em nossa mente. Começamos a ter encontros semanais no almoço em nosso primeiro mês na Casa Branca. Mesmo seis anos depois, eu ainda ansiava por eles. Não que já não passássemos um bocado de tempo juntos. Desde o início, Barack me incluiu em todas as reuniões importantes. Devíamos ter passado mil horas juntos na sala de gerenciamento de crises àquela altura. Começávamos todos os dias no Salão Oval, para o informe de inteligência diário. Eu estava na reunião semanal da Comissão de Dirigentes de sua equipe de segurança nacional, nas reuniões com conselheiros de política externa e econômicos, em seus encontros bilaterais com chefes de Estado e em reuniões com líderes do Congresso. Não demorou para eu descobrir que aquilo não era apenas uma atuação protocolar. O presidente desejava saber minhas análises sobre tudo o que estava acontecendo e me queria por perto. Quase todos que entram em contato com um presidente estão famintos por algo — às vezes, nada mais que um reconhecimento ou apenas ser tranquilizado, mas sobretudo ser *ouvido*. Não havia escapatória para Barack, e isso podia ser exaustivo. "Por que eles precisam de tanta atenção?", reclamou ele um dia depois que uma delegação de congressistas saiu do gabinete.

"Eles precisam receber estímulo constantemente." Ele sabia a resposta sem que eu precisasse dizer, mas estava frustrado com a quantidade de tempo e energia que aquilo exigia. E estava feliz por me ter por ali para suportar um pouco da carga.

Uma de suas assessoras pessoais de longa data me disse certa vez, perto do fim de nosso segundo mandato, que ficara curiosa e fizera os cálculos: pelo visto, o presidente e eu passávamos quatro horas e meia juntos nos dias em que ambos estávamos em Washington. Não sei se um de nós tinha a chance de passar tantas horas do dia com a própria esposa naquela época. Porém, apesar de todo esse tempo compartilhado, o presidente e eu raramente estávamos sozinhos, exceto por alguns momentos passageiros entre as reuniões. Nossos almoços eram o único ambiente em que podíamos falar com franqueza, sem medo de sermos entreouvidos. Podíamos discutir as questões mais importantes enfrentadas pelo governo, o país e o mundo naquele momento; e podíamos falar sobre qualquer problema pessoal pelo qual estivéssemos passando. Se algo que um de nós fizera irritara ou decepcionara o outro, o almoço semanal era a hora de esclarecer as coisas. Não que isso fosse algo recorrente. Mesmo uma "gafe de Biden" que pôs a Casa Branca e a equipe da campanha de 2012 em convulsão — quando saí na frente do presidente dizendo no *Meet the Press* que me sentia "absolutamente confortável" com o casamento gay e que casais gays tinham o direito de viver com os mesmos direitos e as mesmas liberdades civis dos casais heterossexuais — não causou nenhuma verdadeira perturbação entre nós. Fui ao Salão Oval no dia seguinte, e o presidente apenas se levantou e caminhou em volta da mesa com um grande sorriso no rosto. "Bem, Joe", disse ele, "você disse que não iria assumir nenhum papel diferente nem mudar sua marca." Ele brincou dizendo que eu pusera todos em alvoroço e que a campanha tivera algum trabalho com isso, mas não me repreendeu por falar o que pensava sobre uma questão com a qual me importava profundamente.

As conversas em nossos almoços também eram com frequência pessoais. Falávamos sobre nossas esposas. Falávamos sobre a amizade próxima entre as filhas dele e meus netos, e o que acontecia na vida deles. Falávamos de golfe.

"Sabe o que me surpreende?", disse o presidente em um de nossos almoços no começo. "Como nos tornamos tão bons amigos."

"Surpreende *você*!", brinquei.

Quando entrei no Salão Oval para nosso almoço semanal em 5 de janeiro de 2015, quase seis anos e meio depois de eu aceitar a vice-presidência, Obama estava à mesa, como de hábito. "Vamos lá. Está com fome?", perguntou, me conduzindo, passando pelo pequeno estúdio junto ao gabinete principal e entrando em sua sala de jantar privativa. O ambiente era formal. O presidente mantinha apenas alguns objetos pessoais na sala — fotos das filhas e um par de luvas de boxe em um estojo de vidro, autografadas por Muhammad Ali. Tiramos nossos paletós e caminhamos para extremidades opostas de uma mesa de mogno de quase dois metros. Ele me cumprimentou pelo bom trabalho na homenagem à polícia em Nova York.

"O que você tem para hoje?", perguntou o presidente, quando nos sentamos.

Barack acabara de voltar do feriado de Natal no Havaí e parecia ter um grau a mais de calma em sua conduta já tão plácida. A última eleição de meio de mandato de sua carreira política havia passado, e, embora o pleito não tivesse ido bem para nós, democratas, o presidente nunca mais teria que se sujeitar ao escrutínio dos eleitores. Ele ainda tinha dois anos no poder e estava determinado a fazer com que valessem a pena. Havia grandes realizações à vista, e ele tinha uma lista de prioridades para discutir no almoço naquele dia. O presidente era uma das poucas pessoas às quais eu contara sobre a batalha de Beau contra o câncer. Senti que precisava lhe dizer, porque havia momentos em que eu tinha que voar escondido até Houston ou Filadélfia para procedimentos ou consultas, e Beau queria manter tudo em privado.

Não queria que isso vazasse para a imprensa, o que Barack compreendia. Eu sabia que podia contar com o presidente para manter isso em segredo. Mas também sabia que o presidente ainda precisava de mim, porque outra pessoa não poderia lidar facilmente com todas as grandes iniciativas pelas quais eu era responsável. Queria tranquilizá-lo de que ele podia contar comigo, de que não deixaria nenhuma ponta solta.

O poder da presidência aumentara imensamente durante meu período em Washington, e a expectativa pública sobre o que o chefe do Executivo pode e deve fazer crescera com isso. A gravidade dos problemas que um presidente enfrenta toda semana é avassaladora; não há nada que chegue à mesa do Salão Oval que não seja de grande importância e urgente. E todo tipo de coisa chegava à mesa desse jovem presidente — desde seu primeiro dia de trabalho. Barack Obama prestara juramento para assumir o cargo no meio da pior crise financeira global em quatro gerações. A situação era tão calamitosa que a equipe econômica inteira se reunia no Salão Oval durante uma hora todos os dias para delinear um plano de ação contra a crise que se desdobrava. "Não importa o que façamos", falou o economista-chefe do presidente pouco depois de assumirmos o poder, "vamos continuar perdendo centenas de milhares de empregos por mês durante pelo menos seis meses." Grandes bancos estavam falindo. A economia estava à beira do abismo. Americanos perdiam suas casas, sua assistência médica e as economias de uma vida inteira. Perdiam também a esperança. Arrecadações fiscais cada vez menores apertavam os governos federal, estaduais e municipais. Cidades estavam perto da falência, forçadas a dispensar tantos professores e policiais que os pilares americanos da educação e da segurança pública estavam cambaleando. O presidente Obama também herdara guerras no Iraque e no Afeganistão, e nenhuma estratégia clara para a vitória. As guerras estavam nos custando 15 bilhões de dólares por *mês* no momento em que menos podíamos arcar com isso.

Mesmo Barack Obama, talentoso e capaz como é, não podia dar conta de tudo. Como todos os presidentes modernos, ele era obrigado a delegar grandes partes do trabalho executivo aos secretários de gabinete, aos especialistas em segurança nacional, ao chefe de gabinete e ao vice-presidente. Mas isso exige confiança. E estava claro desde o início para todos que o conheciam que o presidente Obama não depositava facilmente sua confiança nos outros. Ele "não está preso a ninguém", um integrante da equipe disse a respeito dele. A improvável ascensão de Obama na política — ele era um legislador estadual pouco conhecido do Lado Sul de Chicago em 2003 e presidente dos Estados Unidos cinco anos depois — baseou-se em parte no fato de ele não estar preso. Barack Obama não parecia *pertencer* a ninguém, exceto a Michele e suas filhas — não a doadores de campanha, líderes trabalhistas, grupos de direitos civis ou mesmo a amigos. Acho que os eleitores intuíram que ele não permitiria que dívidas políticas, identidade racial, ligações pessoais ou emoções turvassem seu julgamento em qualquer decisão importante. Eles de fato acreditaram que o presidente seria franco e transparente.

Obama tinha o benefício adicional de uma autossuficiência quase absoluta; ao contrário da maioria das pessoas que conheço, sua percepção sobre o próprio valor parecia não ter a ver com que as pessoas pensavam a respeito dele. Barack quase nunca se alterava com o desdém e as críticas injustas que o vi sofrer. Houve vezes em que fiquei tão irritado com o modo como as pessoas o desrespeitavam — o presidente, bem ali no Salão Oval — que eu me preparava para atacá-las. Barack sabia quando eu ficava com raiva por ele e, de vez em quando, me dizia para recuar. "Ei, Joe", dizia, "você tem que aceitar o lado bom e o lado ruim das coisas." Eu sabia que ele podia se defender quando era movido a fazer isso e, em geral, eu deixava passar, mas houve momentos em que não pude evitar. "Não fale assim do presidente", rosnei para uma ex-colega democrata do Senado, que disse que, embora concordasse com o presidente, não gostava dele. "Não fale assim do meu amigo", adverti. "Ou vamos ter um problema."

Não que minha relação com o presidente fosse totalmente livre de frustrações. Ele nunca me deu motivo para duvidar de seu julgamento estratégico em oito anos de proximidade. E quase nunca havia alguma diferença entre nós em assuntos políticos. Porém, às vezes, achava que Obama era prudente demais. "Confie em seus instintos, senhor presidente", eu lhe dizia. No decorrer dos anos, aprendi que, em grandes decisões que precisavam ser tomadas depressa, um presidente nunca teria mais do que 70% das informações necessárias. Então, uma vez que você consultou os especialistas, as estatísticas, os dados e a inteligência, é preciso confiar na própria intuição.

Houve momentos em que ficamos descontentes um com o outro, mas, quando ele estava chateado comigo, eu ficava sabendo de forma privada, não no noticiário da noite. No fim das contas, me sentia agradecido por ele ser direto comigo. E nas poucas vezes em que realmente me chateei com ele, fui objetivo em relação aos motivos do meu descontentamento. Não hesitei em me abrir, pois é assim que os amigos se tratam. Eles falam francamente. Na verdade, acho que essas ocasiões aprofundaram nossa relação.

Eu sentia que ele me tratava como um igual até onde um presidente é capaz. Nunca me deu uma ordem. "Não cumpro a agenda de Joe", ele dizia à equipe, "e Joe não cumpre a minha." O mais importante para mim foi que ele honrou o único pedido que lhe fiz antes de aceitar a oferta para ser seu vice-presidente. Obama, ao que consta, brincou com sua equipe de campanha dizendo que tinha me falado o seguinte: "Quero seus conselhos, Joe. Quero de dez em dez minutos, não de hora em hora." Mas ele cumpriu sua parte no acordo o tempo todo, até o fim. Ele me convidou para ser a última pessoa presente a oferecer conselho antes que qualquer grande decisão fosse tomada.

Ofereci toda a sabedoria que pude, mas também tentei lhe dar apenas incentivos. As preocupações da presidência são um peso para qualquer pessoa que ocupe o gabinete, e havia vezes em que Barack desanimava. Ele ficava mais quieto, mais reflexivo e mais reservado. Tinha um olhar distante. Quando eu o via começar a agir assim, sempre fazia questão de permanecer por perto depois de nossa reunião seguinte no

Salão Oval. Eu esperava todos saírem e fechava a porta. "Lembre-se, senhor presidente", falava quando estávamos a sós, "o país não pode ser mais esperançoso do que seu presidente. Não faça de *mim* a 'Esperança'. Você tem que ir lá fora e ser a 'Esperança'."

Passávamos tanto tempo juntos que desenvolvemos pistas tácitas e piadas internas para aliviar as pressões do cargo. Às vezes, ele refletia em voz alta: por que o senador X faria isso? E por que o congressista Y faria aquilo? Era tão gratuito, tão desnecessário ou tão indelicado. Por quê? E eu lhe contava sobre meu tio Ed Finnegan, que tinha uma resposta para esse tipo de coisa que não era exatamente específica, mas sempre satisfatória. "Ah, sabe, Joey", dizia o tio Ed, "gente idiota não tem explicação." A frase do tio Ed se tornou uma espécie de referência-chave entre nós, uma piada só nossa. Em uma visita à Casa Branca, um chefe de Estado entrou empertigado no Salão Oval, e uma das primeiras coisas que saíram de sua boca foi: "Eles dizem que sou forte, Barack, e que você é fraco. Eu sempre respondo: 'Não, não. Você é forte também.'" Apenas olhamos um para o outro, e o presidente, calmo como sempre, virou-se para mim, ergueu uma sobrancelha e disse: "Tio Ed."

O presidente me deu muitas funções específicas desde o início e se absteve de vigiar meu trabalho. Em uma reunião da equipe de política externa e segurança nacional de Obama, algumas semanas depois de nosso juramento de posse, quando os dirigentes de política externa do presidente disseram que estavam preparados para apresentar um plano para manter os compromissos de campanha do presidente para o Iraque, ele se virou para o grupo e disse: "Joe cuidará do Iraque. Ele conhece isso. Conhece os atores principais." Ele me tornou o xerife de nosso primeiro ato legislativo crucial, decretado menos de um mês após assumirmos: a Lei Americana de Recuperação e Investimento de 2009. Obama me encarregou de obter os votos de que precisávamos no Congresso, depois deixou que eu garantisse que os 787 bilhões de dólares do pacote de estímulo fossem gastos com qualidade e celeridade, evitando desperdícios e fraudes que sempre acompanhavam leis de grandes obras públicas. Quando negociações de orçamento entre o presidente e o presidente da Câmara, que era republicano — ou entre líderes congressistas —, romperam-se de forma irreparável, Barack me despachou para o Capitólio a fim de obter um acordo com meus ex-colegas e assegurar que conseguíssemos os votos para a aprovação. Quando Vladimir Putin iniciou sua campanha para desestabilizar a Ucrânia, o presidente me designou para cuidar disso. Quando uma crise explodiu depois que crianças do Triângulo Norte da América Central começaram a entrar desacompanhadas por nossa fronteira, ele se virou para mim e disse: "Joe, você precisa resolver isso."

Em determinado momento, logo depois, o presidente me pediu para assumir o trabalho de reparar as relações instáveis pelas Américas — o Triângulo Norte, o Brasil, o Caribe, tudo. "Joe, você pode fazer isso", brincou o presidente. "Você é bom em fazer novos amigos. E o fuso horário é o mesmo." Não observei que, na maior parte dos lugares, o fuso horário não era o mesmo, mas aceitei a nova missão. E ele sabia que eu não deixaria a bola cair.

O presidente nunca me disse isso diretamente, mas em uma longa conversa a caminho de um evento em Chicago, perto do fim do primeiro mandato, Michelle Obama me contou: "Ele confia em você, Joe."

A confiança transitava em mão dupla e aos poucos se tornou mais do que meramente profissional. Passei a sentir que podia depender dele também. Barack foi a primeira pessoa fora de minha família a saber da doença de Beau. Em 2013, aconteceu de eu e o presidente estarmos participando juntos de um evento político em Scranton, Pensilvânia, a cidade onde nasci, um dia depois de eu voltar de nossa primeira visita angustiante ao M. D. Anderson Cancer Center, em Houston. O encontro atraiu milhares de pessoas, o que deu ao presidente a oportunidade de me dizer coisas que nunca teria sido capaz de falar em privado. "Hoje é um dia especial para Joe e para mim", disse ele à multidão, "porque, cinco anos atrás, em 23 de agosto de 2008, anunciei em Springfield, Illinois, meu estado, que Joe Biden seria meu companheiro de chapa. E esta foi a melhor decisão que já tomei politicamente, porque amo esse cara. E então quero que todos vocês saibam que tenho sorte por contar com Joe, não apenas como companheiro de chapa, porém, mais importante, como um amigo. E nós amamos sua família."

Nos dezesseis meses a partir daquela semana em que recebemos o diagnóstico, eu vinha tendo o cuidado de não revelar o verdadeiro desespero da situação de Beau a ninguém fora da família — nem mesmo ao presidente. Barack tinha suspeitas de que meu filho estava passando por problemas, mas jamais me pressionou em busca de detalhes. E eu não levantava o assunto com frequência. Contudo, em meados de 2014, quando sua afasia piorou, Beau começou a se preocupar com a possibilidade de que a doença acabasse afetando sua capacidade cognitiva. E, conhecendo Beau, Hunt e eu ficamos preocupados de que ele pudesse se sentir moralmente obrigado a renunciar antes do fim de seu mandato como procurador-geral. A única renda que ele tinha na época era seu salário. Contei ao presidente sobre isso em um de nossos almoços privados.

"O que você vai fazer?", perguntou ele.

"Bem, ele não tem muito dinheiro, mas estamos bem", respondi. "Jill e eu podemos retirar uma segunda hipoteca de nossa casa em Wilmington se precisarmos. Vamos ficar bem."

"Não faça isso", disse Barack, com uma força que me surpreendeu. Eu podia ver que ele estava ficando emocionado. Então o presidente se levantou, caminhou para trás de mim e pôs as mãos em meus ombros. "Vou lhe dar o dinheiro. Eu tenho. Você me paga quando quiser."

Passamos a primeira parte de nosso almoço de 5 de janeiro de 2015 examinando algumas das grandes iniciativas que eu estava coordenando na época: Iraque, Ucrânia e América Central. Elas haviam se tornado três das mais prementes prioridades da política externa de nossa administração. O presidente anunciara havia pouco sua ampla estratégia de contraterrorismo a longo prazo para erodir e, por fim, destruir o Estado

Islâmico no Iraque, na Síria e em todo o Oriente Médio. Eu trabalhava ao lado do novo primeiro-ministro do Iraque para sustentar seu governo de coalizão e fazê-lo obter os recursos necessários para reverter algumas vitórias recentes do ISIS naquele país. Também vinha tentando convencer o presidente e o primeiro-ministro da Turquia a se tornarem mais ativos na luta contra o ISIS na Síria. Minha equipe já estava preparando uma viagem no início de fevereiro para a Conferência de Segurança de Munique, onde eu precisava pressionar nossos aliados da Otan a dar mais apoio à Ucrânia em sua luta contra Putin. Algumas semanas depois, fui à Guatemala para uma reunião de cúpula de dois dias com os líderes dos países do Triângulo Norte. Meu trabalho ali era persuadi-los de que precisavam fazer escolhas políticas difíceis que convencessem o Congresso dos Estados Unidos a financiar sua Aliança para a Prosperidade.

A discussão desviou, como sempre, para assuntos mais pessoais no fim do almoço. Barack continuava preocupado com minha candidatura à presidência. De forma sutil, vinha ponderando sobre isso — por diversos motivos. Em primeiro lugar, o presidente reconhecia o crescente apetite da mídia pelas picuinhas políticas em detrimento da política de ação real. Nós dois sabíamos que, no instante em que eu anunciasse que estava concorrendo à indicação do Partido Democrata, a cobertura na Ala Oeste abordaria minhas chances na disputa em vez de cobrir a agenda presidencial em curso. Também acredito que ele concluíra que era quase certo que Hillary Clinton fosse a indicada, o que era bom para ele. Obama a considerava realmente inteligente e preparada, e ela era apoiada por uma máquina de campanha formidável que os Clinton vinham construindo havia quarenta anos. O presidente era como Salomão quando pressionado por repórteres a escolher entre mim e Hillary. "Tanto Hillary quanto Joe possuem as qualidades necessárias para serem ótimos presidentes", dissera ele. "E eles têm forças diferentes, mas ambos seriam excelentes." No entanto, eu sabia que vários dos ex-membros da equipe do presidente, e mesmo alguns dos atuais, estavam pesando a balança a favor de Clinton.

Em janeiro de 2015, o presidente foi convencido de que eu não conseguiria vencer Hillary e temeu que uma longa luta nas primárias dividisse o partido, o que deixaria o indicado democrata vulnerável na eleição geral. Mais que qualquer outra coisa, ele não queria ver um republicano na Casa Branca em 2017. Compreendi o que ele quis dizer e jamais discordei. Tratava-se de seu legado, e uma parte significativa desse legado ainda não estava plenamente estabelecida. Eu não achava que seria possível uma nova administração republicana reverter o histórico programa de assistência médica de Barack, a Lei de Violência contra as Mulheres ou os ganhos obtidos pela comunidade LGBT. Mas nós dois sabíamos que, se ganhasse a presidência, um republicano poderia desfazer o legado de Barack na política externa. Nenhum de nós queria isso. Acho que o presidente também estava preocupado com a possibilidade de eu concorrer e perder, o que diminuiria meu próprio legado. E, finalmente, acho que ele se questionou sobre minha capacidade de fazer meu trabalho como vice-presidente *e* concorrer à indicação enquanto lidava com a batalha de Beau contra o câncer cerebral.

Ao levantar essa questão no almoço daquele dia, Barack o fez com um toque suave. "Se eu pudesse apontar alguém para ser presidente pelos próximos oito anos, seria você, Joe", disse ele. "Temos os mesmos valores. A mesma visão. Os mesmos objetivos. Você merece o direito de tomar uma decisão baseada em como se sente em relação à disputa."

Eu respondi que, depois de vê-lo fazendo aquele trabalho nos últimos seis anos, não tinha desejo algum de morar na Casa Branca. "É a coisa mais confinante do mundo", comentou o presidente, mas ele não parou de discorrer a respeito. Estava quase em um devaneio sobre seu próprio futuro. Ele me disse que o feriado de Natal lhe permitira pela primeira vez imaginar como poderiam ser os próximos 25 anos. "Acho que posso fazer mais do que fui capaz de realizar como presidente", declarou. Disse que descobrira como desejaria passar o resto de sua vida. "Joe, já parou para pensar nisso? Como você quer passar o resto de sua vida?"

Como você quer passar o resto de sua vida? Era uma pergunta difícil de responder naquele dia. Gostaria de poder ter dito: "Claro, posso ir ao encontro do pôr do sol também, e ficar satisfeito e contente." Mas não era tão simples assim. Em parte era meu orgulho: se decidisse não concorrer, tinha que ser capaz de me olhar no espelho e saber que não era por temer perder ou por temer assumir o trabalho. Eu não poderia viver saindo da disputa dessa maneira. Além disso, a questão de concorrer à presidência estava entrelaçada com Beau, e propósito, e esperança. Desistir da corrida presidencial seria como dizer que estávamos desistindo de Beau. "Não podemos desistir da esperança, Joe", dizia Jill. "Não podemos desistir da esperança." A mera possibilidade de uma campanha presidencial, um desejo de Beau, nos dava propósito e esperança — uma maneira de desafiar os fatos.

Como você quer passar o resto de sua vida? Barack Obama era meu amigo, mas me vi incapaz de confidenciar a ele. Eu sabia, expliquei, que tinha duas escolhas. Poderia ter dez bons anos com minha família, assentando as bases da segurança financeira para o futuro e passando mais tempo com eles. Ou poderia ter dez anos tentando ajudar a mudar o país e o mundo para melhor. "Se a segunda está ao alcance", respondi, "acho que é assim que eu deveria passar o resto de minha vida."

CAPÍTULO CINCO

Mantendo-me ocupado

Na segunda-feira, eu já sabia que aquela seria uma semana difícil — sob todos os aspectos. No dia seguinte, 3 de fevereiro de 2015, Beau faria 46 anos, mas ele não queria que eu desse muita importância ao fato. Meu filho esperava que eu continuasse fazendo o meu trabalho, e fazendo-o bem, enquanto ele lutava pela vida. O esforço de Beau, feroz embora silencioso, foi inspirador. Ele já excedera o tempo de sobrevida de doze a quatorze meses para alguém com glioblastoma multiforme. E os exames de imagem mais recentes não mostraram evidências claras de que as poucas células cancerígenas que o dr. Sawaya fora incapaz de remover voltaram a se multiplicar. O mero fato de Beau estar resistindo, determinado a fazer o que fosse preciso, deu esperança a toda a família. Desde o início, no fim do verão de 2013, Beau optara pelo tratamento mais agressivo proposto pelo oncologista. Quando o dr. Yung recomendou que ele suportasse o triplo da dosagem da quimioterapia padrão — um medicamento chamado Temodar —, ao mesmo tempo que participaria do primeiro teste de um tratamento experimental projetado para aumentar o efeito desse fármaco, Beau disse: "Vamos nessa." Alguns meses depois, quando o dr. Yung sugeriu a adição de um novo medicamento promissor, embora ainda não aprovado pela FDA, para combater uma das mutações que tornavam seu tumor especialmente agressivo, Beau disse: "Vamos nessa." O dr. Yung alertou que, embora existissem evidências em estudos com animais de que a droga funcionava, não havia estudos em humanos para respaldá-la. Também poderia haver efeitos colaterais desconfortáveis. Meu filho respondeu: "Se eu tiver erupções cutâneas, usarei mangas compridas e um boné de beisebol. Não tem problema."

Em abril de 2014, cerca de oito meses após o início do tratamento, Beau começou a ter dificuldades de fala, mas os médicos não sabiam, a partir dos exames de imagem, se as complicações eram causadas por um novo crescimento do tumor ou pelos efeitos retardados das seis semanas anteriores de radiação. Depois de receber permissão especial da empresa farmacêutica, o dr. Yung perguntou a Beau se ele gostaria de tentar um medicamento largamente testado que poderia diminuir o inchaço e selar os vasos sanguíneos rompidos ao redor do leito tumoral. Beau disse: "Vamos nessa." O novo medicamento era administrado por via intravenosa, e a grande agulha podia ser incrivelmente dolorosa, mas Beau nunca reclamou. No entanto, Jill sabia disso e o acompanhou no procedimento semanal na Filadélfia, garantindo que ele fosse atendido pelos enfermeiros mais gentis e habilidosos.

Alguns meses depois, no verão de 2014, Beau comprou uma lancha cara para levar Natalie e Hunter em longos passeios e pescarias no rio Susquehanna ou na baía de Chesapeake. Beau adorava navegar — a maresia no rosto, uma vara de pesca na mão —, mas também fora cuidadoso com o dinheiro ao longo dos anos. Eu não disse nada para ele ou mais ninguém, mas Jill e eu nos perguntávamos se Beau estava começando a aceitar a ideia de que talvez não tivesse muito mais tempo de vida. Por que esperar um amanhã que poderia não vir? Mas era muito fácil reprimir tal ansiedade sempre que eu o via. Ele ainda parecia bem. Ainda se exercitava. E, assim como ele, todos acreditávamos que, se meu filho aguentasse por tempo suficiente, a ciência poderia superar sua doença. Havia muita coisa acontecendo naquela área. Poderia surgir um tratamento inovador, dissemos para nós mesmos, ou até mesmo uma cura.

    Beau aguentou durante todo o verão, até agosto de 2014, exatamente um ano após o diagnóstico, quando sentiu uma súbita fraqueza e dormência no braço e na perna direitos. Ele não reclamou. Não entrou em pânico. "O que faremos agora?", perguntou ao oncologista. "Como vamos combater isso?" O dr. Yung sugeriu uma droga mais potente, com inúmeros efeitos colaterais, incluindo náusea, fadiga, úlceras na boca e perda de apetite. A droga também aumentaria o risco de infecção, anemia e doenças sanguíneas mais graves. "Tudo bem, doutor", disse Beau, "vamos nessa". Eu sabia que ele devia estar se sentindo frustrado. Não tinha controle sobre o que a doença ou o tratamento estavam fazendo com seu corpo, nenhum controle sobre os resultados de seus exames de sangue, nenhum controle sobre o resultado de seus exames de imagem a cada dois meses, nenhum controle real sobre quando o tumor poderia voltar a crescer e com que grau de agressividade. O que podia controlar, ele controlou. Beau continuou fazendo — bem — o seu trabalho como procurador-geral de Delaware. Seu escritório ganhara um acordo de 45 milhões de dólares do Bank of America por má conduta durante e após a crise financeira de 2008. Isso elevou para 180 milhões de dólares a cifra ganha dos bancos para o estado e seus cidadãos. Ele convenceu 43 outros procuradores a se juntar a ele na arrecadação de dinheiro federal para apoiar as vítimas de pornografia infantil. Até então, a Força-Tarefa Contra Pedófilos que Beau criara e supervisionara prendera e condenara mais de duzentos abusadores e resgatara 129 crianças de situações abusivas. "Desde o início, meu foco tem sido proteger os mais vulneráveis", disse ele, "e ninguém é mais vulnerável do que nossos filhos".

    E Beau também continuava indo para casa à noite para ficar com Hallie, Natalie e Hunter. "Leio para meus filhos todas as noites", disse ele à enfermeira de prática avançada em Houston, Eva Lu Lee, na primeira vez em que se encontraram. "Preciso de tempo para ler para meus filhos."

Beau insistiu em subir até o topo de uma bela trilha na montanha durante uma de nossas viagens em família à cordilheira Teton, apesar de sua perna enfraquecida ter tornado aquilo uma verdadeira batalha. Beau se recusou a dividir com qualquer pessoa, com exceção do irmão, Hunter, o medo que sentia — não contou nem mesmo a mim ou a Jill.

Então, no dia seguinte, 3 de fevereiro de 2015, seria seu aniversário de 46 anos, mas ele não queria comemorar. Além disso, lembrou a Jill que aquele era o ano de Hunter. O aniversário de Hunt era no dia seguinte ao de Beau, e os dois sempre se revezavam para escolher a refeição de aniversário. "Empadão de frango, certo, mãe?", diria Hunter. "Caseiro."

Eu tinha uma agenda cheia naquela semana, como em quase todas as semanas desde o diagnóstico de Beau. Eu havia planejado aquilo. Quando voltei para Washington após descobrirmos que Beau estava com câncer no cérebro, chamei meu chefe de gabinete, Steve Ricchetti, até o meu escritório para conversarmos. Steve sabia que toda a família acompanhara Beau ao M. D. Anderson e que tínhamos voltado de lá com más notícias. Mas ele não sabia da gravidade da situação. "Direi apenas que é muito sério e que será um período muito difícil", falei para ele enquanto nos acomodávamos em nossas cadeiras em meu escritório na Ala Oeste. "A única maneira de eu passar por isso é me mantendo ocupado. Quero minha agenda sempre cheia. Tente manter tudo o que normalmente faríamos. Garanta que eu continue trabalhando."

Steve é um cara fácil de lidar e se mostrou disposto a fazer quase tudo o que pedi, mas pelo jeito que olhava para mim naquele momento, percebi que meu pedido ia contra seus instintos humanos naturais. "Veja, Steve, sei que também vai ser difícil para você, mas estou implorando para que faça isso por mim", expliquei. "Sei o que é o melhor a fazer porque, infelizmente, já vivi isso antes. A única maneira de sobreviver, a única maneira de superar, será me ocupando e, sempre que possível, mantendo minha mente concentrada no trabalho."

Steve disse que faria tudo o que eu pedisse e manteve a sua palavra. Nos dezoito meses seguintes, houve algumas vezes em que Jill puxou Steve de lado para conversar. "Joe está trabalhando demais", dizia ela. "Está exausto. Mal dorme. Isso vai matá-lo." O que colocava Steve em uma situação delicada. Ele concordava com minha esposa. Houve momentos em que ele pensou que minha agenda era muito cruel, mas estava sob ordens estritas do chefe. Steve também passou a acreditar que parte de minha insistência em acompanhar as demandas do trabalho era o desejo de provar para Beau, Hunt e Ashley que eu estava bem. Que ainda era capaz de lidar com qualquer coisa que fosse exigida de mim.

Diplomaticamente, Steve dizia para Jill: "Ficarei feliz em fazer qualquer coisa que ele me *deixar* fazer." E, então, os dois conspiravam para me obrigar a relaxar por algum tempo. Eu os ouvia quando me expunham o problema e dizia não a alguns eventos ou reuniões — antes de voltar a trabalhar quinze ou dezesseis horas por dia. Então Jill ligava para Steve e dizia outra vez "isso precisa parar", e Steve concordava com ela. E, às vezes, quando estávamos em casa sozinhos, Jill dizia o mesmo para mim: "Você precisa parar, Joe. Vai ficar doente. Estou preocupada." Mas eu não concordava com tanta facilidade.

Para mim, Steve e Jill se preocupavam mais do que o necessário. Quando examinei minha agenda para a primeira semana de fevereiro de 2015, notei que havia muito a fazer, algumas coisas realmente significativas — mas tudo aquilo era factível.

Minha agenda para aquela segunda-feira parecia um tanto escassa: uma série de reuniões na Casa Branca e um almoço com o presidente. Mas eu iria para o exterior dali a três dias, e havia diversos assuntos inacabados que eu queria resolver antes de deixar a cidade. Então, segunda-feira era minha melhor oportunidade para me concentrar no trabalho sério que eu precisava fazer junto ao Congresso. A primeira coisa da lista era manter relações cordiais com a oposição. Entrei em contato com o novo líder da maioria republicana na Câmara para convidá-lo para um café da manhã no Observatório Naval, onde ambos poderíamos nos sentar em particular e conversar sobre onde encontrar algum terreno para a cooperação no orçamento, nos gastos em infraestrutura ou na legislação de imigração. Eu vinha trabalhando muito para criar um relacionamento com o antigo líder da maioria, Eric Cantor, mas agora que Eric perdera o posto, tive que recomeçar do zero com Kevin McCarthy.

Eu precisava dar uma resposta ao secretário de Energia, Ernest Moniz, que me pedia para liderar uma iniciativa de 15 bilhões de dólares para reconstruir a infraestrutura energética do país, que andava caducando. Aquela era uma ação urgente e necessária. As quedas de energia causadas por tempestades, sobretudo ao longo do litoral, custavam bilhões de dólares por ano aos americanos, porque a rede elétrica precisava ser modernizada. Um número imperdoável de dutos de água dos Estados Unidos ainda era de *madeira*. As linhas de gás em todo o país estavam vazando, o que não era de surpreender. Muitas haviam sido instaladas quando Eisenhower era presidente. Quantidades perigosas de metano estavam escapando para a atmosfera em todas as etapas da cadeia de suprimento de gás natural. Meu trabalho era vender o plano para os principais membros da Câmara e do Senado, e eu esperava obter apoio bipartidário. Consertar as linhas de suprimento de gás, por exemplo, não era apenas uma precaução de segurança necessária; também melhoraria a eficiência da indústria de petróleo e gás e geraria novos empregos. Então liguei para Jim Inhofe, um senador republicano de um dos principais estados produtores de petróleo, para convencê-lo de que, caso o Congresso fornecesse dinheiro para desenterrar e substituir seções de tubos e conectores defeituosos, seria uma vitória tanto para os produtores de petróleo e gás quanto para os grupos de proteção ambiental.

Então, liguei para um congressista de um distrito ao norte da cidade de Nova York para ver se ele poderia abrandar a oposição que fazia ao acordo nuclear que o secretário de Estado John Kerry negociava com o Irã. Depois, liguei para o senador Tom Carper, de meu estado natal, para tratar com ele sobre o acordo com o Irã e o Triângulo Norte e atualizá-lo sobre a iniciativa para conseguir dinheiro para que o Corpo de Engenheiros do Exército aprofundasse o canal do rio Delaware. Por fim, telefonei para outros quatro legisladores que estavam se opondo ao projeto nesse rio.

Cheguei a conseguir encaixar uma breve conversa por telefone com o presidente da Universidade de Delaware, que queria que eu pensasse em criar algum tipo de "centro de política Biden" em minha *alma mater* depois que eu deixasse o cargo dali a dois anos. E isso me fez pensar no que eu faria dali a dois anos, o que, mais uma vez, trouxe à baila a questão de concorrer à presidência. Eu acabara de ganhar tempo ao anunciar, em um programa matinal, que só me decidiria no fim do verão ou no início do outono. Eu esperava um memorando sobre a campanha a qualquer momento, preparado por Mike Donilon, meu principal estrategista político e um bom amigo.

Eu já sabia que Mike acreditava firmemente que eu deveria me candidatar, e ele tinha bons argumentos para explicar por que eu venceria. Mas conversávamos frequentemente sobre 2016 havia quase dois anos e tenho certeza de que Mike estava ficando ansioso quanto à iniciativa. Ele nunca insistiu, porque é um homem gentil e atencioso, e sabia que Beau não estava bem — embora eu tivesse sido cauteloso ao lhe falar a respeito. Se na época eu admitisse para Mike ou para qualquer outra pessoa que a doença de Beau poderia impossibilitar minha candidatura, ele saberia que meu filho estava enfrentando sérios problemas de saúde. E Beau não queria que ninguém fora da família soubesse, nem mesmo seus melhores amigos. Então, simplesmente pedi a Mike e Steve que fizessem o possível para me colocar em posição de montar uma campanha séria caso eu decidisse concorrer. Mike abordou esse assunto como técnico político e amigo. Ele era observador e perspicaz, e estava ao meu lado havia mais de vinte anos, de modo que entendeu

— sem que eu precisasse dizer — que manter viva essa possibilidade era importante para meu espírito. Ele sabia que ter esse objetivo no horizonte, mesmo que distante e talvez inacessível, me ajudaria a enfrentar o dia a dia.

O presidente Obama voltou a abordar a candidatura de 2016 em nosso almoço particular naquele dia, depois de terminarmos a conversa séria sobre política. Ele sabia que várias pessoas me pressionavam para que eu me candidatasse e ouvira falar sobre o movimento *Draft Biden*, que já tinha até adesivos de para-choques: ESTOU COM BIDEN. O presidente pediu cautela. Ele queria que eu me certificasse de que não deixaria esse assunto muito evidente. Ele não queria que eu parecesse inconstante caso decidisse não me candidatar. "Tenho imenso zelo por seu legado", disse o presidente. "Estou falando sério." Garanti que não estava fazendo nada para promover aquele esforço; que Mike Donilon estava prestes a me entregar um memorando sobre como concorrer, caso eu decidisse entrar na disputa, mas que estava longe de tomar a decisão. Ele disse que eu deveria ser cauteloso e estudar bem o memorando de Mike. Eu deveria abordar a decisão metodicamente — analisar os números de pesquisas e as variáveis políticas e buscar orientação fora de minha própria equipe. Ele sugeriu que eu conversasse com seu pesquisador e com seu estrategista-chefe e deixasse que eles lessem o memorando de Mike. Barack me garantiu que os dois eram confiáveis e que manteriam o silêncio. "Eles são os melhores do país em termos de números", disse o presidente. "Hillary os convocaria imediatamente, se pudesse." Acho que ele não sabia que ao menos um deles *já* estava ajudando Hillary. Então Barack disse que também gostaria de ler o memorando e dar sua avaliação. "Serei franco", prometeu.

Dois dias depois, eu estava tomando café da manhã no Observatório Naval com Hillary Clinton — uma reunião que ela solicitara. Hillary ainda não anunciara sua candidatura e nem mesmo dissera que a anunciaria. Mas já estava montando uma grande estrutura de campanha e começava a aliciar parte de minha equipe, de modo que havia algumas semanas seus conselheiros mais próximos a incentivavam a me procurar e fazer amizade. Os assessores de campanha de Clinton achavam que a reunião valeria a pena, embora tivessem certeza de que tudo o que fosse divulgado para mim vazaria. Acho que ela não pensava assim.

Naquela quarta-feira, Hillary chegou às oito da manhã e nos sentamos a uma mesa de jantar na pequena biblioteca, logo atrás da sala de recepção principal. Ela e eu mantínhamos reuniões regulares naquela sala quando ela foi secretária de Estado e tomaríamos café da manhã naquele dia para eu entender como estava sua relação com o presidente. Barack era um chefe difícil de decifrar, sobretudo para pessoas que não passavam muito tempo com ele, então acho que ela me usou como seu "decifrador" de Obama. Hillary, porém, tinha um interesse novo naquela manhã de fevereiro e foi direto ao assunto. Ela começou me dizendo que eu era um bom vice-presidente, mencionando o quanto eu fizera pelo país em minha carreira e como ganhara o direito de concorrer à presidência. Então perguntou na lata se eu concorreria. Achei que não poderia contar a verdade sobre Beau. "Não estou em posição de tomar uma decisão agora", foi tudo o que falei, "e acho que vou esperar." Se eu participasse da disputa pela indicação do Partido Democrata, assegurei-lhe que concorreria *pela* indicação, e não contra ela. Eu concorreria porque acreditava ser o candidato mais adequado. Mas também disse que, caso concorresse, não faria uma campanha negativa. Ela me falou o mesmo. "Embora alguns de nossos apoiadores às vezes percam o controle", observou ela, "não seria por iniciativa própria."

Hillary me disse que pensara muito a respeito e decidira concorrer à indicação. "Tenho muito respeito por você e por tudo o que fez", declarou ela, "e queria lhe dizer isso pessoalmente." Hillary me contou que não estava pronta para fazer o anúncio de imediato e que agradeceria caso eu me mantivesse em silêncio a esse respeito. E foi o que fiz. Não contei para ninguém.

Enquanto eu a acompanhava até a porta da frente, tinha certeza de que Hillary não conseguira tudo o que pretendia naquela manhã. Acho que ela esperava me ouvir dizer que iria recuar. Que eu não concorreria à indicação. Mas ainda não podia dizer isso. Fui com ela até a porta, dei-lhe um abraço caloroso e me despedi.

Senti uma pontada de tristeza por Hillary enquanto a observava descer os degraus naquela manhã. Ela estava determinada como sempre e confiante de que era a pessoa certa para o cargo. Também estava bem à minha frente nas primeiras pesquisas, e de todos os outros possíveis candidatos democratas. Os sábios analistas políticos diziam que ela provavelmente estava a caminho de uma vitória histórica: a primeira mulher a chegar à Casa Branca. Mas ela não demonstrou muita alegria com a perspectiva de concorrer. Talvez eu a tenha interpretado mal naquela manhã, mas Hillary me parecia uma pessoa impulsionada por forças que não eram inteiramente suas. E eu não tinha dúvida de que Hillary sabia quão brutal a campanha seria para ela. O que ela estava prestes a fazer exigia muita coragem.

Senti-me aliviado por estar no ar na manhã seguinte, voando para leste sobre o oceano Atlântico, em direção ao sol nascente, a caminho de assuntos sérios e importantes. Além disso, estaria com a minha neta de dezesseis anos, Finnegan Biden, durante toda a viagem. Eu tomara providências para que a parada final na Europa, logo após minha última reunião oficial, fosse apenas um tempo particular para nós dois. A vice-presidência satisfizera as esperanças de Jill de ser uma nova aventura para toda a família. Um dos grandes privilégios do cargo era poder levar meus netos mais velhos em viagens ao redor do globo. Foi uma experiência educacional incrível para eles, e não foi um fardo para mim ou para minha equipe. Ao menos um deles estivera em todos os continentes, com exceção da Antártica. Eu assistira aos meus netos mais novos, Natalie e Hunter, flutuarem no mar Morto, conhecerem o rei da Jordânia e visitarem os Emirados Árabes Unidos e o golfo Pérsico. Testemunhei minha neta mais velha, Naomi, experimentar o mandarim aprendido na faculdade em um jantar oficial na China; vi sua irmã mais nova, Maisy, fazer novos amigos em países como Egito, Quênia, Tanzânia e Serra Leoa e, então, jogar futebol no campo onde ocorreu a final da Copa do Mundo da África do Sul; também vi Finnegan avaliar a presença militar norte-coreana de nosso posto de observação, olhando para além da Zona Desmilitarizada. Ela achou que aquilo renderia um ótimo trabalho escolar.

"Eles têm toda essa artilharia", disse-me mais tarde, apontando para um mapa, "tipo canhões grandes, certo, vovô?"

"Sim", respondi.

"Você entende que os norte-coreanos podem matar *120 mil* pessoas em Seul, e provavelmente muito mais, caso dispararem toda a sua artilharia?", perguntou ela, mais uma vez apontando para o mapa. "A artilharia fica aqui em cima, neste território."

Finnegan era a mais insistente de todos os meus netos. Ela me ligou certa manhã, no início de 2011, na metade de meu primeiro mandato, assim que chegou aos jornais a notícia de que eu faria minha primeira viagem a Moscou como vice-presidente. Ela tinha doze anos. "Vovô", disse Finnegan, "posso ir para a Rússia com você?"

"Querida, você precisa ir para a escola", respondi.

"Se você falar com o papai e com a professora que aprenderei muito mais nessa viagem do que na escola, eles vão concordar", explicou. "E lembre-se, vovô, de que a Europa Oriental e a Rússia são o meu território."

As filhas de Hunter eram um pouco como as grandes potências do fim do século XIX. Elas tinham suas próprias esferas de influência em todo o mundo. "A Naomi é a China e o Extremo Oriente", explicou Finnegan. "Maisy é a África. E *eu* sou a Europa."

Ela acabou ganhando permissão para fazer a viagem, com uma pequena ajuda minha, e ficou ao meu lado o tempo todo. Primeiro paramos em Helsinque, onde Finnegan conheceu a presidente e a primeira-ministra da Finlândia. Mais tarde, durante a viagem de avião até Moscou, alguém de minha equipe se voltou para Finnegan e disse: "Não é incrível conhecer as duas mulheres que governam este país?"

"Você sabe o que é mais incrível?", respondeu Finnegan. "Quase metade dos membros do Parlamento também são mulheres."

Havia apenas alguns lugares onde Finnegan não tinha permissão para ir comigo naquela viagem. Ela teve que esperar pacientemente em uma antessala do escritório particular de Vladimir Putin em Moscou durante minha reunião com o líder russo. Putin atuava como primeiro-ministro da Rússia, enquanto seu protegido, Dmitri Medvedev, permanecia temporariamente na presidência. O presidente Obama se esforçava para fortalecer nosso relacionamento com o governo russo. Nosso governo convenceu Medvedev (o que, na verdade, significava Putin) a assinar um grande novo tratado que exigia uma enorme redução bilateral de armas nucleares, mas o relacionamento já estava criando novas tensões. Eu estava em Moscou para defender que a Rússia não tinha motivos para temer a recente redistribuição de lançadores do escudo de defesa antimísseis na Europa, projetado para interceptar ataques do Irã. Putin não estava satisfeito com o reposicionamento dos lançadores em países tão próximos de sua fronteira, como a Polônia e a Romênia, e continuou afirmando que os interceptadores eram destinados a mísseis russos. Ele já mandara Medvedev ameaçar se afastar de todos os tratados de armas nucleares, velhos e novos, o que levaria o mundo a uma nova guerra fria. Eu estava ali para explicar as mudanças planejadas no sistema, oferecer total transparência em sua implantação e operação, e garantir a Putin que aquilo não fora projetado para interferir nas defesas estratégicas russas.

Eu não sabia ao certo no que estava me metendo. O presidente George W. Bush dissera ter olhado nos olhos de Putin e tido "um vislumbre de sua alma". Eu queria ver por conta própria. Embora tenha sido encorajado pela disposição de Putin de assinar o tratado sobre armas nucleares, achava que o líder russo se mostrara indigno de nossa confiança em quase todas as outras circunstâncias. Nossa reunião naquele dia não fez nada para dissipar tal impressão. Foi uma discussão longa e polêmica. Putin se manteve calmo e frio durante todo o processo, mas argumentou do começo ao fim do encontro. Expliquei que, uma vez que o Irã era uma ameaça nuclear, era de nosso vital interesse proteger os Estados Unidos e nossos aliados europeus. Ele mudou de assunto, reclamando que o governo anterior mentira para ele e atacara publicamente seu histórico de direitos humanos. Usei mapas para lhe mostrar a trajetória proposta dos interceptadores, para assegurá-lo de que nosso sistema de defesa antimísseis não visava os mísseis balísticos intercontinentais da Rússia. Ele discordou veementemente e chamou seus conselheiros militares para apoiá-lo. A reunião prosseguiu durante horas e abrangeu outros pontos de discórdia. Expliquei a Putin, por exemplo, que, embora objetássemos fortemente à ocupação russa de partes da Geórgia, não estávamos incentivando o presidente do país, Mikheil Saakashvili, a criar problemas. "Falo com Saakashvili regularmente por telefone e exorto-o a não tomar iniciativas provocadoras, assim como exorto você a restaurar a soberania do país", falei. "Ah", respondeu Putin, "sabemos exatamente o que você tem falado com o sr. Saakashvili por telefone."

Não chegamos a um acordo mutuamente satisfatório sobre o escudo antimísseis. Por fim, disse a Putin que o manteríamos informado, mas que seguiríamos em frente com a reimplantação planejada. Ele não ficou satisfeito. Quando a reunião chegava ao fim, Putin me pediu para dar uma olhada em seu escritório. Os móveis eram sofisticados e impressionantes. "É incrível o que o capitalismo faz, não é mesmo?", falei, olhando para o pé-direito alto do aposento. "Magnífico."

Quando baixei os olhos, fiquei cara a cara com ele.

"Sr. primeiro-ministro, estou olhando nos seus olhos", falei, sorrindo. "E não creio que você tenha uma alma."

Putin olhou para mim por um segundo, sorriu e disse: "Nós entendemos um ao outro."

E era verdade.

Quatro anos depois, sobrevoando o Atlântico naquela tarde de quinta-feira, viajando a mais de 950 quilômetros por hora, sentei-me em minha pequena cabine particular lendo o briefing e conversando com minha confiável equipe de política externa sobre o que exatamente precisávamos realizar naquela viagem. O *Air Force Two* pousaria em Bruxelas naquela noite, onde, no dia seguinte, eu tinha reuniões agendadas com os líderes do mais alto escalão da União Europeia, assim como uma reunião individual com o primeiro-ministro da Bélgica. No entanto, aquilo era apenas um aquecimento para os assuntos críticos que seriam tratados na Conferência de Segurança de Munique naquele fim de semana. A conferência parecia estar completando um círculo completo e enfrentando um novo acerto de contas com Vladimir Putin, que mais uma vez era presidente da Federação Russa... e não estava se comportando bem. Eu participara da Conferência de Segurança de Munique em 2009, apenas três semanas após a posse, onde fiz um discurso para uma audiência internacional expondo os principais objetivos do presidente Obama na política externa. Parte desse discurso era direcionado a Putin.

O líder russo precisava ouvir o compromisso do presidente com a segurança europeia, bem como o desejo de Barack de ter a Rússia como parceira nesse esforço. Nossa nova administração apoiava "o fortalecimento da defesa europeia, um papel cada vez maior da União Europeia na preservação da paz e da segurança, uma parceria Otan-UE fundamentalmente mais forte e uma cooperação mais profunda com países fora da Aliança que compartilham nossos objetivos e princípios comuns", falei. "Os Estados Unidos rejeitam a noção de que o fortalecimento da Otan seja um enfraquecimento da Rússia ou que o fortalecimento da Rússia seja um enfraquecimento da Otan...

"Parafraseando o presidente Obama, é hora de começar de novo e revisitar as muitas áreas em que podemos e devemos trabalhar em conjunto com a Rússia... Os Estados Unidos e a Rússia podem discordar e, ainda assim, trabalhar juntos onde nossos interesses coincidam. E tais interesses coincidem em vários aspectos." Deixei clara a posição do presidente. Estávamos abertos à cooperação, mas havia regras básicas fundamentais.

"Não aceitaremos que uma nação tenha uma esfera de influência", assegurei à conferência, e todos na sala entenderam que eu queria dizer que os Estados Unidos e seus aliados na Otan não permitiriam que a Rússia forçasse as antigas repúblicas soviéticas a voltarem à sua órbita de influência contra sua vontade. "Continua sendo nossa visão que Estados soberanos têm o direito de tomar as próprias decisões e escolher as próprias alianças."

Nosso governo buscava promover e estender a ordem internacional liberal que existia havia quarenta anos: uma Europa livre, inteira e em paz, com cada país independente tendo fronteiras acordadas e *seguras*.

Em fevereiro de 2015, a caminho de Munique, Vladimir Putin sinalizou que não estava mais satisfeito com as regras que os líderes soviéticos aceitaram em 1975, como parte dos históricos e abrangentes Acordos de Helsinque. Ele estava disposto a testar a determinação europeia no princípio da santidade das fronteiras, e fazia isso impunemente na Ucrânia. Meu principal objetivo em Munique era continuar incentivando nossos aliados europeus a permanecerem do nosso lado, para garantir que Putin entendesse que a Rússia pagaria um preço por intimidar um vizinho mais fraco.

O povo ucraniano estivera em uma montanha-russa emocionante e, às vezes, angustiante durante o ano anterior, e eu me sentia como se estivesse nela junto com eles. No fim de 2013, uma manifestação popular iniciada em uma praça de Kiev, quando o presidente Viktor

Yanukovych voltou atrás em sua promessa de levar o país à União Europeia, passou de manifestação espontânea a um verdadeiro movimento político — com a qual o presidente lidou muito mal. Eu conhecia e trabalhava com Yanukovych desde 2009 e sabia que ele enfrentava uma situação difícil. Enquanto aumentava a pressão popular para que ele honrasse sua promessa em relação à UE, Putin obviamente o pressionava para resistir ao movimento e aproximar o país da Rússia. Assim, Yanukovych resistiu à democrática Revolução da Dignidade em Maidan Nezalezhnosti com força crescente, enfim liberando sua tropa de choque nas ruas de Kiev para deter, ferir e até matar manifestantes. No auge do inverno, os manifestantes em Maidan se viram em meio a uma zona de guerra, sofrendo um cerco brutal de três meses. Eles se recusaram a recuar, mesmo que isso significasse a morte, e transformaram em campo de batalha a praça onde o protesto começou. Os manifestantes ocuparam prédios públicos e ergueram barricadas para montar centros de comando, refeitórios e postos de primeiros socorros para pessoas espancadas e feridas pela polícia de Yanukovych e seus bandidos à paisana. A multidão de manifestantes cresceu para mais de cinquenta mil, e continuou crescendo. Em meados de fevereiro de 2014, eles avançavam em direção ao prédio do Parlamento.

Fiz a última de muitas chamadas urgentes para Yanukovych no fim de fevereiro de 2014, quando seus atiradores de elite estavam matando cidadãos ucranianos às dezenas e tínhamos relatos confiáveis de que ele contemplava uma repressão ainda mais cruel. Havia meses eu o vinha advertindo para que exercesse moderação ao lidar com os manifestantes, mas, naquela noite, três meses após o início das manifestações, eu lhe disse que bastava, que era hora de retirar seus atiradores e ir embora. Lembrei-o de que os únicos apoiadores que lhe restavam eram seus patrocinadores políticos e seus operadores no Kremlin, e que ele não deveria esperar que seus amigos russos o resgatassem daquele desastre. Falei que Yanukovych perdera a confiança do povo ucraniano e que seria julgado duramente pela história caso continuasse a matá-los. O presidente em desgraça fugiu da Ucrânia no dia seguinte — devido à coragem e a determinação dos manifestantes —, e o controle do governo acabou temporariamente nas mãos de um jovem patriota chamado Arseniy Yatsenyuk.

Alguns dias depois, a euforia na Ucrânia foi seguida de más notícias. Descontente por ter perdido sua marionete em Kiev, Vladimir Putin enviou de imediato uma força através da fronteira e anexou a *oblast* (província) ucraniana da Crimeia. O Ocidente condenou a anexação, mas não fez muito mais do que isso. E Putin continuou: ameaçou outras *oblasts* no leste da Ucrânia nos seis meses seguintes e enviou unidades de tanques através da fronteira para massacrar o povo ucraniano. O cessar-fogo que ele assinou em setembro de 2014, o acordo de Minsk, pouco serviu para detê-lo. Quase mil pessoas foram mortas nos dois meses após o pacto entrar em vigor. O número de cidadãos em fuga do leste da Ucrânia subiu para quinhentos mil, assim como o número de refugiados. No início de fevereiro de 2015, quando voltei à Europa, os separatistas apoiados por Putin atacavam soldados ucranianos que defendiam Debaltseve, um cruzamento estratégico de estradas e ferrovias a oitenta quilômetros da fronteira com a Rússia. E Putin fazia todo o possível para desestabilizar a economia ucraniana e forçar o colapso do governo recém-eleito em Kiev.

Eu era o homem na linha de frente dos Estados Unidos na crise, o lugar exato onde eu queria estar. Havia acadêmicos no noticiário dizendo que a Ucrânia seria uma derrota para o Ocidente e um indesejável empecilho caso eu me candidatasse à presidência em 2016. "Biden está ligado à política ucraniana", disse um estudioso presidencial da Pensilvânia a um repórter. "É aí que ele pode ficar vulnerável." Não me importei muito com aquilo. Havia um princípio importante em jogo: países grandes não deviam agredir os pequenos, sobretudo depois de terem dado sua palavra de que não o fariam. O que tornava o ataque à Ucrânia particularmente irritante era o fato de Putin estar violando uma norma internacional de longa data, bem como um acordo explícito. A Ucrânia desistira de seu programa de armas nucleares anos antes — em troca da garantia de que os Estados Unidos, o Reino Unido *e* a Rússia respeitariam suas fronteiras e sua soberania. Dois desses três países mantiveram a promessa.

Aterrissamos em Munique na noite de sexta-feira, 6 de fevereiro de 2015, envoltos em neblina e, enquanto Finnegan e eu seguíamos em uma carreata em direção ao hotel Westin Grand através de ruas escuras cobertas de neve e iluminadas por luzes cor de âmbar, refleti sobre o que precisava ser feito em minha breve visita à cidade. No último ano, eu vinha andando na corda bamba em relação à crise da Ucrânia. As simpatias do presidente Obama eram todas voltadas à Ucrânia, mas ele não permitiria que aquele conflito regional se transformasse em uma guerra declarada contra a Rússia. Barack era um verdadeiro estudioso da história do mundo moderno. Estava sempre alerta para não cometermos o antigo erro de permitir que pequenos incêndios fossem inconscientemente alimentados até se tornarem terríveis conflitos fora do controle. E também sabia que os maiores erros que os Estados Unidos cometeram após a Segunda Guerra Mundial não eram resultados de excesso, mas de falta de restrição. Às vezes, ele me advertia quanto a não prometer demais ao novo governo ucraniano. "Não enviaremos a 82ª Divisão Aerotransportada, Joe. Eles precisam entender isso." O presidente e eu concordávamos que podíamos e devíamos convencer nossos aliados europeus a apoiar e estender sérias sanções econômicas contra a Rússia. Mas sanções econômicas era o máximo que os Estados Unidos e seus parceiros na Europa poderiam fazer.

O presidente Obama sempre foi muito atento às preocupações das quatro grandes potências do Velho Mundo — Grã-Bretanha, Alemanha, França e Itália —, com cujos líderes mantinha contato permanente. A integrante mais experiente do quarteto, a chanceler da Alemanha, Angela Merkel, preocupava-se com o risco de "o confronto [na Ucrânia] sair do controle". Ela e os outros estavam ainda mais preocupados com a reação política que enfrentariam em seus países quando as sanções econômicas e os embargos à Rússia começassem a incomodar suas comunidades empresariais. E nenhum deles desejava gastar capital político para salvar uma democracia emergente cujos líderes haviam demonstrado propensão à corrupção, escândalos políticos e à autodestruição. Provavelmente fui influenciado em minhas ponderações pelos frequentes contatos com os líderes de nossos mais recentes aliados na Europa: Polônia, Romênia, Países Bálticos e Bálcãs. A ação de Putin na Ucrânia parecia-lhes o canário na mina de carvão. Temiam que, caso o Ocidente não mantivesse uma posição firme, Putin poderia começar a anexar pedaços de seus territórios perto da fronteira russa. Ou coisa pior.

Eram quase dez da noite quando Finnegan, a equipe e eu finalmente nos instalamos em nossos quartos no Westin, mas eu não estava pronto para dormir. Voltei a analisar o briefing e comecei a traçar a estratégia para os próximos dias. Faria um discurso na conferência de Munique no sábado à tarde e tinha mais de meia dúzia de reuniões formais agendadas para aquele mesmo fim de semana. A mais importante seria uma conversa trilateral pouco antes do meio-dia de sábado com o presidente ucraniano Petro Poroshenko e a chanceler Angela Merkel. Merkel e o presidente francês François Hollande estavam no meio de uma tensa negociação com Putin sobre a definição e a implementação de uma versão nova e melhorada do instável cessar-fogo de Minsk. Merkel tinha um telefonema agendado com Putin para o dia seguinte, de modo que eu queria estar ao lado de Poroshenko em nossa reunião a três, para garantir que a chanceler alemã entendesse que os Estados Unidos continuavam prontos a manter uma posição firme a favor de Poroshenko e das fronteiras de seu país. Porém, antes de tudo isso, eu queria estar na plateia do discurso de Merkel na conferência de segurança. Então, esse era o primeiro compromisso de meu calendário público, dali a menos de dez horas.

A chanceler foi firme em seu discurso na manhã seguinte. A Ucrânia estava "tendo sua integridade territorial e soberania desprezadas", disse ela. "O direito internacional está sendo violado." Mas não foi firme o bastante para o meu gosto; a voz passiva enfraquecia sua posição. E fiquei decepcionado quando, após o discurso, ela se recusou categoricamente a fornecer qualquer armamento para os militares subjugados da Ucrânia. "O progresso de que a Ucrânia precisa não será alcançado por meio de mais conflito", disse ela. Nesse aspecto, Merkel parecia ter a simpatia da multidão.

Saí do evento e disse à minha equipe que precisávamos revisar as observações que eu faria. Minhas palavras precisavam ser mais diretas e assertivas. Tínhamos menos de quatro horas para ajeitar o discurso, mas primeiro eu precisava comparecer à reunião com Merkel e Poroshenko. Instruí a equipe a começar a desburocratizar a linguagem do discurso. Eu queria que tivessem certeza absoluta de que o significado das palavras não passaria despercebido e lhes disse que voltaria o quanto antes para ajudar na revisão.

O espaço para a reunião com o presidente Poroshenko e a chanceler Merkel não era nada sofisticado. Nós nos sentamos a uma mesa relativamente pequena no canto de uma sala de conferências, o que significava que aquela seria uma conversa íntima. Poroshenko pareceu aliviado por eu estar ali. Ele sabia que eu estava comprometido não apenas com o sucesso da Ucrânia em si como também com uma demonstração da determinação europeia em relação à Rússia. Eu achava que, para o bem ou para o mal, o resultado da crise na Ucrânia ditaria o tom para a Europa Central e Oriental durante décadas. Eu fora duro com Poroshenko desde sua eleição, nove meses antes. Deixara claro que ele não podia dar nenhuma desculpa para que os europeus se afastassem do regime de sanções contra a Rússia. Ele devia continuar lutando contra os elementos de corrupção que estavam embutidos na cultura política da governança soviética e pós-soviética da Ucrânia — tanto no partido rival de Yatsenyuk *quanto* no próprio partido de Poroshenko. Mas o presidente ucraniano também sabia que eu lutara para que ele conseguisse pacotes de ajuda do Fundo Monetário Internacional e garantias de empréstimos dos Estados Unidos, que eu estava fazendo uma grande pressão nas reuniões do Comitê Diretor para fornecer treinamento às suas Forças Armadas e que já conseguira para ele equipamentos não letais, como os radares especiais de que o Exército da Ucrânia precisava para identificar a localização dos lançadores de morteiros russos. Poroshenko não podia ter deixado de perceber meu próprio senso de urgência no que dizia respeito ao futuro da Ucrânia.

Poroshenko também sabia estar em uma posição muito mais forte com Merkel. O relacionamento dela com Putin azedara nos últimos meses, após as iniciativas dele na Ucrânia. Em nossa reunião naquele dia, a chanceler garantiu a Poroshenko que Putin era o vilão da história, mas, mesmo assim, ela o pressionou, como a nós, para criar algum tipo de "linha de diálogo" com Putin. Merkel buscava concessões do presidente ucraniano que ela pudesse levar a Putin no dia seguinte. A chanceler acreditava que o líder russo precisava ter a condição de sair dali reivindicando algum tipo de vitória. Não foi específica, mas continuava pedindo a Poroshenko que ele encontrasse algo para colocar na mesa de negociações. O termo usado foi que Putin precisava de uma saída que "mantivesse as aparências".

"Não podemos culpar a vítima aqui", falei, apontando para Poroshenko. Destaquei que Putin não cumprira nenhum de seus compromissos sob o acordo de Minsk e que *ele* precisava ser responsabilizado por tal fracasso. O líder ucraniano poderia oferecer maior autonomia local às diferentes regiões, permitir que o russo se tornasse uma das línguas oficiais nas *oblasts* mais a leste ou retirar sua artilharia pesada das linhas de frente, mas o que deveria vir *antes* seria uma atitude de Putin. O que deveria acontecer primeiro seria Putin retirar seus tanques e soldados e devolver o controle da fronteira. A restauração da fronteira da Ucrânia tinha que acontecer antes que o presidente Poroshenko cedesse qualquer coisa. Quando a reunião terminou, Merkel parecia frustrada comigo.

Acabei me vendo com pouquíssimo tempo para reescrever meu discurso — uma única hora enquanto almoçava e outra meia hora livre depois disso. Eu estava programado para subir ao púlpito às três da tarde e, cinco minutos antes, ainda ditava passagens revisadas ao meu redator. *A Rússia procurou manter em segredo seus militares e os vários tanques que entregaram aos separatistas. Mas demos a todos vocês uma prova incontestável de que eles existem. Vocês viram as fotos.* Às 15h10, enquanto eu ainda ditava frases, a pressão arterial coletiva da equipe atingia um ponto crítico. Mas eu precisava fazer aquilo direito. *O objetivo dos Estados Unidos não é derrubar ou enfraquecer a economia russa. Esse não é nosso objetivo. Mas o presidente Putin precisa fazer uma escolha simples e clara: sair da Ucrânia ou enfrentar isolamento contínuo e custos econômicos crescentes.* O que eram quinze minutos diante do panorama completo? Ou vinte minutos? Ou 25?

"Senhoras e senhores, como o presidente disse hoje mais cedo, estive aqui há seis anos e, no primeiro discurso importante de política externa de nossa administração, falei sobre 'começar de novo'", falei, após 32 minutos de atraso. O discurso durou apenas 28 minutos. Fui direto e assertivo. "Os Estados Unidos e a Europa estão sendo testados", falei. "O presidente Putin precisa entender que, assim como ele mudou, nosso foco também mudou. Passamos de redefinir nossa importante relação para reafirmar os princípios fundamentais sobre os quais repousam a liberdade e a estabilidade europeia. E repetirei: fronteiras invioláveis, nenhuma esfera de influência e o direito soberano de escolher as próprias alianças. Não há como salientar essa questão mais do que já salientamos [...] Precisamos permanecer resolutos e unidos em nosso apoio à Ucrânia, como falou a chanceler na manhã de hoje. O que acontecer lá ressoará muito além da Ucrânia. É importante para todos que possam estar sujeitos a agressões, não apenas na Europa como também em todo o mundo."

Cheguei o mais perto possível de dizer aos nossos aliados da Otan que era nosso dever moral fornecer armas para a Ucrânia. Os ucranianos demonstraram verdadeira coragem e, apesar de provavelmente não terem o poderio para deter qualquer agressão militar russa, eu acreditava que ao menos mereciam tentar se defender. "Muitas vezes o presidente Putin prometeu paz e entregou tanques, tropas e armas. Portanto, continuaremos a fornecer assistência à nação, não para incentivar a guerra, mas para permitir que a nação se defenda. Permitam-me esclarecer uma coisa: não acreditamos que exista uma solução militar na Ucrânia. Mas deixem-me ser igualmente claro: não acreditamos que a Rússia tenha o direito de fazer o que está fazendo. Achamos que devemos tentar uma paz honrosa, mas também que o povo ucraniano tem o direito de se defender."

Fiz uma pausa breve e deixei os aplausos serem registrados por todos os formuladores de política da sala. Eu esperava que as palmas nos levassem à unanimidade.

Quando o discurso terminou, senti como se tivesse cumprido o que planejara, sobretudo depois que John McCain, que liderava a delegação do Congresso dos Estados Unidos em Munique, me disse que aquele fora o melhor discurso que já me ouvira fazer. Seu apoio era importante para mim, pessoal e institucionalmente. O Congresso controlava o orçamento. Se precisássemos levar armas para a Ucrânia, o Congresso precisaria aprovar o orçamento para tal. E parecia haver um crescente apoio bipartidário. Até o senador Ted Cruz, que quase nunca assinava embaixo de qualquer coisa que eu dissesse, concordava comigo em fornecer apoio aos combatentes ucranianos sitiados. Assim como o senador republicano Lindsey Graham. A chanceler Merkel "não vê como armar as pessoas dispostas a lutar e a morrer por sua liberdade melhoraria as coisas", disse Lindsey Graham a repórteres em Munique. "Eu vejo."

Nevara no domingo de manhã em Munique, e a temperatura estava negativa, de modo que o chão rangia sob nossos pés naquela tarde, quando Finnegan e eu nos aproximamos do portão de entrada, junto a uma iminente torre de guarda. Havia um homem de 95 anos no portão, sentado em sua cadeira de rodas, esperando para nos receber. Eu passara a primeira parte do dia tranquilizando os líderes de alguns de nossos aliados na Europa Oriental, aconselhando o presidente de Montenegro sobre como poderia melhorar as chances de seu país receber um convite para ingressar na Otan e tentando convencer o líder do governo regional curdo no Iraque a ajudar o novo presidente iraquiano, Haider al-Abadi, em seu esforço para expulsar o Estado Islâmico do país. Abadi estava em Munique procurando ajuda de todos os setores, e passei uma hora inteira oferecendo-lhe um incentivo muito bem-vindo. Ele parecia um tanto triste, e por bons motivos. Ao fim do primeiro dia, quando o assunto da conferência mudou da Ucrânia para o ISIS, um repórter observou que "a sala se esvaziou. Nenhuma multidão para al-Abadi. Isso é um mau sinal". Prometi a ele que ainda estava ao seu lado e assim continuaria.

Naquela tarde de domingo, meus deveres oficiais para a semana enfim estavam encerrados, mas não meu dever como avô. E não levava meu trabalho como avô menos a sério do que meu trabalho como vice-presidente. Nossa última parada na Alemanha seria uma visita guiada ao campo de concentração da Segunda Guerra Mundial em Dachau, uma excursão que se tornara outra tradição da família Biden. Era um lugar que eu sentia que meus filhos e netos precisavam conhecer. Eu levara Beau, Hunter e Ashley em diferentes viagens a Dachau quando eram adolescentes, e, agora, Finnegan também tinha idade para conhecê-lo.

Minha insistência em levar meus filhos e netos para ver Dachau tinha a ver com meu pai, que falava sobre os horrores do Holocausto à mesa do jantar quando eu era criança. As conversas nunca eram longas, ele não tentava nos convencer de nada nem fazia grandes discursos sobre a tentativa de Hitler de exterminar os judeus na Alemanha, mas transmitia verdadeira sabedoria. Meu pai nos lembrava de que uma campanha daquela envergadura não poderia ter sido feita em segredo.

A ideia de que o povo alemão não sabia que aquilo estava acontecendo desafiava a lógica. Nosso pai queria que eu, minha irmã e meus irmãos entendêssemos que os seres humanos eram capazes de crueldades inacreditáveis e que também eram capazes de fazer vista grossa e permanecer em silêncio quando coisas terríveis estavam acontecendo ao seu redor, o que era igualmente perigoso.

Quando jovem, o homem na cadeira de rodas, Max Mannheimer, fora prisioneiro em Dachau e em outros campos de concentração. Ele e um irmão sobreviveram, mas sua esposa, seus pais, suas irmãs e outro irmão foram mortos. Eu queria que Finnegan ouvisse sua história pessoal. Como preparação para a excursão, também lhe dera algum material de leitura. Dachau foi o primeiro campo de concentração colocado em operação pelos nazistas, em 1933. Seus primeiros prisioneiros foram opositores políticos de Hitler: comunistas, social-democratas e sindicalistas alemães. Então, vieram as testemunhas de Jeová, os ciganos, os homossexuais e outras pessoas que os nazistas consideravam "indesejáveis". No fim da década de 1930, os nazistas começaram a encher o campo de judeus. Quase trinta mil prisioneiros trabalharam até a morte ou foram assassinados em Dachau entre 1940 e 1945. Ninguém sabe dizer ao certo quantos foram mortos ali em anos anteriores. Entreguei a Finnegan um ensaio que incluía o seguinte poema de Martin Niemöller, pastor protestante que fora jogado em um campo de concentração alemão no fim da guerra:

> *Primeiro, vieram buscar os socialistas, e eu não disse nada —*
> *Porque eu não era socialista.*
> *Então, vieram buscar os sindicalistas, e eu não disse nada —*
> *Porque eu não era sindicalista.*
> *Então vieram buscar os judeus, e eu não disse nada —*
> *Porque eu não era judeu.*
> *Então, vieram me buscar —*
> *E não havia mais ninguém para falar por mim.*

Finnegan e eu fomos guiados pelo campo por um guia turístico e pelo sr. Mannheimer. Foi o mesmo caminho que percorri com o pai de Finnegan, Hunter, trinta anos antes. Agora, porém, o lugar estava diferente. Parecia que as coisas haviam sido reorganizadas para tornar as visitas menos desconfortáveis. Eles amenizaram os detalhes cruéis ao longo dos anos, como eu deveria ter antecipado após ler um trecho no site de Dachau: "Como toda estação tem seu próprio charme na Alemanha, você também pode visitar o campo de acordo com sua preferência." Os beliches nos alojamentos de Dachau ainda estavam lá, para que o visitante pudesse ver como os nazistas aglomeraram dezenas de milhares de pessoas naquele campo. Eu me lembrava de ter visto nomes entalhados na estrutura de madeira dos beliches em visitas anteriores, mas agora eles pareciam limpos e envernizados.

A princípio, o guia pareceu relutante em levar a mim e a Finnegan até a famosa câmara de gás do campo, mas insisti. Eu me lembrava da primeira vez em que fui até lá, com Beau, como entramos naquele prédio e nos explicaram que os guardas da prisão diziam às vítimas que elas estavam indo tomar banho e as instruíam a tirar os sapatos, as roupas e os dentes postiços. Então os guias nos levaram até a câmara de gás e bateram a porta atrás da gente com um som assustador. Hoje, há guias em Dachau que insistem que prisioneiros nunca foram executados ali ou que as câmaras de gás foram usadas poucas vezes. Mas eu queria que Finnegan visse tudo aquilo, queria que visse os fornos onde cremavam as vítimas depois de serem baleadas, enforcadas, morrerem de fome ou por causa de experimentos médicos ou executadas na câmara de gás. Max Mannheimer era testemunha ocular. Ele fora forçado a encher vagões de trem com os cadáveres das vítimas mortas em campos de trabalho próximos e, então, transportá-los até os fornos de Dachau para serem cremados.

Finnegan viu e ouviu tudo, e, quando saímos, olhamos através das cercas para as fileiras de casas de classe média com tetos de telha a poucos quarteirões de distância. As pessoas que moravam naquelas casas nos anos 1930 e 1940 com certeza sabiam o que estava acontecendo no interior daquele lugar — eu queria que ela entendesse isso. Aqueles indivíduos estavam perto o bastante para literalmente sentir o cheiro de carne humana queimada. Como podiam não saber?

O que eu queria que Finnegan sentisse era o mesmo choque visceral que animara muito da minha carreira na vida pública. "Veja, querida", falei para Finnegan enquanto atravessávamos o portão de volta ao nosso tempo. "Isso pode voltar a acontecer. Está acontecendo agora em outras partes do mundo. E você precisa falar. Não pode ficar calada. Silêncio é cumplicidade."

CAPÍTULO SEIS

Tem que ser você

O céu noturno parecia extraordinariamente escuro e cada vez mais ameaçador. Reunidos na biblioteca de minha casa silenciosa, nós cinco espiávamos pelas grandes janelas e observávamos como a nuvem parecia engrossar e se mover em direção ao continente. A pressão atmosférica subia a passos largos. A temperatura já caíra para dez graus abaixo de zero e ameaçava baixar até vinte. Às vezes, observávamos um ou outro floco de neve, que caía através do brilho das luzes externas do Observatório Naval. Mas o clima na sala naquela noite de quinta-feira, 19 de fevereiro de 2015, era decididamente otimista. Mike Donilon e Steve Ricchetti se juntaram a Beau, Hunter e a mim para conversarmos sobre o novo memorando de 22 páginas de Mike a respeito das eleições de 2016. Ele o entregara nove dias antes, de modo que todos tivéramos a oportunidade de analisá-lo em detalhes. A mensagem de Mike não podia ser desprezada: a corrida presidencial estava chegando até mim.

O memorando expunha seus argumentos em prosa direta e sem floreios. Observava que a economia estava em ascensão no início de 2015, finalmente começando a se libertar dos últimos efeitos da longa e cinzenta recessão que se seguiu à crise do sistema financeiro em 2008. Também argumentava que eu obtivera o direito de reivindicar algum crédito por aquilo. Do estímulo da Lei da Recuperação à estabilização dos bancos, do resgate da indústria automobilística aos numerosos e complicados acordos orçamentários e fiscais que negociei com os republicanos no Congresso, fui um parceiro crucial na elaboração e execução do plano que ajudou o presidente Obama a tirar o país da crise rumo à recuperação e ao início do reaquecimento da economia. Quem melhor do que eu, argumentava Mike, para terminar o trabalho?

Ele estava convencido de que a restauração da classe média americana, extremamente afetada no passado, seria o centro da campanha de 2016. Até os republicanos falavam sobre aquilo. E a análise de Mike demostrava que não havia ninguém em nenhum dos partidos que tivesse uma identificação mais íntima com a classe média do que eu. Conforme destacou, as preocupações da classe média foram essenciais em todos os meus 45 anos de vida pública. Ele acreditava que ninguém falava com maior compreensão e empatia sobre o que a classe média sofrera nos últimos anos. Que ninguém falava com maior autoridade sobre a necessidade de refazer o acordo que o país havia muito mantinha com suas famílias decentes e trabalhadoras, nem com maior credibilidade sobre as muitas oportunidades que tivemos para fazer aquilo.

O eleitorado estava farto de candidatos cuidadosos e caprichosamente preparados. Minha reputação de ser uma "máquina de cometer gafes" não parecia mais uma fraqueza. O público via que eu falava com o coração e que falava sério. "Autenticidade faz diferença", escrevera Mike. E, se os eleitores desejavam autenticidade, eu estava no topo da lista.

Eu tivera uma carreira longa e abrangente em política externa, e me encontrara com praticamente todos os líderes mundiais. Mike argumentou que os eleitores acreditavam que eu conhecia os desafios que o país enfrentaria no futuro próximo e que eu tinha uma estratégia real de onde e como usar nosso incrível poder para obter o melhor resultado.

Além disso, meu desconforto de longa data (que era lendário entre alguns grupos de doadores) ao arrecadar muito dinheiro para executar uma campanha — mesmo quando saí arrecadando somas vultuosas para as campanhas de 2008 e 2012 — poderia enfim ser visto como uma força. Os eleitores estavam cada vez mais desconfortáveis com a maneira como a decisão Citizens United da Suprema Corte permitira, e até incentivara, gastos ilimitados de campanha por um punhado de bilionários que pareciam estar se intrometendo em questões políticas. "Não se trata de uma atitude para demonstrar qualquer santidade", escreveu Mike, "mas uma atitude de alguém que sabe o que há de errado no sistema, que fez parte dele e que pode vê-lo em uma espiral fora de controle... Um de seus primeiros projetos de lei (senão o primeiro) como jovem senador foi apoiar o financiamento público, e você tem um longo histórico nesse assunto."

Nós cinco — meus dois filhos, meus dois funcionários mais próximos e eu — passamos algumas horas analisando os principais pontos do memorando de Mike e também a última seção sobre como proceder dali para a frente. O memorando estabelecia uma agenda muito específica para os próximos dois meses: eu acabara de fazer um discurso na semana anterior, em Iowa, sobre meu plano de estender a recuperação econômica a todos os americanos, e Mike achou que eu deveria reforçar aquilo com um discurso em New Hampshire sobre os sonhos da classe média; então, um discurso em Washington, estabelecendo os objetivos de política externa do governo Biden; depois, um discurso em Nova York desafiando Wall Street e os líderes empresariais a olharem para além dos resultados trimestrais e bônus pessoais e começarem a assumir responsabilidades com seus trabalhadores. Também precisávamos começar a identificar e contratar funcionários-chave, e dar início à construção de uma estrutura de campanha nos estados iniciais das primárias. Mike achou que eu não deveria esperar o verão ou o outono, mas anunciar minha candidatura em abril. Tudo aquilo parecia plausível, exceto talvez a parte do anúncio. Mas eu também queria ter certeza de que não agendaríamos nada que atrapalhasse os preparativos para minha viagem ao Triângulo Norte no último fim de semana de fevereiro e início de março. Muita coisa dependia daquela viagem, e eu precisava estar pronto.

Enquanto conversávamos, meu olhar se voltou para Beau. Seu mandato como procurador-geral terminara havia seis semanas, de modo que ele não estava mais sendo pressionado por preocupações com o trabalho. No entanto, meu filho já estava cansado apesar de ainda não ser tarde da noite. Ele estava muito magro, e seu rosto, pálido. Por mais de vinte anos, em qualquer reunião sobre qualquer campanha política, procurei Beau em busca de conselhos. Ele era a única pessoa na sala naquela noite que já se candidatara a um cargo eletivo e ganhara. Seu conselho era o que eu mais valorizava naquele momento. Naquela noite, porém, ele apenas ficou sentado, observando. Ultimamente, Beau vinha esquecendo cada vez mais os nomes das pessoas e parecia menos disposto a lutar contra aquilo. Ashley me dissera que o irmão não a convidava mais para a sala de terapia da fala, porque seu declínio realmente o incomodava. Beau não disse quase nada naquela noite fria de fevereiro em Washington. Em vez disso, sussurrava para o irmão, e Hunter falava por ele.

Enquanto observava Beau e Hunter, ocorreu-me que todos naquela sala de certa forma representavam um papel. Se concordávamos ou não com os argumentos de Mike era uma consideração secundária. Era como se todos estivéssemos encenando uma farsa elaborada e necessária. Steve e Mike sabiam disso, assim como meus filhos e eu. Todos sabíamos o quanto Beau queria que eu concorresse à presidência. E também que, mais do que tudo, Beau não queria ser o motivo de eu *não* concorrer. Ele estaria lá por mim. Poderia lidar com aquilo. Beau tentava nos tranquilizar, e nós tentávamos tranquilizá-lo. Então, o que restava a nós cinco naquela noite afora tirar tudo da cabeça e falarmos sobre os próximos passos? Eu tinha dois discursos agendados em New Hampshire dali a seis dias. Precisávamos garantir que o foco fosse nos sonhos da classe média.

Ao fim da reunião, a neve começara a cair. Hunter ficou para trás quando todos os outros se levantaram para ir embora. "Podemos conversar, pai?", perguntou.

"Claro, filho."

Então, depois que Mike e Steve foram até seus carros e Beau foi embora com os agentes do Serviço Secreto que o levariam para casa, Hunt e eu subimos a escada até o espaço familiar no segundo andar. Dava para perceber o quanto ele precisava conversar. A rápida deterioração do irmão mais velho deixava-o dilacerado. Os dois iriam ao M. D. Anderson na semana seguinte para os exames regulares de Beau e, à medida que a data se aproximava, ambos se sentiam mais apreensivos com o que os novos exames de imagem revelariam. Hunter demonstrava a tensão. Beau ainda parecia calmo e indiferente. "Está tudo bem." Ele era como um pato no lago — deslizando sem esforço à superfície e remando desesperadamente debaixo d'água. Só que sua nadadeira invisível e inquieta era Hunter. Eu observava meus dois filhos juntos — e eles estavam sempre juntos. Desde o momento no hospital após o acidente, quando eram pequenos, até quando Hunt ajudou na estratégia da primeira campanha de Beau para a Procuradoria-Geral. Quarenta e cinco anos agora. Já conhecia a dinâmica. Quanto mais Beau lutava para manter as emoções sob controle, mais Hunt as absorvia e espelhava. Era como se Beau exibisse suas emoções através de Hunter.

"Não suporto ver Beau amedrontado como sei que ele está, pai", disse Hunter, quando enfim ficamos sozinhos.

"Isso é o que mais me incomoda", falei. "É o que me mantém acordado à noite."

Uma reunião como aquela, na qual planejamos 2016, foi uma dádiva de Deus, disse Hunter. Ele estava convencido de que toda a família precisava ter aquele propósito, aquela saída. Então Hunter falou que a maior preocupação de Beau era que, caso o pior acontecesse, ambos desistíssemos. Ele disse que não poderíamos deixar isso acontecer. Hunter me revelou que, no fim de 2012, logo após Barack e eu sermos reeleitos, ele e Beau haviam conversado sobre o futuro. Os dois achavam que Beau venceria a campanha para governador em 2016; e, então, independentemente de eu já ter chegado à Casa Branca, Beau teria a chance de concorrer à presidência.

"Mas agora", disse Hunter, e eu sabia que ele estava falando pelos dois, "precisa ser você, pai."

Na manhã seguinte, recebi a segunda ligação do presidente Poroshenko nos últimos três dias. Ele estava se sentindo abandonado. Merkel e Hollande fecharam o novo acordo de cessar-fogo com Putin — Minsk II — depois que Poroshenko atendeu ao pedido do russo de "manter as aparências". Poroshenko concordou, ainda que de forma relutante, em deixar a Rússia controlar partes da fronteira ucraniana até que fossem realizadas novas eleições em algumas *oblasts*. E o que isso rendeu a Poroshenko? Logo de saída, o segundo acordo parecia tão inútil quanto o primeiro. Os separatistas ucranianos apoiados pelos russos haviam matado ao menos 28 civis e soldados ucranianos nas horas que antecederam o cessar-fogo, e aumentaram seu ataque ao centro de transporte de Debaltseve nos dias seguintes. Os russos não pareciam estar recuando a artilharia pesada, e havia relatos de que levaram outros sessenta tanques até a fronteira ucraniana. Não havia muito mais que eu pudesse fazer além de ser solidário e dizer que ainda estávamos do lado dele. Eu condenara publicamente as novas violações flagrantes de Putin e disse a Poroshenko que tentaria conseguir monitores para verificar a retirada dos tanques e da artilharia pesada russa. Lembrei ao presidente ucraniano que, não importa o quanto a situação fosse injusta, ele ainda não podia dar motivos para seus aliados europeus se afastarem. Falei que seus militares precisavam permanecer puros como a esposa de César ao longo da fronteira. Eles não podiam fazer nada que permitisse a Putin alegar que os separatistas apoiados pela Rússia haviam sido provocados. E ele e o primeiro-ministro Yatsenyuk precisavam continuar trabalhando juntos para que as reformas e a legislação anticorrupção fossem aprovadas, caso quisessem que o Fundo Monetário Internacional continuasse assinando os cheques de que tanto precisavam. Também o informei que faria o possível para ajudá-lo a atender às suas necessidades militares cruciais — como armas antitanque. Eu dissera o mesmo a Yatsenyuk naquela manhã, mas em outra ligação. Os dois homens ainda não haviam estado juntos na mesma sala.

Desliguei o telefone e reuni minha equipe de segurança nacional, e começamos a discutir novas sanções econômicas a Putin e aos seus agentes na Ucrânia, e a obtenção de mais equipamento militar e melhor treinamento para as Forças Armadas ucranianas. Se os ucranianos conseguissem fazer a Rússia pagar um alto preço pela incursão — como soldados russos voltando para casa como cadáveres —, Putin poderia repensar a decisão de prosseguir com os ataques.

A quarta-feira, 25 de fevereiro, dia em que fui a New Hampshire para advogar pela recuperação econômica liderada por Obama e pelas demais medidas que precisávamos adotar para estendê-la à classe média, foi difícil. Acordei rouco e, quando iniciei o primeiro discurso do dia no Rudman Center, na Universidade de New Hampshire, senti dificuldade de conter a tosse. Ficava pior a cada minuto, mas eu estava determinado a estabelecer um marco. "Quando nosso governo não funciona, não são os políticos que são afetados, mas o povo americano. São os trabalhadores americanos comuns que acordam todos os dias, vão trabalhar, pagam seus impostos, pagam suas contas, cuidam de suas famílias", falei. Então tossi alto. "Perdão, estou resfriado... E de suas comunidades. São eles os afetados: a classe média. E deixem-me dizer uma coisa: a classe média já tem muito a superar, não precisa de políticos e governos disfuncionais." Essa mensagem era importante. A questão mais significativa de 2016 seriam os verdadeiros desafios enfrentados pela classe média americana: "Tudo o que precisamos fazer é dar à classe média uma chance de lutar. Isso não é uma hipérbole. Quando a classe média vai bem, todos vão bem. A economia se expande, e a classe trabalhadora e os pobres têm como subir na vida. Nunca na história da jornada americana as pessoas comuns decepcionaram seu país quando tiveram a chance de lutar. Nunca. Nunca. Nunca. Nunca."

Fiz duas palestras sobre o tema naquele dia, com longas sessões de perguntas e respostas, e tinha certeza de que estava me conectando com as pessoas naqueles encontros. Elas queriam que alguém falasse sobre os desejos da classe média. Alguém que entendesse como as coisas tinham sido difíceis. Alguém que lhes desse a esperança de que seus sonhos não estavam mortos. Essa era uma mensagem que as pessoas estavam prontas para ouvir e que eu tinha certeza de que poderia transmitir.

Quando embarquei no *Air Force Two* para a viagem de volta a Washington, onde eu tinha uma reunião para preparar minha ida à América Central, eu me sentia esgotado. Estava com febre e ouvia um estalo no pulmão esquerdo toda vez que respirava fundo. Entrei em minha cabine particular e me deitei no sofá. Doc O'Connor chegou antes da decolagem, deu uma boa olhada em mim e me receitou Mucinex e antibióticos.

Eu me arrastei da cama na manhã seguinte e fui para o escritório. Com o passar do dia, porém, me senti ainda pior. Eu não estava melhorando nem com antibióticos. O'Connor veio me ver de novo e pareceu preocupado. Aquela era apenas a segunda vez que eu adoecia nos seis anos em que ele me tratou. Minha tosse estava seca, embora insistente, e minha febre não parava de aumentar — provavelmente porque eu desenvolvera uma pneumonia no pulmão esquerdo. O médico prescreveu três antibióticos diferentes e soro intravenoso para evitar a desidratação. Retornou no dia seguinte e declarou que minha melhora era apenas marginal, se é que havia alguma. Falou que eu estava doente o suficiente para cancelar a viagem à América Latina. Eu estava programado para voar até o Uruguai no dia seguinte, sábado, 28 de fevereiro, ficar dois dias para comparecer à posse do novo presidente uruguaio, então passar dois dias na Cidade da Guatemala para tratar de grandes negociações com os presidentes dos países do Triângulo Norte.

Eu lhe disse que ficar nos Estados Unidos não era uma opção. Aquilo era muito importante. Eu poderia dormir um pouco e me recuperar no avião, e ele poderia ficar ao meu lado para me monitorar. Mas eu precisava fazer aquela viagem.

"Senhor, entendo que cancelar uma viagem internacional é um problema", disse ele. "Sei disso. Não é algo que caia bem no noticiário. É um constrangimento. Mas sabe o que mais é constrangedor e não cai nada bem no noticiário? Desmaiar diante das câmeras. O senhor se lembra do jantar oficial no Japão, quando George Bush pai vomitou à mesa, certo? Se esse é o vídeo do YouTube que deseja, vá em frente."

"Essa viagem é importante, doutor."

"Eu sei que é importante, mas o senhor está com pneumonia. E está muito mal. Não tenho como evitar que não pareça debilitado." Ele continuou falando, e eu não tinha forças para detê-lo. "Jamais recomendaria que cancelasse uma viagem, como bem sabe. Mas o senhor precisa de repouso agora ou não vai melhorar. O senhor está doente." Discordei.

O médico foi embora e voltou com Steve, que também achou que eu deveria cancelar a viagem. Discordei novamente. O médico foi embora e voltou com Steve e Jill. Então, por fim, concordei — em parte. Eu não voaria para o Uruguai no dia seguinte, mas voaria para a Cidade da Guatemala, que era a parte crucial da viagem, depois de tirar alguns dias de repouso.

Fiquei no Observatório Naval naquele fim de semana, fazendo o que podia, mas sem me sentir melhor. Fiz uma ligação para o presidente eleito, Tabaré Vázquez, para pedir desculpas por ter perdido sua posse em Montevidéu, e uma ligação para o presidente Poroshenko, que queria que eu soubesse que, duas semanas após o novo cessar-fogo, os russos ainda não haviam interrompido os bombardeios na fronteira com a Ucrânia. Soldados e civis ucranianos continuavam morrendo. E os monitores internacionais não encontraram evidências de que a Rússia estivesse retirando a artilharia pesada das linhas de frente, como Putin concordara em fazer. Pedi para Poroshenko aguentar firme e falei que continuaria fazendo o possível para ajudá-lo. Também o parabenizei pela legislação anticorrupção que seu novo governo aprovaria na semana seguinte, o que traria dinheiro do FMI, essencial para estabilizar a economia ucraniana e protegê-lo da traição em curso de Putin.

Jill e eu estávamos no andar de cima, nos aposentos particulares, para recebermos o primeiro telefonema de Houston com novidades sobre Beau. Os novos exames de imagem não traziam boas notícias, mas, pelo que entendi, os médicos não tinham certeza se o que estavam vendo era metástase ou mais necrose, o que é uma evidência da destruição das células cancerígenas. Eles disseram que ligariam assim que tivessem informações mais detalhadas. Desliguei e respirei fundo. *Que seja necrose*, disse a mim mesmo. *Por favor, Deus, que seja necrose*. Eles nos ligaram com o relatório mais tarde naquela noite. As notícias não poderiam ser piores. Tudo aquilo era um novo crescimento do tumor. As células cancerígenas no cérebro de Beau estavam se multiplicando rapidamente e em novos lugares. Meu coração se partiu. Aquele era o momento que temíamos desde o dia em que o dr. Sawaya removeu o tumor original.

Hunt me colocou em uma conferência telefônica naquele fim de semana para que nós três — Beau, Hunt e eu — pudéssemos conversar com o dr. Yung e o dr. Sawaya. Os médicos explicaram a arquitetura desconcertante do novo crescimento. Havia uma grande massa próxima ao espaço onde o dr. Sawaya retirara o tumor original. Sawaya estava pronto para removê-la o mais rápido possível. Mas também havia um crescimento atrás do tumor original, que o dr. Sawaya não podia remover com segurança.

O dr. Yung nos disse que existiam outras opções de tratamento e que ainda havia esperança. Hunter pensou que talvez eles pudessem tentar a nova e promissora imunoterapia experimental sobre a qual conversáramos havia alguns meses. A equipe médica do M. D. Anderson preparara Beau para a terapia um mês antes, extraindo sangue e coletando algumas de suas células T — os glóbulos brancos que identificam e destroem no corpo agentes estranhos malignos. A ideia dessa nova imunoterapia era identificar a proteína específica das células tumorais que estava desencadeando o crescimento e programar as células T naturais do paciente para atacarem apenas aquela proteína específica. Em teoria, as células T devorariam as cancerígenas e deixariam intocadas as células cerebrais saudáveis em torno. Mas eles não conseguiram fazer isso funcionar. As células cancerígenas de Beau haviam se mostrado extremamente diabólicas; os médicos não puderam identificar e isolar a proteína específica que estava desencadeando o crescimento do tumor.

O dr. Yung nos garantiu que havia outro tratamento possível, embora aquilo fosse mais fora da caixa do que tudo que tentamos até então. O dr. Sawaya removeria cirurgicamente o nódulo cancerígeno na frente e, alguns dias depois, outro especialista do M. D. Anderson injetaria um vírus vivo especialmente projetado no novo tumor na parte de trás. O objetivo da injeção seria ativar o sistema imunológico de Beau e fazê-lo atacar as células cancerígenas. Eles já tiveram um sucesso extraordinário em alguns dos 25 pacientes que receberam a injeção de vírus vivo. O dr. Yung explicou que, paralelamente, também queriam tentar mais uma coisa: outro tratamento de imunoterapia, projetado para estimular o ataque orgânico ao tumor. Beau seria a primeira pessoa a experimentar tal combinação, e o risco seria enorme. Havia a possibilidade de o sistema imunológico de Beau reagir de modo exagerado e também começar a devorar células cerebrais saudáveis. Hunter fez a maioria das perguntas naquele dia, porque sabia do que o dr. Yung estava falando e tinha condições de responder pelo irmão. Fiquei um tanto perdido ali sentado, ouvindo a troca de jargões médicos enquanto o granizo golpeava as janelas do observatório. Eu ainda me sentia péssimo, e minha cabeça nadava em meio a toda aquela conversa sobre proteínas, anticorpos, antígenos e vírus modificados. Eu não sabia qual era o rumo certo, mas Beau decidiu. *Tudo bem. Vamos nessa. Está tudo bem.*

Os médicos explicaram que seria necessário esperar três ou quatro semanas até a cirurgia, para limpar o sistema de Beau dos medicamentos quimioterápicos e para que pudesse se recuperar após outra cirurgia invasiva no cérebro. Decidiram fazer a primeira injeção da imunoterapia — chamada de anticorpo anti-PD-1 — o mais rápido possível. O dr. Yung queria realizar o procedimento já na semana seguinte, na quarta-feira, dia 4 de março.

Quando desliguei o telefone, Jill e eu apenas nos olhamos e nos abraçamos. Naquele momento, enquanto a abraçava, acho que perdi a esperança. Estava determinado a não desmoronar na frente de Jill, pois sabia que aquilo a assustaria. Então entrei no quarto, peguei meu rosário e comecei a rezar. Não sabia o que pedir, mas o simples ato de rezar me acalmou. Eu precisava ser forte. Precisava manter a esperança. A verdadeira guerra começaria agora. Beau sobrevivera às batalhas inicial e intermediária, mas a rodada decisiva estava se aproximando rapidamente e todos precisavam se preparar. Era questão de vida ou morte.

Eu sabia que Hunt iria a Houston para ficar com o irmão durante a primeira injeção do anticorpo anti-PD-1, mas passei aquela noite de domingo debatendo comigo mesmo o que fazer. O plano oficial naquele momento era pegar um avião e viajar para a Guatemala na manhã seguinte, segunda-feira, dia 2 de março. Mas eu queria muito ficar em casa ao lado de Beau. O que eu queria de verdade era simplesmente abraçá-lo. E eu sabia que, se ligasse para Barack na Casa Branca naquela noite e lhe dissesse por que estava cancelando a viagem, ele diria: "Sem problema, Joe. Tire o tempo que precisar." Mas eu também sabia que nada aconteceria com Beau enquanto eu estivesse fora do país, e o cancelamento da viagem só atrairia mais atenção às circunstâncias em que meu filho se encontrava. Além disso, eu voltaria na quarta-feira de manhã, antes da primeira injeção de anti-PD-1.

Também sabia que Beau ficaria decepcionado comigo caso eu cancelasse a viagem, sobretudo se fosse por causa dele. Eu tinha uma obrigação — um dever, como diria meu filho — para com meu país. Devo admitir, no entanto, que, se houvesse outro homem na Casa Branca naquela noite — alguém de cujas políticas ou caráter eu duvidasse —, eu poderia ter feito aquela ligação. Poderia ter me afastado do cargo por algum tempo. Mas eu sentia uma obrigação para com Barack, que era meu amigo. O presidente depositara sua confiança e sua fé em mim. Contava comigo. Ele já tinha problemas suficientes com os quais se preocupar sem me acrescentar à lista.

Jill e eu pegamos o helicóptero da marinha às 9h40 da manhã seguinte, voamos até a Base da Força Aérea de Andrews e embarcamos no *Air Force Two* para o voo até a Cidade da Guatemala. Eu não dormira bem e ainda estava tomando Mucinex e antibióticos. Não conseguia respirar fundo sem sentir uma pontada aguda no pulmão esquerdo. Mas estava confiante de que fazia a coisa certa. Acomodei-me em minha cabine e comecei a ler o briefing.

Eu podia estar em minoria, mesmo na Casa Branca, mas, naquela época, acreditava que, para mudar o jogo em relação à nossa segurança nacional a longo prazo, a América Central era a região que apresentava o maior potencial. Como frequentemente acontece, a oportunidade surgiu de uma crise, quando milhares de crianças do Triângulo Norte — Guatemala, Honduras e El Salvador — começaram a aparecer em nossa fronteira sul no verão de 2014. O afluxo de meninos e meninas desacompanhados chegou às manchetes dos jornais, bem como à imaginação do povo americano. O que levaria tantos pais a colocarem os filhos em um ônibus e os enviarem sozinhos para os Estados Unidos? Qual pai poderia imaginar que essa era a melhor alternativa possível? Quão ruim estariam as coisas para que aqueles pais colocassem a vida dos filhos em risco?

Quando Barack se dirigiu a mim e disse que eu precisava fazer algo a respeito, fiquei feliz por ele ter me escolhido. Não demorou muito para eu perceber que tínhamos uma chance real de alterar um pouco o curso da história. De fato, de todos os pontos críticos ao redor do planeta, passei a acreditar que a América Central oferecia a melhor oportunidade. Com apenas mais dois anos de mandato, não teríamos tempo para acertar as coisas na maioria dos lugares. O melhor que estávamos fazendo no Oriente Médio era manter a linha e começar a construir os mecanismos entre nossos aliados para dar o pontapé inicial à longa campanha de desativação e destruição do ISIS e outros grupos terroristas. A verdadeira estabilidade em países como o Iraque, a Líbia e a Síria estava distante. No Leste Europeu, tudo o que podíamos fazer era continuar construindo consenso para constranger e isolar Putin e a Rússia. Talvez pudéssemos começar a estabelecer uma base para fazermos verdadeiros progressos com a China. Mas eu acreditava que, com inteligência, coragem e um pouco de sorte, tínhamos uma boa chance de colocar nosso relacionamento com os países da América Latina em uma trajetória inteiramente nova e esperançosa — uma que afastasse da região a crença bastante difundida de que os Estados Unidos eram o valentão do continente que ditava a política dos países menores e que levasse à percepção de que poderíamos ser um verdadeiro parceiro na melhoria dessas nações.

Eu já afirmava isso antes mesmo da crise das crianças desacompanhadas de 2014. Primeiro, em maio de 2013, durante um discurso no Departamento de Estado, diante de uma multidão que incluía dezenas de diplomatas e outros funcionários governamentais de toda a América Latina, expus alguns princípios orientadores para o envolvimento dos Estados Unidos na região. "Lá, ainda somos vistos por muitos como desengajados, dominadores ou ambas as coisas ao mesmo tempo", falei, "mas diria que não somos mais assim. Muitos em meu país ainda olham para o sul, para essa região de seiscentos milhões de habitantes, e veem apenas bolsões de pobreza e conflitos. Mas vocês também não são mais assim. Nenhum dos dois estereótipos é preciso. E eu diria que não são já há algum tempo.

"As mudanças em curso dão a todos nós a oportunidade de olharmos para nosso continente de uma maneira muito distinta... Acho que deveríamos estar falando sobre o continente como classe média, seguro e democrático. Do Canadá ao Chile e a todos os lugares entre esses dois extremos."

A América Central era um elo crucial para garantir que isso se tornasse realidade. E, depois de trabalhar em estreita colaboração com os presidentes da Guatemala, de Honduras e de El Salvador nos últimos nove meses, minha intuição era a de que eles acreditavam que eu falava sério. Que a mudança era possível.

Meu velho amigo, Tip O'Neill, porta-voz da Câmara mais diversificada e bem-sucedida do século XX, disse: "Toda política é local." Eu já estava lá há tempo o bastante para me sentir capaz de melhorar tal afirmação. Acredito que toda política é pessoal, porque, no fundo, ela depende da confiança e, a menos que você possa estabelecer um relacionamento pessoal, é muito difícil estabelecer confiança. Isso é especialmente verdadeiro na política externa, porque pessoas de diferentes países geralmente se conhecem pouco e compartilham pouca história e experiências comuns. Passei horas e horas tentando construir confiança nessas divisões e sempre segui o conselho de meu pai: "Nunca diga a um homem quais são os interesses dele. Em vez disso, seja franco e aberto a respeito de seus interesses. E tente se colocar no lugar dele. Tente entender suas esperanças e limitações, e jamais insista para que ele faça algo que você sabe que ele não pode fazer. Trata-se, na verdade, de se esforçar para criar uma conexão pessoal."

Nos nove meses anteriores, os presidentes Otto Pérez Molina, da Guatemala, Juan Orlando Hernández, de Honduras, e Salvador Sánchez Cerén, de El Salvador, tornaram-se meus amigos. Eu acreditava que eles confiavam em mim. Falei ao ex-guerrilheiro comunista de El Salvador, o presidente Sánchez Cerén: "Se um dia eu me encontrar no meio da selva, quero estar com *você*." E eu era o contato deles. Eles sabiam que eu falava pelo presidente e que era seu confidente. E eu sabia que, se um novo substituto aparecesse de repente na cúpula de março de 2015, havia uma chance de toda a iniciativa sofrer um sério revés. Esse era um risco que eu não estava disposto a correr.

Cheguei à Cidade da Guatemala trazendo um verdadeiro tributo — a possibilidade de um grande novo pacote de ajuda para o Triângulo Norte. Eu elaborara uma série de medidas que trataria não apenas das preocupações de segurança dos três países, como também de questões administrativas. Eu trabalhara com o Departamento de Estado e minha própria equipe, e, com o apoio de republicanos e democratas na Câmara e no Senado, fomos capazes de desenvolver um pacote de ajuda semelhante ao Plano Colômbia, que ajudou a Colômbia a se reerguer. O pacote de 1 bilhão de dólares para o Triângulo Norte estava além de qualquer coisa que eles já tivessem visto ou esperado dos Estados Unidos. A região sempre pôde contar com o Congresso controlado pelos republicanos para investir um quarto de bilhão de dólares no combate às drogas, mas o tamanho e o alcance daquele novo pacote de auxílio era algo inteiramente novo. É claro que a solicitação de orçamento incluía dinheiro para a polícia e a segurança, porque esses países lideravam o mundo em taxas de homicídios, mas a solicitação de nosso governo equilibrava a segurança e a assistência ao desenvolvimento com base na lição principal do Plano Colômbia: as operações policiais de grande porte não são uma solução a longo prazo sem um judiciário robusto e instituições governamentais fortes.

Apresentada ao Congresso em janeiro, a solicitação de orçamento também incluía financiamento para clubes de meninos e meninas, para tentar impedir que jovens em situação de risco se juntassem a gangues; apoio para ajudar as agências governamentais a arrecadar impostos com mais eficiência e garantir que tais recursos fossem gerenciados de maneira justa e transparente; e investimento em integração energética regional para reduzir os custos incrivelmente altos de infraestrutura. Eu acreditava que a parte da energia era fundamental. A redução dos custos nesse setor para o cidadão médio no Triângulo Norte poderia diminuir a desigualdade, promover o crescimento econômico e até ajudar a combater a violência.

Estávamos sinalizando mudanças fundamentais em nosso relacionamento com todo o continente. Aquela era minha quinta grande viagem em menos de dois anos. Enquanto isso, o presidente Obama estava prestes a normalizar as relações diplomáticas com Cuba, o que dificultava a demagogia sobre o imperialismo ianque. E quando alguém do governo se levantou e disse: "Não é o que podemos fazer por vocês, mas o que podemos fazer juntos", a América Latina começou a se interessar. Eu já estava conversando com meus amigos no Senado, tanto republicanos quanto democratas, e sabia o que era possível fazer. Então, pude olhar cada um dos três presidentes do Triângulo do Norte nos olhos e dizer que aquele passo parecia uma boa aposta. Podíamos não conseguir 1 bilhão de dólares, mas chegaríamos perto.

Quando entrei na reunião crucial da viagem — apenas eu e os três líderes do Triângulo do Norte —, acho que eles entenderam que eu estava falando sério quanto a ajudá-los. Mas reforcei que precisavam me ajudar a ajudá-los. Eu pressionaria o Congresso para que aprovasse o pedido de orçamento, mas havia coisas que eles precisavam fazer para tranquilizar nossos congressistas. "Primeiro", falei, "todos com quem converso acham que vocês são corruptos. Segundo, acham que vocês não cumprem com suas palavras. Terceiro, seu sistema tributário e suas agências regulatórias estão corrompidos. Vocês quase não cobram impostos dos ricos, enquanto sugam cada centavo dos miseráveis e da pobre classe média. Vocês precisam se comprometer a fazer algumas mudanças."

Em conversas anteriores, falei para cada um que esperava que fizessem promessas politicamente difíceis. Os três tinham que enfrentar as redes de tráfico humano e corrigir as informações sobre o sistema de imigração dos Estados Unidos, de modo a interromper o fluxo de imigrantes através de nossa fronteira sul. Precisavam estar comprometidos a alcançar o tipo de governança que servisse a *todos* os cidadãos. E tinham que dar uma contrapartida ao nosso pacote de auxílio, e muito além do sentido financeiro. Eu os desafiei a desenvolver um plano sério e começar a apresentar resultados. Se o fizessem, assegurei, o presidente Obama e eu satisfaríamos passo a passo sua agenda política. Mas, se não conseguissem avançar, também não avançaríamos. Expliquei que entendia que o que lhes pedia era muito difícil. Contudo, caso concordassem, eu faria tudo o que estivesse ao meu alcance e assumiria compromissos pessoais, apostando minha credibilidade em sua disposição de implementar reformas internas. Eu ofereceria ao Congresso minha garantia de que as coisas mudariam por aqui. "Mas se não cumprirem as promessas", falei para os presidentes, "vou ser o cara que virá atrás de vocês."

A reunião particular com os três líderes estava agendada para durar quinze ou vinte minutos, mas durou bem mais de uma hora. E todos saímos dali com um verdadeiro propósito. Nós quatro passamos as horas seguintes elaborando a desajeitadamente intitulada "Declaração Conjunta dos Presidentes de El Salvador, Guatemala e Honduras e o Vice-Presidente dos Estados Unidos a respeito do Plano de Aliança para a Prosperidade do Triângulo Norte". Molina, Hernández, Sánchez Cérén e eu não queríamos perder nosso tempo juntos. Adotamos a tendência não convencional de negociar em tempo real, enquanto nossas respectivas equipes se agitavam às nossas costas para concordarem com uma linguagem específica.

O processo foi exaustivo, mas saímos com um documento confiável. Incluía mais de trinta resoluções sérias e específicas dos presidentes do Triângulo Norte, comprometendo-se a usar o dinheiro e a experiência que estávamos oferecendo para garantir que seus governos de fato respondessem às necessidades de seus cidadãos. Incluía compromissos específicos para fornecer acesso à educação de qualidade para a população carente; o empoderamento das mulheres; a melhoria dos serviços de saúde, programas de nutrição e segurança pública; além de uma reforma completa do sistema judiciário — dos departamentos de polícia, dos tribunais e do sistema penitenciário. Havia promessas de promover a equidade no sistema tributário, a eficiência e a eficácia na arrecadação de impostos, bem como planos detalhados que oferecessem oportunidades econômicas e energia acessível. O governo dos Estados Unidos forneceria especialistas de nossos departamentos de Justiça, Tesouro, Alfândega e Energia para ajudar os líderes de Guatemala, Honduras e El Salvador a estabelecerem mecanismos de governança que ainda não existiam. Eu realmente acreditava que tais esforços poderiam colocar os três países no caminho da estabilidade política e do tipo de ampla expansão econômica que beneficiaria a todos.

Nós quatro — os presidentes Molina, Hernández, Sánchez Céren e eu — assinamos o documento e o divulgamos para o público. Este era o resultado crucial da viagem, preto no branco. Eu poderia apresentar a declaração aos membros do Congresso como prova de seriedade por parte dos líderes do Triângulo Norte e da responsabilidade que incorporamos ao acordo. Meu objetivo era deixar absolutamente claro para o Congresso que eu não permitiria que o Departamento de Estado liberasse qualquer fundo até que compromissos explícitos e detalhados — como a contratação, o treinamento e o estabelecimento de um determinado número de professores e policiais em bairros de risco, ou o cumprimento de metas crescentes de receitas tributárias de seus cidadãos mais ricos — tivessem sido cumpridos. Eu diria que não assinaríamos um único cheque até que eles atingissem sua meta naquele programa. E colocaria minha credibilidade em risco nos corredores do Congresso, onde os membros sabiam que eu nunca deixara de cumprir um único compromisso.

* * *

Na volta, tive uma longa reunião com minha equipe principal na cabine do *Air Force Two*. Disse a eles que haveria muitos obstáculos no caminho para que aquele plano realmente funcionasse, mas fiquei impressionado com o fato de os três presidentes do Triângulo Norte parecerem tão dispostos a enfrentar a crise. Disse à minha equipe que eles realizaram um ótimo trabalho, mas que havia muito mais a ser feito quando chegássemos em casa. Tínhamos que começar a pressionar o Congresso para a apropriação de recursos e estabelecer compromissos mais detalhados com os líderes do Triângulo do Norte. Precisávamos alinhar nossa assistência para apoiar tanto as necessidades a curto prazo — como lidar com a violência e a falta de oportunidade nas comunidades mais vulneráveis — quanto trabalhar pacientemente com os três países em reformas estruturais e melhorias em sua administração que pudessem levar à verdadeira prosperidade.

Era quase meia-noite na terça-feira e ainda fazia muito frio em Washington quando Jill e eu chegamos ao Observatório Naval. Tive dificuldade para dormir naquela noite, pensando na primeira injeção de anticorpo anti-PD-1 de Beau, que estava marcada para o dia seguinte. Meu filho ainda estava em minha mente na manhã seguinte, quando informei o presidente sobre o que alcançáramos na Guatemala. Depois disso, passei a maior parte do dia no escritório, esperando a ligação de Houston sobre o procedimento de Beau. Eu estava cansado, preocupado e um pouco chateado com o destino. Por que aquilo estava acontecendo com meu filho? Ele não merecia. Olhei a agenda para o resto da semana e fiquei aliviado ao ver que nada parecia muito exaustivo. Pelo visto, eu enfim teria espaço para respirar e me concentrar em Beau. Então, veio a ligação de Haider al-Abadi. Ele não era um homem exaltado, mas estava claramente no meio de uma crise séria. "Joe", disse o novo primeiro-ministro do Iraque, "preciso da sua ajuda."

CAPÍTULO SETE

Riscos calculados

O primeiro-ministro Abadi precisava de assistência militar de peso na nova batalha por Tikrit, disse-me ele ao telefone naquele dia, 4 de março de 2015, e precisava *imediatamente*. Abadi corria o risco de perder o controle de uma luta crucial contra o novo tumor maligno terrorista que crescia no Oriente Médio: o Estado Islâmico do Iraque e do Levante, ou ISIS. Seu pedido era grandioso, com consequências tanto para o Iraque quanto para os Estados Unidos. E além das implicações globais, aquela era uma questão de grande importância pessoal para mim. A maioria dos norte-americanos já estava cansada de nosso oneroso trabalho de doze anos no Iraque, e muitos o haviam alienado, como se fosse um ruído de fundo irritante. Eu não era capaz de fazer isso. Tendo trabalhado desde 2003 para ajudar a construir um governo inclusivo e funcional no Iraque que pudesse se transformar em uma verdadeira democracia, eu estava profundamente envolvido. Viajara para o país mais de vinte vezes, primeiro como membro e presidente do Comitê de Relações Exteriores do Senado, depois como vice-presidente, quando, em uma reunião em 2009 com funcionários de alto escalão no Salão Oval, Barack anunciou: "Joe vai cuidar do Iraque."

O Iraque foi sem dúvida o assunto mais frustrante de minha carreira de quarenta anos em relações exteriores. As relações entre as três principais facções iraquianas — árabes xiitas, árabes sunitas e curdos — eram caracterizadas por ódio e paranoia, pontuadas por surtos de violência explícita. Os três grupos nutriam rancores tanto antigos quanto recentes. As fronteiras modernas do país foram arrancadas do Império Otomano após a Primeira Guerra Mundial. O regime baathista de Saddam Hussein favorecia a minoria sunita do Iraque, enquanto as aspirações da maioria da população xiita, concentrada no centro e no sul do país, e a minoria curda no norte eram brutalmente reprimidas. A invasão americana em 2003 derrubou essa ordem, cortando os privilégios dos sunitas, fortalecendo os xiitas e reacendendo os sonhos de independência dos curdos. Passar doze anos tentando convencer os líderes políticos do país a verem os benefícios de um governo baseado em algo além da força bruta e do domínio sectário fora uma tarefa custosa, esgotante e quase impossível. Mas eu não estava disposto a desistir. Beau arriscara a própria vida e sua integridade física ao servir durante um ano no Iraque. Meu filho viu morte e destruição por lá, apesar de não falar muito a respeito. Mas ele sempre insistiu que os Estados Unidos estavam tentando fazer algo nobre. Se houvesse uma chance razoável de dar certo no Iraque — a longo prazo —, Beau acreditava que deveríamos tentar. Já havíamos sacrificado muita gente boa para desistirmos àquele ponto. E, no dia da ligação de Abadi, pensei que enfim tínhamos uma chance. A ironia de todas as ironias era que o próprio grupo que pretendia dividir o país, o ISIS, na verdade estava unindo os iraquianos, ao menos por um tempo.

Ao fazerem um ataque relâmpago no norte e no oeste do Iraque no verão de 2014, a força do ISIS pegou de surpresa não apenas os Estados Unidos, mas também toda a coalizão. Os combatentes do ISIS romperam as forças de defesa iraquianas, conquistando suas primeiras vitórias no extravagante e improvável projeto de criar um repressivo "califado do Estado Islâmico" em todo o Oriente Médio, e então mais além. O ISIS ocupou quase um terço do Iraque, uma parte considerável nas áreas de maioria sunita. O grupo se fartou com o dinheiro dos bancos saqueados e com centenas de milhões de dólares em armas e equipamentos sofisticados deixados no campo de batalha quando as unidades iraquianas, lideradas por um comando vacilante, debandaram. O ISIS aterrorizou a população com decapitações, execuções em massa, queima e crucificação de prisioneiros — tudo isso em público, gravando em vídeo para o mundo inteiro ver. Também profanou ou destruiu templos e bibliotecas xiitas e ameaçou exterminar as populações minoritárias de cristãos e yezidis. O grupo ameaçou o reduto curdo de Kirkuk, rico em petróleo, e assumiu o controle da segunda maior cidade do Iraque, Mosul, assim como Tikrit, capital provincial de Salah ad Din.

A disseminação do sangrento domínio do ISIS alterou a equação política das três facções de Bagdá, forçando-as a pensar como o velho revolucionário americano Ben Franklin. "Todos precisamos permanecer juntos", dissera Franklin ao assinar a Declaração de Independência Americana, "ou é certo que todos seremos separados." Minha equipe usou aquele momento de crise para conseguir uma vantagem. Em 2014, passei horas ao telefone — junto com o embaixador Stuart Jones, em Bagdá, o enviado especial presidencial, Brett McGurk, e minha equipe de segurança nacional — tentando obter concessões suficientes de cada facção para formar a base de um governo de coalizão inclusivo. Uma vez que as políticas teimosamente sectárias do ex-primeiro-ministro, Nouri al-Maliki, ajudaram a dar origem ao ISIS, trabalhamos como loucos para negociar o acordo entre as três facções, que por fim empossaram Haider al-Abadi como primeiro-ministro, um xiita comprometido com um governo mais inclusivo. Após passar algum tempo com ele e observá-lo trabalhar, comecei a ver Abadi como a melhor chance de criarmos um governo de coalizão que de fato funcionasse. Ele conversou comigo sobre seu país se tornar uma democracia modelo no Oriente Médio. Concordamos com a necessidade daquilo que ele chamou de "federalismo funcional" — o que significava dar mais autonomia às províncias, algumas controladas por sunitas e outras por curdos. E falamos do incrível potencial econômico das enormes reservas de petróleo do país. O Iraque tinha mais petróleo do que o Kuwait e a Rússia, e quase tanto quanto o Irã. Esse recurso poderia ser um benefício compartilhado por todos — a cola que poderia manter o país unido.

Trabalhei ao lado de Abadi para montar uma força de segurança iraquiana e uma estratégia capaz de derrotar o ISIS — uma estratégia que assegurasse que os iraquianos permanecessem na liderança, de modo que pudéssemos evitar o reenvio de dezenas de milhares de soldados americanos ao Iraque. O governo de Maliki dizimou os militares e sua estrutura de comando. Ambos precisariam ser reconstruídos. Nossos conselheiros militares ajudaram o primeiro-ministro Abadi a identificar os comandantes iraquianos que ele poderia nomear com base em suas competências, não em suas crenças. Encarregamos nossas forças especiais de avaliar quais unidades iraquianas poderiam ser recuperadas, ajudamos a reconstituir suas divisões e começamos a treinar novos soldados. Reequipamos essa nova força com veículos blindados, munição, armas leves, mísseis Hellfire e tecnologia de detecção de bombas.

Quando Abadi me ligou naquela manhã de março de 2015, uma grande operação contra o ISIS em Tikrit estava em andamento. E o primeiro-ministro deixou claro que estava extremamente preocupado com aquele ataque. Tikrit era um foco de conflito fomentado por um ressentimento sectário. Nove anos antes, a violência entre xiitas e sunitas na vizinha Samarra levara o país a uma sangrenta guerra civil, e, em junho de 2014 — após o brutal assassinato de 1.500 cadetes da Força Aérea pelo ISIS, muitos deles xiitas, em uma base aérea iraquiana nas proximidades —, havia a verdadeira possibilidade de a história se repetir. A operação para tomar a cidade fora planejada — e agora estava sendo executada — fora do âmbito do governo central de Bagdá e fora do controle de seu ministro da Defesa. Uma ampla variedade de grupos milicianos xiitas, conhecidos como Forças de Mobilização Popular (FMP), constituía cerca de três quartos do ataque de trinta mil homens; muitos estavam alinhados com o governo do Irã. Teerã, que fornecera artilharia, tanques, drones e conselheiros militares, parecia estar no comando da operação. O comandante mais visível e conhecido em campo era Qassem Soleimani, chefe da notória Força Quds da Guarda Revolucionária Islâmica do Irã. Soleimani desfilava pelo campo de batalha ostentando uma bandeira iraniana, tirando selfies para circularem no Irã e no Iraque. Se o ataque funcionasse, Soleimani seria visto como o herói de Tikrit por grande parte da população xiita da região e o governo iraquiano em Bagdá ficaria em dívida com o país vizinho. Também abriria um perigoso precedente para uma operação de segurança paralela executada pelos iranianos em outras partes do Iraque. Além disso, Abadi temia que as violentas represálias de xiitas furiosos contra sunitas, que com certeza se seguiriam à libertação de Tikrit, levassem ao aumento das tensões entre os dois grupos, o que poderia fragmentar seu novo e frágil governo.

Ambos sabíamos que tirar o ISIS de Tikrit precisaria ser feito da maneira certa, com as forças certas. Abadi precisava ganhar o controle da operação e colocar suas tropas nacionais iraquianas na liderança antes que aquilo saísse de controle. Para tanto, ele precisava de ajuda dos Estados Unidos e contava comigo para tornar isso possível. Ele requisitou nosso poder de fogo para igualar ou exceder o de Teerã: drones para fornecer inteligência, vigilância e reconhecimento (IVR); ataques aéreos direcionados de aviões de combate dos Estados Unidos contra oponentes do ISIS no solo; munição adicional e coletes à prova de bala; além de consultores e planejadores americanos para ajudarem a coordenar a ofensiva. Eu ainda acreditava que Abadi merecia nosso auxílio. Respondi que faria o que pudesse, o mais rápido possível, mas que haveria condições associadas a qualquer assistência militar americana.

O telefonema que recebi de Houston naquele mesmo dia foi bem direto. O procedimento para injetar o anti-PD-1, o pembrolizumabe, em

Beau correra bem. O procedimento em si era simples. Eles inseriram uma agulha intravenosa em seu braço, injetaram cerca de 150 miligramas de pembrolizumabe em sua corrente sanguínea durante trinta minutos e pronto. Contudo, em meu escritório na Ala Oeste, eu sabia, lá no fundo, que as coisas não seriam tão simples nos próximos meses. Aquele era o equivalente a um ponto sem retorno médico. A verdadeira luta por Beau e por nossa família estava apenas começando. Não havia como dizer quanto tempo aquilo duraria, porque se tratava de uma nova batalha na história do tratamento contra o glioblastoma — um ataque tríplice ao câncer que jamais fora testado. Em fins de março, o dr. Sawaya realizaria a segunda manobra arriscada, uma cirurgia para remover a parte extirpável do tumor. Assim que Beau se recuperasse daquela operação, o dr. Frederick Lang injetaria um vírus vivo especialmente projetado no que restasse do tumor. Em seguida, outra injeção de pembrolizumabe algumas semanas depois ou assim que Beau tivesse condições de lidar com aquilo. Ao menos esse era o plano.

O vírus vivo era um tratamento relativamente novo, desenvolvido nos últimos quinze anos por pesquisadores e clínicos do M. D. Anderson. A microbiologia que sustentava a ciência do tratamento, no entanto, remontava a bilhões de anos. Vírus existem há quase tanto tempo quanto os organismos vivos, e ambos evoluíram em trilhas paralelas e, às vezes, entrecruzadas. Vírus são oportunistas; eles se infiltram e manipulam as células de nosso corpo para seus próprios fins. Um vírus invade células humanas normais, elimina a proteína que impede a divisão dessas células saudáveis e, usando o processo de divisão da célula hospedeira, começa a fazer cópias de si mesmo. Os médicos do M. D. Anderson estavam aperfeiçoando maneiras de usar esses artifícios virais maliciosos para bons propósitos. Na verdade, eles criaram um vírus capaz de destruir células cancerígenas, deixando intactos os tecidos saudáveis. Essa bomba viral inteligente, chamada Delta-24, carece da habilidade de eliminar a proteína celular guardiã, por isso não causa danos às células hospedeiras saudáveis. Mas uma célula cancerígena não possui o gene que impede a célula de se dividir, de modo que, quando o Delta-24 se infiltra em um tumor, ele usa o mecanismo das células cancerosas que se dividem para se dividir e se multiplicar.

O Delta-24 se multiplica sem parar, até que a célula cancerosa, repleta de matéria viral em expansão, explode. A explosão lança partículas virais em outras células cancerosas próximas, e o processo se reinicia. Portanto, o dr. Lang só precisava injetá-lo em um pequeno ponto, e o Delta-24 se espalharia por todo o tumor de Beau, destruindo-o em uma série de explosões celulares. Uma década atrás, essa viroterapia em particular ainda era uma teoria não testada, e, então, os médicos do M. D. Anderson não podiam descartar efeitos colaterais perigosos. Após a primeira vez que um paciente do M. D. Anderson foi injetado com um vírus vivo, o médico que supervisionava o procedimento ficou tão agitado que não conseguiu dormir naquela noite. Mas a equipe do hospital estava começando a ter alguns sucessos quando Beau se apresentou como candidato à injeção de Delta-24. O dr. Lang acabara de terminar o primeiro grande estudo e se sentia incentivado e inspirado pelos resultados. Dos 25 pacientes do estudo, havia três cujos tumores foram destruídos. E esses tumores eram tão grandes e recorrentes quanto o de Beau. O tratamento prolongou aquelas três vidas por mais de três anos, e o dr. Lang detectou um padrão promissor nos casos bem-sucedidos. O vírus vivo induzira uma reação interessante no sistema imunológico dos pacientes que se livraram do tumor. As células cancerígenas têm uma capacidade de se esquivar de nosso sistema imunológico que o vírus não possui. O sistema imunológico reconhece o vírus como um corpo estranho e o ataca. Assim que entrava nas células cancerígenas, o Delta-24 parecia acionar um interruptor crítico no corpo. Aparentemente, o sistema imunológico começava a reconhecer as proteínas tumorais como corpos estranhos e iniciava sua própria campanha para destruir o glioblastoma.

Lang e Yung já estavam pensando em maneiras de estimular o sistema imunológico paralelamente à ação do vírus vivo — e a melhor maneira disponível era o pembrolizumabe, o anticorpo anti-PD-1. O pembrolizumabe fora projetado para ajudar o sistema imunológico a fazer aquilo que o corpo não conseguia fazer por conta própria: a droga desmascarava o tumor como um agente estranho indesejável e perigoso, e as células T do próprio organismo trabalhavam para destruí-lo. As células cancerosas freavam essas células de ataque. O anticorpo anti-PD-1 entrava e liberava tais freios. O pembrolizumabe já fora usado com sucesso no tratamento de melanoma e de câncer de pulmão, e os dois médicos achavam que usá-lo em Beau poderia se revelar um avanço no tratamento de glioblastomas. Ao apresentarem o plano para Beau e Hunter, o dr. Lang e o dr. Yung foram claros a respeito dos riscos envolvidos. O vírus vivo poderia causar um inchaço violento no cérebro, o que poderia resultar em danos cerebrais a longo prazo ou até em morte. Mesmo que funcionasse como o esperado, Beau provavelmente ficaria muito mal antes de melhorar. A adição do pembrolizumabe aumentava as chances de complicações. Lang disse para eles que havia muitas incógnitas, porque Beau era o Paciente Zero daquele tratamento. Meu filho entendeu tudo e olhou para o irmão, que estivera ao seu lado em todas as consultas. Hunter parecia resoluto, de modo que Beau olhou para Lang e disse: "Vamos nessa."

Apenas mais tarde descobri que os profissionais de medicina do M. D. Anderson comentavam a respeito de Beau entre si — o fato de ele nunca demonstrar medo e nunca desistir. Ele queria que os médicos fizessem tudo o que podiam. Beau continuou assegurando à dupla que era capaz de lidar com aquilo. "Achamos que estamos sendo corajosos quando encaramos um prognóstico de 50% de chance de vitória", disse o anestesiologista que atendeu Beau em cada uma de suas visitas a Houston durante vinte meses. "A verdadeira coragem é quando há pouquíssimas chances de vitória, mas você continua lutando."

A primeira ligação que fiz após falar sobre Abadi com meu assessor de segurança nacional, Colin Kahl, e com o restante de minha equipe foi para o comandante militar dos Estados Unidos encarregado do Oriente Médio, o general Lloyd Austin. Austin fora o coração da Operação Inherent Resolve, uma campanha de seis meses promovida por nossa administração para destruir o ISIS. Trabalhando ao lado de nossos diplomatas no Departamento de Estado, o general já montara uma ampla coalizão internacional para combater o grupo terrorista e demonstrara o desejo de se mostrar agressivo no campo de batalha. "Meu objetivo é derrotar e, por fim, destruir o ISIS. E se [o ISIS] continuar a nos apresentar alvos principais", dissera Austin logo após o início das primeiras campanhas de bombardeio, "então, sim, visaremos tais alvos."

O general Austin deixou claro que queria encontrar uma forma de ajudar Abadi, mas achava imprudente fornecer apoio aéreo e consultores para a operação em Tikrit na situação atual. Eram grandes as chances de os ataques aéreos dos Estados Unidos ou da coalizão atingirem acidentalmente milicianos xiitas ou seus mentores iranianos, provocando um conflito desnecessário com Teerã. E ele com certeza não queria apoiar uma operação administrada pelo Irã. Se quisesse ajuda de nossas Forças Armadas, Abadi teria que se encarregar da operação, tirar de campo as unidades da milícia xiita e substituí-las por soldados sob seu comando.

Quando fui conversar com o presidente Obama sobre Abadi, comecei a ver a situação em Tikrit como uma oportunidade. Se o presidente estabelecesse condições duras e rápidas para nosso apoio, se Abadi conseguisse satisfazê-las e os iraquianos recebessem a ajuda de que precisavam e expulsassem o ISIS da cidade, então a importância de um governo de união no Iraque ficaria evidente para todos. Abadi teria passado em seu primeiro teste. As condições que sugeri ao presidente foram as seguintes: antes de começar qualquer ataque aéreo, o comando e o controle da ofensiva teriam que ser transferidos para o Ministério da Defesa iraquiano e para o próprio Abadi, em coordenação com a coalizão anti-ISIS liderada pelos Estados Unidos. Precisávamos de visibilidade total de todas as forças no campo de batalha e a certeza de saber a exata localização de cada parte envolvida: as milícias xiitas, Soleimani e suas forças especiais iranianas, o Exército iraquiano e a polícia federal. O ataque final para libertar a cidade teria que ser liderado por forças nas quais confiávamos, incluindo as tropas de elite de contraterrorismo do Iraque e os exércitos iraquiano e sunitas locais. As milícias apoiadas pelo Irã precisariam se retirar para a periferia de Tikrit e ali permanecerem durante a batalha. Mais importante, seria necessário ter um forte e visível contingente de combatentes sunitas na batalha final. E os civis sunitas que fugiram de Tikrit durante o domínio do ISIS ou durante aquela nova batalha teriam que poder voltar para suas casas, com a garantia de serviços essenciais como água e eletricidade, e com a promessa de proteção contra represálias xiitas.

A parte sunita do plano era crítica por dois motivos. Primeiro, provaria que combater o Estado Islâmico no Iraque não era uma guerra de xiitas contra sunitas, mas uma guerra patriótica iraquiana xiita, sunita e curda contra um grupo terrorista jihadista perigoso e radical. E, segundo, era nossa melhor chance de tornar a paz e a segurança em Tikrit (e em outras cidades libertadas do ISIS) sustentáveis a longo prazo. A menos que a paz e a segurança fossem sustentáveis — militar *e* politicamente pelos próprios iraquianos — não haveria motivo para arriscar um único americano no combate.

Já perdêramos 4.489 vidas americanas no Iraque e gastáramos mais de 1 trilhão de dólares, com muito pouco ganho que justificasse todas aquelas perdas. O presidente Obama estava preocupado, assim como eu, em ter que enviar dezenas de milhares de soldados americanos de volta ao Iraque para lutarem outra guerra declarada. Porém, se a operação em Tikrit funcionasse como o planejado, provavelmente definiria um modelo a ser seguido em futuras operações contra o ISIS na região. Quando a luta se voltasse para Mosul, os comandantes curdos nas proximidades entenderiam que precisavam trabalhar com Abadi e seu ministro da Defesa em Bagdá para obter apoio militar dos Estados Unidos. Os soldados iraquianos (xiitas, sunitas e curdos), sob o comando e o controle de Bagdá, lutariam em seu território, apoiados pelo poder aéreo, planejamento e treinamento americanos. E a influência iraniana seria embotada. O presidente entendia os riscos, mas também o lado positivo de tudo aquilo. "Devemos comunicar as condições a Bagdá", disse-me ele. A decisão estaria nas mãos de Abadi.

O primeiro-ministro não hesitou quando nosso embaixador apresentou a lista de condições em meados de março; para ele, aquilo chegava na hora certa. A batalha por Tikrit estava em um impasse. As Forças de Mobilização Popular e os elementos apoiados pelo Irã em terra haviam reivindicado o controle de cerca de metade da cidade na primeira semana de ataque, mas não estavam mais conquistando novos territórios. Os soldados do ISIS, embora em número muito menor, causavam danos reais. Eles haviam minado o solo com dispositivos explosivos improvisados para retardar ataques. Os homens-bomba do ISIS percorriam as ruas em busca de alvos das FMP. As baixas das FMP aumentaram para mais de cem pessoas por dia. Necrotérios nas proximidades transbordavam de cadáveres. "É uma luta furiosa", disse um miliciano, que tinha acabado de perder o pai em batalha. "Está mais difícil do que pensávamos."

Os poderosos no Irã, frustrados pela falta de progresso, começaram a enviar foguetes de uma tonelada e mísseis menores para o campo de batalha, aumentando a preocupação de que estavam preparando um bombardeio maciço no restante da cidade. "De modo geral", disse um analista de defesa a um repórter do *The New York Times*, "essas armas são mais eficazes para aterrorizar civis do que para fornecer apoio para operações terrestres." Enquanto isso, havia relatos indesejados de milícias xiitas queimando e saqueando casas e lojas sunitas em Tikrit e arredores. A luta parecia estar se transformando em outra guerra sectária de xiitas contra sunitas, um conflito que poderia implodir o governo de Abadi.

Assim, o primeiro-ministro decidiu aceitar nossas condições — como eu esperava que aceitasse — como uma oportunidade para assumir o controle da situação. Abadi fez o pedido formal de ataques aéreos e outras ajudas da coalizão liderada pelos Estados Unidos, explicou ao parlamento iraquiano a extrema necessidade da assistência dos americanos e começou a cumprir as tarefas. Ele entregou o comando e o controle ao seu ministro da Defesa, um muçulmano sunita; enviou seus efetivos de contraterrorismo de elite a Tikrit para serem a ponta de lança do ataque; trouxe mais guerreiros tribais sunitas para o combate; ordenou que as unidades da milícia xiita se retirassem da cidade; e assegurou aos líderes dos governos sunitas na Arábia Saudita, Egito e Jordânia que a segurança na cidade sunita, uma vez liberada, seria tratada pela polícia sunita local e não por milicianos xiitas externos que, compreensivelmente, ainda podiam nutrir ressentimentos.

Abadi teve dificuldade para vender esse novo plano para o partido xiita majoritário no parlamento iraquiano, mas obteve cobertura política crucial do líder espiritual dos muçulmanos xiitas do Iraque. Em 20 de março de 2015, o aiatolá Ali al-Sistani enviou um representante à oração de sexta-feira em Karbala para expressar a necessidade de unidade nacional na batalha por Tikrit — o que significava que os xiitas lutariam lado a lado com os sunitas para expulsar o ISIS. No minuto em que vi a declaração do enviado de Sistani, soube que Abadi decifrara o código, o que aumentou minha fé na capacidade estratégica do primeiro-ministro, bem como em seus instintos políticos.

Os primeiros ataques aéreos americanos começaram a atingir os alvos do ISIS em 25 de março de 2015. Como era de se esperar, alguns líderes da milícia xiita patrocinados pelo Irã expressaram descontentamento quando o bombardeio começou. "Certos homens fracos no Exército dizem que precisamos dos americanos", disse um comandante das Forças de Mobilização Popular, "mas não precisamos deles." Outros milicianos xiitas anunciaram que recolheriam suas armas e voltariam para casa. Alguns disseram que esperavam encontrar americanos para atacar no caminho. O sinal mais revelador, no entanto, foi a retirada de Soleimani. O comandante iraniano da Força Quds percebeu que perdera a oportunidade de reivindicar a vitória em Tikrit em nome do Irã. Fora enganado e não teve outra opção a não ser voltar para Teerã. O show do poderio aéreo americano redefiniu o campo de batalha em Tikrit. "Chegou a hora da salvação", anunciou Abadi na televisão estatal iraquiana naquela noite. "Libertaremos nosso país. A vitória do Iraque está sendo alcançada por iraquianos, por heróis iraquianos", falara, "com o apoio de países aliados e da coalizão internacional."

Naquele dia, quando a nova batalha começou a se desenrolar, me senti bem. O ISIS ainda ocupava mais da metade da cidade, mas Abadi conquistara o controle da operação. E tínhamos dado às suas forças uma chance de lutar. O que aconteceria a partir dali não era certo. Concordei com a avaliação oferecida por uma autoridade norte-americana não identificada a um repórter de campo: "Esse é um risco calculado", disse ele, "mas é um risco que precisava ser assumido."

No dia seguinte ao início dos ataques aéreos em Tikrit, embarquei com minha família em um avião não oficial para uma viagem ao M. D. Anderson Cancer Center, em Houston. Beau ficaria internado lá por pelo menos uma semana para se submeter à cirurgia e, em seguida, à injeção do vírus vivo. A pedido dele, estávamos todos trabalhando muito para garantir sua privacidade, o que exigia atos extraordinários que ultrapassavam o dever de várias pessoas — mais crucialmente, de nossos agentes do Serviço Secreto. Embora eu sempre os tivesse admirado e respeitado, desenvolvi um novo apreço por aqueles homens e aquelas mulheres ao longo dos dezoito meses anteriores. A equipe mostrara uma gentileza para com minha família que ia muito além de uma relação profissional e que era impossível de retribuir. Uma vez, ouvi um deles dizer que estavam ali para proteger mais do que nossos corpos; estavam determinados a proteger nossa dignidade. E me tornei cada vez mais consciente disso nos últimos meses, sobretudo durante nossos recentes passeios em família, quando os agentes apareciam disfarçadamente na frente de fotógrafos civis para garantir que não conseguissem nenhuma foto do evidente declínio físico de Beau. Ou como eles ficavam na trilha da cordilheira Teton para que Beau, Hunter e eu pudéssemos ter um momento de privacidade, apenas nós três, no topo de uma montanha.

Também passei a confiar em meu novo assessor pessoal, o coronel John Flynn. Flynn era um piloto da Força Aérea — ele pilotara C-17s — e fora um de meus assessores militares quando Beau apresentou problemas pela primeira vez. Em agosto de 2013, o coronel assumiu a tarefa de descobrir como levar toda a família para o M. D. Anderson (e depois trazê-la de volta) sem chamar atenção. Ele ligou para amigos na Força Aérea nos quais podia confiar, conseguiu um plano de voo e um campo de pouso remoto e seguro onde poderíamos aterrissar, e fez tudo isso sem despertar burburinhos nas Forças Armadas. E o coronel Flynn, que já se tornara um amigo muito próximo, fez isso se tornar possível de novo em 26 de março. Voamos para a Base da Força Aérea de Ellington e fizemos um silencioso trajeto de carro — sem policiais em motocicletas ou sirenes — até uma entrada lateral no hospital, pouco visível das estradas principais.

No momento em que chegamos ao hospital, lembrei-me de como as pessoas do M. D. Anderson haviam se tornado uma espécie de família. E não eram apenas o dr. Yung e o dr. Sawaya. A instituição tinha um enviado especial que sempre se certificava de que Beau entrasse e saísse de todos os seus exames e procedimentos com o mínimo de problemas e absoluta privacidade. Ele nos encontrou quando entramos nas instalações, e era óbvio que Beau, Hallie e Hunter o conheciam bem — "Ei, Chris!" — e contavam com sua ajuda. Ele era nosso amigo. Chris nos acompanhou até o consultório do dr. Yung, onde a enfermeira de prática avançada, Eva Lu Lee, que fez a internação, deu em Beau um grande abraço e um beijo, e perguntou por Natalie e Hunter. "Beau", disse ela, apontando para as meias verdes em seus pés, "vejo que você voltou a usá-las." Ela era nossa amiga. O dr. David Ferson, o anestesiologista que, em 2013, fora outro médico crucial na craniotomia de Beau, fez questão de realizar o exame pré-operatório na área de ressonância magnética. Os exames de imagem demoraram muito tempo, e Beau precisou entrar por inteiro na máquina estreita durante o procedimento. O dr. Ferson sabia que Beau se sentia desconfortável e um tanto claustrofóbico, de modo que se dispôs a ficar por perto para ajudar. Ele também era nosso amigo.

Jill e eu nos sentimos melhor vendo quanto apoio nosso filho recebia no M. D. Anderson. E nos lembramos mais uma vez do incrível suporte que Beau vinha recebendo de toda a família. Hallie continuava firme como uma rocha, mesmo diante da óbvia deterioração física do marido. Ashley estava lá para ficar com o irmão mais velho, e o marido dela, Howard, que também era médico, mantinha contato constante com os profissionais do hospital, conversando sobre o tratamento e vigiando Beau para eles nos longos intervalos entre as visitas. Howard também traduzia o jargão médico para uma linguagem que pudéssemos entender. Mas quanto mais eu via e ouvia no M. D. Anderson, mais ficava claro para mim que Hunter Biden era a viga crucial na estrutura de apoio de Beau. Sua missão, confidenciara Hunter ao dr. Yung, era salvar o irmão. E a determinação de Hunter, eu sabia, era um verdadeiro ato de bravura. Sempre tentei transmitir aos meus filhos a lição que minha mãe passara para mim, minha irmã e meus irmãos: não há ninguém no mundo de quem você seja mais próximo do que seus irmãos. Vocês precisam poder contar uns com os outros.

Hunt entendeu o código Biden desde criança. Ele era alguém com quem se podia contar. Era a pessoa à frente nos corredores, à frente dos agentes do Serviço Secreto, garantindo que Beau chegasse na hora certa aos seus compromissos. Ele puxava o dr. Yung para o lado para fazer as perguntas cujas respostas ele talvez desejasse que Beau não ouvisse. Hunt estava presente nos exames de imagem, parado junto à máquina de ressonância magnética, para poder tocar o pé de Beau e conversar com ele, para acalmá-lo. O que quer que Beau pedisse — água, frutas, um sanduíche —, Hunter *corria* para buscar, para que seu irmão não precisasse esperar. Ele ficava com Beau no quarto de hotel para passarem o tempo assistindo a partidas de golfe. Ele ia até a loja de conveniência comprar uma caixa organizadora de comprimidos para ajudar a gerenciar o crescente regime de medicamentos. "Hunt, já tenho um sistema", argumentava Beau. "Sei o que estou fazendo." Mas Hunt não o deixaria cometer erros. "Vou *garantir* que saiba", insistia ele. Hunt se deitava na cama ao lado de Beau apenas para estar perto, para que Beau tivesse com quem conversar. E Hunt estava lá para abraçar Beau momentos antes de o irmão entrar em cirurgia.

A cena inteira no M. D. Anderson pareceria encorajadora, a não ser por um grande detalhe: embora Beau ainda estivesse determinado e com a mente disposta, não parecia fisicamente bem. Em 27 de março, ele passou muito bem pela cirurgia, sem efeitos negativos em sua cognição ou habilidades motoras. O dr. Sawaya retirara tudo o que esperava retirar, mas o tumor estava crescendo mais rápido agora, e Beau se sentia cada vez mais fraco. A equipe médica decidiu esperar até a próxima quinta-feira, 2 de abril, para fazer a injeção do vírus vivo. Ainda faltavam seis dias. Mas o dr. Yung e o dr. Lang queriam ter certeza de que o corpo de Beau estava forte o bastante para lidar com aquilo. Então, tudo o que podíamos fazer era esperar.

A família passou a maior parte das 48 horas seguintes na cabeceira do leito de Beau, certificando-se de que ele estava confortável, consultando o dr. Yung ou em nossos quartos de hotel, tentando lembrar uns aos outros, de maneiras ditas e não ditas, de que ainda havia esperança. Nosso trabalho era manter a chama viva e garantir que Beau a *sentisse*. Hallie estava ansiosa e exausta, mas nunca demonstrou desgaste. Ela insistiu em passar a noite com Beau no quarto do hospital, em vez de ir para o hotel. Passou horas acariciando seus pés, dizendo que Beau superaria aquilo.

A Agência de Comunicações da Casa Branca instalara uma linha telefônica segura em um quarto contíguo ao de Beau para que eu pudesse lidar com qualquer emergência. A ligação mais importante em minha agenda estava marcada para o dia seguinte à cirurgia dele, dia 28 de março, com o primeiro-ministro Abadi. Na manhã daquele sábado, fiz uma reunião de quinze minutos com minha equipe de segurança nacional e autoridades dos departamentos de Estado e Defesa, e estava ao telefone com Abadi por volta das dez horas.

Ele parecia mais animado. A batalha por Tikrit ganhava força. Suas tropas avançavam em direção ao centro da cidade a partir de quatro direções diferentes. Os aviões e drones americanos realizaram dezoito ataques aéreos separados naquele dia e em teoria "pulverizaram" onze das principais posições de combate do ISIS. Mas a batalha estava ficando mais difícil — combates de casa em casa em densos bairros residenciais. Os combatentes do grupo terrorista estavam constantemente se reagrupando para defender bolsões menores na cidade; ateavam fogo em casas ou as abandonavam deixando explosivos para trás. Abadi queria mais drones no ar para fornecer inteligência aos seus soldados, além de mais ataques aéreos. Ele apontou que o ISIS explorava o foco do governo iraquiano em Tikrit para aumentar a tensão na província de Anbar, inclusive na contestada cidade de Ramadi, que ficava a menos de duas horas de carro do centro de Bagdá.

Minha intenção ao telefone naquele dia era expressar a fé que eu tinha em meu amigo e lembrá-lo do que ele já tinha feito. Havia boas notícias com as quais contar: Abadi convencera as milícias xiitas e seus patrocinadores iranianos a se afastarem das linhas de frente. Os comandantes de Abadi em solo demonstravam verdadeira habilidade e aparentemente convenceram os combatentes sunitas locais sobre a importância da operação. Aplaudi suas forças de segurança por demonstrarem verdadeira coragem e bravura. A batalha estava longe do fim, mas a grande mensagem que eu queria transmitir para Abadi era a de que o presidente e os militares dos Estados Unidos ainda o apoiavam, assim como eu.

Desliguei o telefone pensando que aquela operação poderia funcionar, mas ciente de que o resultado estava praticamente fora de meu alcance naquele momento. *Isso pode funcionar* era uma frase que, no momento, parecia definir toda a minha vida. Manter a fé em Tikrit, assim como manter a fé em Beau, era um ato de vontade — uma espécie de luta de casa em casa contra a dúvida. Eu me arrastei para a cama naquela noite, rezei meu rosário e depois fiz um apelo especial a Neilia e à minha mãe: "Por favor, *por favor*, velem por Beau. E me deem forças para lidar com o que vier a acontecer."

Dois dias depois da cirurgia, Beau continuava estável. Parecia não ter sofrido efeitos negativos do procedimento. Ele estava de pé e andando; seu ânimo estava elevado. Ele se sentia bem o bastante para concluirmos que não tinha problema a família voltar para casa por alguns dias e retornar para a injeção do vírus vivo no dia 2 de abril. Hunt insistiu em ficar com o irmão.

Contudo, deixar Beau em Houston foi difícil. Visitei meu filho no hospital antes de sair da cidade para lhe dizer que voltaria na quinta-feira para a injeção do vírus vivo e para que ele soubesse que eu estava orgulhoso. "Você está fazendo um trabalho incrível", falei. "E a ciência está do nosso lado. Está realmente evoluindo. Vamos vencer essa coisa maldita. Você, Hunt e eu temos muito o que fazer. Temos muita vida para viver ainda."

"Está tudo bem, pai. Estou bem."

Então, coloquei meus óculos de sol e um boné, e me esgueirei por uma porta lateral do hospital a caminho de Ellington. Quando o *Air Force Two* decolou, senti-me compelido a abrir meu diário e escrever: *29 de março. Deixando o M. D. Anderson cheio de esperança. Beau é um homem incrível, assim como Hunter. Ele ficará com Beau até o próximo procedimento, quando vou voltar.* Parei de escrever. O que mais havia a dizer? Eu tinha medo de que, se me abrisse de verdade, cairia em desespero, e não podia permitir que isso acontecesse. Não podia permitir que Beau ou qualquer outra pessoa visse isso, jamais. Deixei o diário de lado até que o voo estivesse quase no fim e o peguei para adicionar uma linha. *Acabamos de pousar. 6h07. Sinto-me muito sozinho.*

Fui chamado ao escritório do presidente na hora prevista no dia 1º de abril de 2015. Peguei minhas anotações e segui pelo corredor até o Salão Oval para meu almoço semanal com Barack. Tínhamos algo que valia a pena comemorar. Haider al-Abadi fora a grande notícia durante toda a manhã; havia programas de TV e fotografias do primeiro-ministro andando pelas ruas de Tikrit, cercado por um desfile de militares antiterroristas iraquianos, policiais federais, combatentes sunitas e um punhado de milicianos xiitas. Algumas das fotos mostravam Abadi carregando uma bandeira com três faixas horizontais separadas — vermelho, branco e preto — estampadas com letras verdes no alfabeto árabe, que diziam: ALLAHU AKBAR, "Deus é grande". A bandeira nacional iraquiana. As bandeiras milicianas pareciam ter sido removidas. "Nossas forças heroicas entraram no centro de Tikrit e hastearam a bandeira do Iraque", disse Abadi à multidão de soldados, civis e repórteres. Seu ministro da Defesa em Bagdá, Khalid al-Obeidi, anunciava a queda do ISIS em Tikrit para todo o país. Soldados iraquianos, policiais federais e combatentes sunitas haviam empreendido o difícil combate de casa em casa para limpar a cidade dos últimos combatentes do grupo terrorista, com a assistência de pilotos, conselheiros e armamentos americanos. O ISIS fora expulso de Tikrit, e sua aura de invencibilidade fora violada. "Com todo o orgulho, temos o prazer de anunciar as boas-novas de uma vitória magnífica", disse Obeidi. Os cidadãos de Tikrit haviam sido resgatados, e a missão de defesa em Bagdá estava apenas começando, assegurou Obeidi. A seguir, Mosul, ao norte, e, depois, as cidades controladas pelo ISIS a oeste. "Iremos até vocês, Nínive!", disse Obeidi. "Iremos até vocês, Anbar!"

O presidente e eu conversamos brevemente sobre Tikrit durante o almoço e sobre qual seria o próximo passo no Iraque, mas acho que ele percebeu que eu estava distraído e deprimido. Barack sabia que eu retornara do M. D. Anderson e que logo voltaria para lá. Por alto, o presidente acompanhava o que vinha acontecendo em Houston.

"Como foi, Joe?", perguntou. "Como está Beau?"

A conversa no almoço acabou sendo quase toda a respeito de Beau. Olhando para Barack do outro lado da mesa, dava para perceber que o presidente estava sinceramente preocupado. Ele gostava de Beau e também pensava que meu filho tinha um grande futuro pela frente. Eu me vi explicando a ele o que Beau acabara de passar na semana anterior e o que ainda estava por vir, tentando manter uma linguagem clínica bastante direta. Parte disso era para minha própria proteção. Eu não queria desmoronar na frente de ninguém, muito menos do presidente. A única vez em que chorei na frente de outras pessoas, nas horas que se seguiram ao primeiro episódio parecido com um AVC, três anos antes do diagnóstico de câncer, lembro-me de ter sentido vergonha. Decidi então que nunca mais deixaria que aquilo voltasse a acontecer, a não ser diante de minha família. E consegui. Contudo, naquele dia, enquanto conversava com Barack, devo ter começado a confidenciar coisas que não pretendia. Eu estava sofrendo, e o presidente percebeu. Enquanto explicava, ergui o olhar e vi que Barack estava com os olhos cheios d'água. Ele não era um homem com emoções à flor da pele, e me senti mal. Eu me vi tentando consolá-lo. "A vida é tão difícil de entender", disse ele.

Falei para o presidente que estava em dúvida se voaria para Houston mais tarde naquela noite, para estar com Beau durante a injeção pela manhã, ou se iria no dia seguinte para estar lá quando ele acordasse. Barack não hesitou: disse que eu deveria estar com meu filho *antes* de ele entrar em tratamento, não depois. Nada poderia ser mais importante.

"Joe", falou ele, "você precisa ir hoje à noite."

Era isso que eu planejava fazer, mas fiquei comovido ao ouvir isso de Barack. Algumas horas depois, estava a caminho de Houston.

CAPÍTULO OITO

Base

O domingo, dia 12 de abril, foi um daqueles dias em que todas as coisas boas parecem possíveis. Jill e eu acordamos em nossa casa em Wilmington, e o sol já começava a evaporar os últimos resquícios de neblina do lago que fica nos fundos da propriedade. Os lilases floresciam, e até as folhas das árvores mais altas ao redor do lago já estavam brotando. Parecia que a escuridão de um inverno muito difícil finalmente se dissipava. Jill e eu estávamos ansiosos para passar a maior parte do dia com nossos netos mais novos, Natalie e Hunter. Beau e Hallie os trariam mais tarde naquela manhã para gravarem um segmento do "Story Time", do *Reading Rainbow*. Natalie, Hunter, Jill e eu leríamos o livro infantil de Jill, escrito para as famílias de soldados que haviam sido enviados para o exterior. No fundo, era a história de como Natalie e Hunter lidaram com a dificuldade de ter o pai longe, em um local perigoso, por mais de um ano.

Todos chegaram e, enquanto a equipe passava a manhã instalando os refletores em nossa biblioteca, revisamos as partes que cada um deveria ler: "Papai é um soldado", *responde a mãe de Natalie em voz baixa...* *"Às vezes, os soldados precisam fazer coisas difíceis." O pai pega Natalie nos braços. "Meu lar é onde quer que você esteja", canta ele baixinho.*

Natalie sorri. "Eu gosto dessa música, papai." O sol já estava alto quando Natalie, Hunter, Jill e eu nos sentamos em nossa biblioteca para gravar a sequência, e estava quente o bastante para podermos abrir as portas que davam para a varanda dos fundos.

Beau se manteve calado naquele dia, fora da vista da equipe de televisão, mas bastava eu andar seis metros e passar por duas portas para ver como ele estava. Meu filho estava sentado em nosso solário com as janelas abertas, onde podia olhar para o lago e sentir a brisa suave e quente no rosto. Aquele era seu lugar favorito em nossa casa, onde, às vezes, em dias agradáveis como aquele, eu o encontrava sentado em silêncio, admirando o jogo de luz e sombra na água enquanto uma ou duas nuvens se arrastavam pelo céu. Mais abaixo ficava o cais, onde ele passava horas com o filho, as linhas de pesca oscilando na água. Ele observava algumas garças fazendo longos arcos preguiçosos no céu, bem lá no alto, antes de descerem para a superfície tranquila do lago. Jill sempre disse que deixaríamos para Beau a casa que ele tanto adorava. Poderíamos encontrar maneiras de equilibrar as coisas para Hunt e Ashley, falava ela, mas Beau deveria ficar com a casa.

Nosso filho mais velho estava enfrentando o câncer. Na verdade, estava fazendo mais do que enfrentar. Ele passara pela injeção do vírus vivo dez dias antes sem nenhuma complicação. Beau se movimentava bem. Seu apetite ainda estava bom. E ele continuava mentalmente perspicaz. Mas as duas novas e inchadas cicatrizes em seu couro cabeludo nos deixavam preocupados; toda a família temia os efeitos do tratamento experimental. O dr. Yung e o dr. Lang nos avisaram que Beau pioraria antes de melhorar. Talvez ficasse muito pior. Eles nos disseram que ele provavelmente atingiria seu ponto mais vulnerável na terceira ou quarta semana, quando o vírus e o sistema imunológico de Beau estivessem lutando contra o tumor. A inflamação poderia ser dolorosa e debilitante. Não havia previsão de quão mal meu filho ficaria ou se sobreviveria ao ataque. Sua recuperação também poderia levar bastante tempo, e, até então, não teríamos certeza se o tratamento fora bem-sucedido. As próximas seis ou oito semanas seriam reveladoras.

Beau ainda estava determinado, mas eu via que ele ficava cada vez mais cansado. E ele precisava reunir forças para sua viagem de volta ao M. D. Anderson dali a dois dias. Beau faria outra bateria de exames e, se tudo estivesse bem, receberia a segunda injeção de pembrolizumabe, o anticorpo anti-PD-1. Howard telefonara para conversar com o dr. Yung sobre a necessidade de uma segunda aplicação. O sistema imunológico de Beau poderia sair dos trilhos e começar a atacar o tecido cerebral saudável. Os médicos ainda estavam debatendo aquilo, mas Beau estava disposto a correr o risco. Ele sabia quão ruim a situação poderia ficar, mas estava disposto a enfrentá-la, e acho que, em grande parte, ele estava disposto a enfrentá-la por todos nós. Dois dias antes, ele mandara uma mensagem para um amigo com uma avaliação de como as coisas estavam indo. "Tudo bem!"

Fui o último dos quatro a fazer a leitura do livro de Jill na gravação: "Natalie e Hunter estão brincando de soldado com os bonecos do pai. Hunter começa a chorar." De repente, percebi que aquilo não seria fácil de superar. A ausência do pai parecia muito próxima, próxima *demais*.

"'Quero o papai', diz Hunter. *Natalie segura sua boneca na frente do rosto. Ela finge que a boneca é uma marionete.* 'Não chore, Hunter. Seja forte', *diz ela imitando a voz do pai.*

"'Esse não é o papai falando', *diz Hunter.*

"'Sim, é, sim! É o que papai diria.'"

Quando terminamos a gravação, voltei para o solário e encontrei Beau sentado ao lado de minha irmã, Val. Eles estavam passando os canais de notícias e folheando os jornais. A grande matéria daquele domingo era sobre Hillary Clinton, que anunciara oficialmente sua candidatura. A conversa entre especialistas e os prognósticos de profissionais nos canais de TV eram a de que o anúncio dela praticamente dava o assunto por encerrado. Ela era uma aposta segura para a indicação presidencial pelo Partido Democrata. Destacaram sua liderança de cinquenta pontos nas primeiras pesquisas sobre seu oponente mais forte: eu. Candidatos menos conhecidos como o senador Bernie Sanders estavam cotados abaixo dos 3%. Na véspera, o presidente Obama oferecera o que parecia ser um "endosso coordenado não endossado". "Ela foi uma candidata formidável em 2008", disse Barack a repórteres durante uma viagem ao Panamá. "Foi uma de minhas grandes apoiadoras nas eleições gerais. E foi uma excelente secretária de Estado. Ela é minha amiga. E acho que será uma excelente presidente." Isso aconteceu logo depois de uma reunião que tive com o pesquisador de confiança do presidente no início da semana, um encontro que fiz a pedido de Barack. A mensagem que recebi naquela reunião foi a de que os números da pesquisa de Hillary, seu dinheiro e sua organização de campanha eram simplesmente formidáveis. Eu não tinha chances de conseguir a indicação, então por que causar alvoroço e complicar as coisas para o partido?

Nada disso importava para Beau. Ele lia tudo o que podia sobre a campanha de Clinton — sua mensagem, a agenda de viagens da candidata, sua operação de campo inicial. Ele queria saber de cada detalhe, de modo a estar pronto para se manifestar no minuto em que eu anunciasse minha própria candidatura. Como eu, Beau acreditava que seu pai estava preparado para assumir a presidência. Que não havia ninguém melhor. Não importava o que as outras pessoas dissessem ou pensassem, Beau e Hunter acreditavam que podíamos vencer. Em minha mente, a corrida era, mais do que tudo, uma questão de ousadia. E se eu tivesse meus dois filhos me apoiando, tudo seria possível. Beau sempre conseguia me animar e me acalmar. Ele era a última pessoa a ficar comigo na sala antes dos debates presidenciais das primárias de 2007, do debate vice-presidencial de 2008 e do debate vice-presidencial de 2012, quando caberia a mim tentar consertar as coisas após o desempenho desanimador de Barack em seu primeiro debate contra Mitt Romney. Antes de eu subir ao palco, Beau sempre segurava meu braço e me fazia encará-lo nos olhos. "Pai, olhe para mim. Olhe para mim, pai. Lembre-se, pai. Lembre-se de sua base." O que ele estava querendo dizer era: lembre-se de quem você é. Lembre-se do que importa. Mantenha-se fiel aos seus ideais. Seja corajoso. Então, ele me dava um beijo no rosto e me empurrava adiante. Bom, a campanha de Biden de 2016 teria um início tardio. E daí? Se Beau sobrevivesse aos próximos meses, eu *sabia* que poderíamos fazer aquilo.

Eu estava no escritório três dias depois, naquela quarta-feira, quando recebi a ligação de Houston. Meu irmão Jimmy fizera a viagem com Beau até o M. D. Anderson, para que o dr. Yung e o dr. Lang pudessem avaliar os primeiros resultados da injeção do vírus vivo, e o dr. Yung pudesse administrar a segunda injeção de pembrolizumabe. As notícias que recebi eram ótimas. De fato, eram potencialmente incríveis. Os exames revelaram inflamação, mas parecia que o crescimento do tumor diminuíra. Havia evidências claras de necrose na periferia do tumor, o que significava que o vírus provavelmente já estava explodindo células cancerosas. Beau continuava em boa forma, ainda sem demonstrar efeitos negativos do vírus, e já havia evidências da destruição do tumor. Aquilo era algo que eles não tinham visto em quase trinta tentativas de injeção do vírus vivo. Perguntei se era por causa do tratamento anterior com pembrolizumabe. "É isso que esperamos", respondeu o dr. Yung.

Liguei para Howard e para meu irmão Jimmy. Howard disse que Lang e Yung estavam empolgados com as possibilidades. Jimmy foi ainda mais otimista. Os médicos nunca haviam feito aquilo antes, mas pareciam bastante animados. *Realmente podemos ter algo bom aqui*, foi como Jimmy entendeu. *Podemos ter dividido o átomo.* "Lang e Yung estão exultantes", afirmou meu irmão. Ao encerrar a ligação, senti como se pudesse respirar fundo pela primeira vez em meses. *Não alimente esperanças*, lembrei a mim mesmo. *Não provoque o destino.*

O dr. Yung estava preocupado em ser excessivamente agressivo. O tumor vinha crescendo rapidamente havia apenas duas semanas, e Yung e Beau concordaram em combatê-lo com a mesma agressividade. Mas agora que o tumor parecia reduzir seu crescimento, talvez até mesmo encolhendo, e Beau se sentia bem, o dr. Yung tendia à cautela. Ele disse ao meu filho que eles poderiam esperar mais algumas semanas para fazer outra bateria de exames e verificar se ele precisaria de outra injeção de pembrolizumabe. Ao pisarem no freio, Yung e Lang ficaram um tanto surpresos com a reação de Beau. Ele pareceu se retrair um pouco quando recebeu a notícia. Quando chegamos a Wilmington já tarde da noite, Beau estava desanimado, embora não o demonstrasse. Quando Jimmy o deixou em casa, Beau ergueu-lhe o polegar. "Tudo bem, tio Jim. Estou ótimo. Tudo bem."

Beau não saiu da cama no dia seguinte, quinta-feira, e todos na família imaginaram que era apenas exaustão da viagem. Mas ele também não saiu da cama na sexta. Foi dominado pelo cansaço e perdeu o apetite. Howard foi à casa de Beau no sábado e o achou letárgico e sem reação. Ele tinha certeza de que Beau estava muito desidratado. Meu filho não queria ir ao hospital, então Howard lhe administrou três litros de soro para aumentar seus eletrólitos. Quando voltou no dia seguinte e o encontrou pior, Howard levou Beau ao Thomas Jefferson University Hospital, na Filadélfia. Aquilo provavelmente era o início dos primeiros sintomas graves do vírus. Beau ainda estava desidratado quando o receberam, e seus níveis de sódio estavam perigosamente baixos. Ele não conseguia manter os olhos abertos. Mal respondia. O melhor que era capaz de fazer ao responder a uma pergunta era erguer um polegar ou pronunciar um "sim" quase inaudível.

Era isso. Estávamos enfrentando a pior parte e não sabíamos quanto tempo ia durar. Os efeitos do vírus começavam a punir Beau. O inchaço em seu cérebro aumentou, e a dor teria sido insuportável, de modo que os médicos o mantiveram fortemente sedado a maior parte do tempo. Houve muita conversa em Wilmington sobre por que Beau, que anunciara sua intenção de se candidatar a governador, não comparecera aos eventos políticos importantes nos primeiros quatro meses do ano. Beau ainda queria manter sua doença longe dos olhos do público. Ele fora admitido no Jefferson sob o mesmo pseudônimo que usava no Anderson, "George Lincoln". Os agentes do Serviço Secreto se esforçavam para garantir a privacidade dele e proteger sua dignidade. Eu o visitava quando podia entrar e sair sem ser visto, mas me certificava de manter minha agenda para não chamar atenção para sua hospitalização.

Eu não estava por perto tanto quanto desejava, o que era o tempo todo, mas Howard e Doc O'Connor concordaram em ser meus olhos e ouvidos no hospital. Howard dava um pulo na UTI sempre que tinha tempo. O'Connor ficava sentado na sala durante o horário de visitas, quando Hallie ou outros membros da família estavam lá, e usava seu crachá de médico para conseguir acesso ao quarto de Beau fora do horário de visitas para lhe fazer companhia. Sempre que possível, Howard e O'Connor me telefonavam com relatórios. Beau estava sob intensa sedação o tempo todo e quase nunca consciente. De vez em quando, as enfermeiras davam a ele algo para acordá-lo, e ele fazia um sinal de positivo com o polegar — seu *Tudo bem!* não verbal — quando perguntavam como ele estava se sentindo.

Sempre que eu pensava em voz alta e dizia para O'Connor que talvez eu devesse adiar minha agenda e ficar de vez no Jefferson, ele me advertia dizendo que estávamos em meio a uma longa jornada. O primeiro-ministro do Japão visitaria em breve a cidade, eu precisava fazer um discurso importante na reunião da NAACP em Detroit, e Natalie levaria toda a sua turma da escola para uma excursão à Casa Branca e, depois, para comerem pizza no Observatório Naval. O'Connor me lembrou de que não tínhamos certeza de quanto tempo levaria para Beau se recuperar, de modo que eu precisava ser paciente e continuar cumprindo minhas metas. "Nada está acontecendo no momento, mas o informarei assim que acontecer", disse ele, "e, se for preciso, podemos trazê-lo para cá em breve."

Alguém da família estava constantemente ao lado da cama de Beau, e outros bons amigos o visitavam para dar apoio. Um dos visitantes foi Michael Hochman, um amigo de faculdade de Beau que lhe trouxe um presente. Logo após o diagnóstico, em agosto de 2013, os dois decidiram correr uma maratona, algo que nenhum deles já tinha feito. Eles treinaram juntos nas trilhas montanhosas do Brandywine State Park durante o outono e o inverno. Embora doente, Beau estava mais competitivo do que nunca, estimulando Michael. Com o tempo, porém, Beau só conseguia fazer uma corrida leve e, depois, apenas caminhar. No entanto, incentivou o amigo a continuar o treinamento sozinho, e foi o que ele fez. Michael apareceu no quarto de Beau na última semana de abril, tendo acabado de completar a maratona do Kentucky Derby Festival. Meu filho não conseguiu falar e mal manteve a consciência durante a visita. Mas Michael contou a ele sobre a corrida. "Conseguimos, Beau", disse ele, e colocou a medalha de finalização da prova sobre seu peito. Beau apertou o braço do amigo. "A medalha é mais dele do que minha", disse Michael para Val, que estava com Beau naquele dia. "Ele era o vento que soprava às minhas costas."

Não me lembro de ter contado para Barack sobre a hospitalização de Beau, mas ele deve ter percebido que havia algo errado. Com toda a discrição, o presidente se certificou de que eu soubesse que estava pensando em mim. Obama parecia estar se esforçando para me elogiar em público, especialmente em minha ausência. Quando recebeu os vencedores da Nascar Sprint Cup Series 2014 na Casa Branca, dois dias após a hospitalização de Beau, Barack falou como o trabalho em equipe era necessário para vencer campeonatos e como o sucesso deles lhe trazia à memória seu relacionamento comigo. "Química instantânea", falou. "Quando você tem um parceiro de confiança a cada passo gritando conselhos de alto nível em seu ouvido, não pode perder." Mais tarde, naquela semana, o presidente fez uma declaração extraordinariamente afetuosa sobre mim no jantar dos correspondentes da Casa Branca, embora a tivesse incluído em uma piada sobre a atual controvérsia envolvendo empresas que se recusavam a atender casais gays. "Eu brinco com o Joe às vezes", disse Barack, "mas ele está ao meu lado há sete anos. Amo aquele cara. Ele não é apenas um ótimo vice-presidente, mas também um grande amigo. Ficamos tão próximos um do outro que há lugares em Indiana que não nos servem mais pizza."

A doença de Beau me sensibilizou cada vez mais para os incríveis avanços e as novas possibilidades no tratamento do câncer, mas também fiquei dolorosamente ciente das dificuldades e dos obstáculos desnecessários em nosso sistema de saúde. Tínhamos uma equipe extraordinária de médicos no Anderson e no Jefferson, todos absolutamente dedicados a salvar a vida de Beau, mas, desde o início, enfrentamos frustrações. Por exemplo: os médicos que administraram os tratamentos de radiação no Jefferson não aderiram de pronto à ideia de receber ordens de um médico de outro hospital, embora tenhamos deixado claro que Al Yung, do M. D. Anderson, estava à frente do tratamento de Beau. E eles só concordaram com isso após Howard explicar aos radiologistas do Jefferson que eles *tinham* que ouvir o dr. Yung, ou Beau se trataria em outro lugar.

Howard era uma incrível arma secreta para Beau, e algo que todas as famílias deveriam ter: um advogado dedicado ao paciente. Ele atuou como tradutor entre os médicos — que tendem a falar em um jargão profissional quase incompreensível —, e Beau, Hallie, Hunter e o resto de nossa família. Howard também fez o que pôde para resolver os complicados problemas administrativos que toda família deve enfrentar. Um dos maiores problemas era a comunicação e o compartilhamento de informações entre os hospitais. O pacote de recuperação econômica que nosso governo adotou em 2009 incluiu quase 20 *bilhões* de dólares para ajudar hospitais e consultórios médicos em todo o país a implementarem e atualizarem seus sistemas eletrônicos de registros médicos. O problema era que não havia um software único; havia um punhado de fornecedores capazes e engenhosos atendendo os principais prestadores de serviço da área de saúde, e cada um deles possuía a própria tecnologia. O que significava que os vários sistemas eram incapazes de se comunicar entre si. (Leia-se: seus criadores não estavam dispostos a fazê-los conversar entre si.) Uma de nossas maiores frustrações durante o período de Beau no hospital da Filadélfia foi a incapacidade de os médicos e técnicos do M. D. Anderson interagirem com os médicos e técnicos do Jefferson. O dr. Yung e o dr. Lang precisavam ver os exames de imagem em tempo real, mas ambos os hospitais utilizavam sistemas diferentes, de modo que o Anderson não conseguia receber os arquivos eletrônicos dos exames de imagem do cérebro de Beau feitos no Jefferson. Ninguém queria perder um tempo precioso aguardando a chegada de um CD pelo correio, de modo que Howard e Hunter foram forçados a entrar no FaceTime com o dr. Yung e usar as câmeras de seus iPads para transmitir imagens da Filadélfia para Houston. Isso, concluí na época, era algo que precisava mudar.

Beau se manteve estável por dez ou doze dias, e havia algumas evidências nos exames de imagem de que o tumor diminuía. Seu apetite continuava ruim, então os médicos inseriram uma sonda nasogástrica. Contudo, nos primeiros dias de maio, ele começou a mostrar uma discreta melhora. Estava mais responsivo, e as enfermeiras o tiraram da cama e o ajudaram a dar os primeiros passos em quase duas semanas. Ao fim de certa tarde, quando eu estava no quarto com Beau, perguntamos a uma das enfermeiras: "Onde você mora?" Ela apontou pela janela para o outro lado do rio Delaware; a bela luz após uma chuva quente de primavera iluminava o céu. "Ali", disse ela, apontando. "Ah, que arco-íris lindo! Veja o arco-íris. No lugar onde ele termina. Minha casa fica logo ali." Então ela se voltou para Beau. "É um sinal, Beau. Um sinal de boa sorte." Tomei aquele arco-íris como um presságio. Se Beau estivesse melhorando, decidimos que ele deveria ir para Walter Reed, uma instalação militar nos arredores de Washington, onde seria capaz de reiniciar sua terapia física, de fala e ocupacional assim que se recuperasse daquela doença temporária induzida pelo vírus.

Quando "George Lincoln" chegou a Walter Reed em 5 de maio de 2015, já havia uma equipe de reabilitação à sua espera. No primeiro dia, ele recebeu a visita de um nutricionista, um fonoaudiólogo e um endocrinologista, que acompanharia seu nível de sódio nos próximos dias. Lá, identificaram uma situação potencialmente fatal. Um residente muito observador percebeu que Beau parecia estar desconfortável; aquilo acabou se revelando uma peritonite, uma infecção no abdômen no lugar onde a sonda alimentar acidentalmente se soltara. Ele foi levado às pressas para uma cirurgia de emergência que substituiria a sonda e limparia a infecção. As complicações se acumularam nas duas semanas seguintes e trouxeram mais sofrimento e dor. Meu filho era corajoso e estoico, e simplesmente continuava lutando, mas toda vez que parecia estar ganhando terreno, algo o derrubava. O tubo de oxigênio que entrava pela boca era angustiante para ele, de modo que um cirurgião realizou uma traqueostomia e inseriu o tubo de respiração na base do pescoço. Ele ficava inconsciente por longos períodos, e todo o seu lado direito estava quase paralisado. Havia acúmulo de líquido no ventrículo esquerdo do cérebro, e toda vez que os médicos o drenavam, o líquido voltava, o que significava que Beau sentia dor ou ficava desorientado quando estava consciente. Uma noite, às duas da manhã, teve uma dificuldade súbita para respirar, o que acabou por se revelar um sintoma de pneumonia, exigindo a administração de antibióticos potentes. Quando um padre católico passou pelo quarto de Beau para ver como ele estava, Jill agradeceu a visita, mas pediu que fosse embora. E que não voltasse. Ela não queria que Beau achasse que o homem estava ali para realizar a extrema-unção. De fato, não se falaria sobre aquilo.

Jill e eu lembrávamos um ao outro que os médicos haviam nos avisado que Beau ficaria muito pior antes de melhorar. Continuamos nos convencendo de que aqueles tempos difíceis eram algo esperado e de que Beau os superaria. Poderia acontecer a qualquer momento. Ainda havia esperança.

Acima de tudo, senti-me impotente. Fiz o que pude, que era estar ali sempre que possível. Na maioria dos dias, eu o visitava cedo pela manhã, antes de iniciar minha agenda oficial, e de novo à noite, quando terminava. O hospital ficava a menos de meia hora da Casa Branca e ainda mais perto de nossa residência no Observatório Naval. Quando o comboio passava pelo hospital e entrava em um beco à esquerda, eu sempre olhava para o quarto de Beau no segundo andar para ver se a luz estava acesa. Talvez ele estivesse acordado naquela noite, eu pensava. Talvez estivesse olhando para mim pela janela. Os agentes me deixavam sair do carro para entrar por uma porta lateral, onde eu era recebido por um enfermeiro do Exército que me acompanhava até o quarto. Após algum tempo, eu não precisava mais de orientação. Pensar no caminho através do labirinto para chegar até Beau se tornara parte do ritual que eu usava para me acalmar. Mesmo agora, lembro-me de cada passo e de cada curva: a caminhada em linha reta através de um silencioso corredor de mármore, a curva à direita, a passagem pelo cruzamento de dois corredores, depois à esquerda, até o elevador, e o trajeto até o segundo andar. Eu saía do elevador e virava à esquerda, então passava pelo posto de enfermagem para cumprimentar a equipe de plantão e agradecer por tudo o que estavam fazendo. Tentava não olhar para a esquerda do posto de enfermagem, onde os quartos estavam repletos de pacientes que não conseguiriam sobreviver. Meu filho não ficaria ali, dizia a mim mesmo enquanto dobrava à direita, em direção ao quarto dele. E, pouco antes de encontrá-lo, eu começava a me preparar. *Sorria*, dizia para mim mesmo. *Sorria. Sorria. Sorria.* Quantas vezes Beau me dissera: "Não fique triste, pai. Você não pode deixar ninguém ver você triste, porque isso fará com que se sintam mal. E não quero que tenham pena de mim." *Você precisa fazer a última curva com um sorriso no rosto*, eu pensava. Então fazia a curva e via Hallie, Hunter,

Jill ou Ashley ao lado da cama, segurando a mão de Beau. "Oi, filho", eu dizia com toda a alegria que conseguia reunir. "Estou aqui."

Certa noite, cheguei ansioso para contar a Beau o que acontecera na Casa Branca no começo do dia. "Beau", falei enquanto me sentava junto à sua cama, "adivinhe quem esteve no escritório hoje?" Os olhos dele estavam fechados, mas eu sabia que me ouvia. "Elton John", falei. "Lembra quando eu levava você e Hunt para a escola? Aquela música que nós cantávamos juntos, nós três, o mais alto que podíamos? 'Crocodile Rock'?" Os meninos tinham quatro e cinco anos quando a música estava fazendo sucesso, quando éramos apenas nós três. Depois que Neilia morreu, antes de eu conhecer Jill. Comecei a cantar a letra para Beau em voz baixa, para que apenas nós dois pudéssemos ouvi-la. As palavras voltaram como se eu as tivesse ouvido na véspera, mas depois dos primeiros versos comecei a ficar emocionado e não tinha certeza se seria capaz de continuar. Beau não abriu os olhos, mas, em meio às lágrimas, vi que ele sorria. Então, me recompus e continuei cantando a música até onde eu conseguia lembrar.

Na manhã de 15 de maio, os médicos analisaram os últimos exames de imagem, tentando encontrar uma maneira de aliviar a constante pressão no cérebro de Beau, enquanto eu estava preso na sala que a equipe de comunicação da Casa Branca convertera em um espaço privativo onde eu podia fazer ligações em segurança. Houvera uma nova crise no Iraque naquele dia, e aquilo precisava de minha atenção. Embora eu soubesse que era minha obrigação, pela primeira vez fiquei ressentido por ter que desviar o foco para outra coisa que não fosse Beau, mesmo que por apenas meia hora. Meu filho definhava em um quarto, e eu estava em outro, forçado a lidar com um problema a dez mil quilômetros de distância. Na noite anterior, o ISIS invadira a cidade de Ramadi, a oeste de Bagdá, sob a cobertura de uma pesada tempestade de areia. A primeira leva do grupo terrorista a atingir a capital da província de Anbar foi um comboio de veículos blindados. Muitos pareciam com um filme saído da franquia *Mad Max*, surgindo como uma visão demoníaca através da parede de areia, liderados por veículos com gigantescos arados de aço soldados à frente. Eram bombas móveis, carregadas de explosivos, com motoristas suicidas ao volante. No início do ataque, o grupo massacrara ao menos uma dezena de famílias e cinquenta policiais e combatentes. Os jihadistas já haviam assumido o controle dos principais prédios governamentais de Ramadi. O presidente do conselho provincial acusava Abadi de ter negligenciado Ramadi e de não ter cumprido sua promessa de financiar, treinar e equipar combatentes sunitas locais.

Quando Abadi telefonou para mim naquela manhã, o ISIS ainda estava no ataque... e ganhando terreno. As forças do governo na cidade não tinham como manter a posição defensiva. Abadi explicou que seus soldados simplesmente não tinham poder de fogo para deter os caminhões-bomba blindados. Ele pediu foguetes antitanque para que seus homens pudessem destruir aquelas coisas antes que estivessem em cima deles, e solicitou mais ataques aéreos. Disse-lhe que os foguetes antitanque já estavam a caminho, mas que enviaríamos mais e agilizaríamos a entrega. Garanti que eu e o presidente Obama ainda estávamos apoiando sua causa, mas que ele precisava fazer um esforço maior para tirar o dinheiro dos bancos e as armas americanas guardadas nos armazéns de Bagdá e entregá-los aos desesperados combatentes tribais sunitas nas proximidades de Ramadi. Suas forças de segurança em todo o país tinham que provar que podiam recuperar o território e, então, mantê-lo. Recuperar Ramadi, que ficava no coração sunita do Iraque, seria um teste ainda maior do que Tikrit. Mas nós o ajudaríamos.

Abadi apareceu ao vivo na televisão algumas horas depois e disse ao povo que as forças militares iraquianas defenderiam Ramadi do ISIS. Ele enviaria reforços. "As próximas horas", disse Abadi, "determinarão a vitória em Anbar." Menos de 48 horas depois, o ISIS dominava toda a cidade. Eles cercaram o centro de comando do Iraque e o atacaram com levas de homens-bomba, matando as pessoas presas em seu interior. Ao menos quinhentos soldados iraquianos e policiais locais fugiram de Ramadi em direção à segurança de Bagdá, a apenas cem quilômetros de distância, deixando para trás um enorme suprimento de equipamentos e armas valiosos.

"Todas as forças de segurança e líderes tribais recuaram ou foram mortos em batalha", lamentou um líder sunita em Ramadi. "É uma grande perda." A queda de Ramadi "representou a maior vitória para o Estado Islâmico este ano", opinou o *The New York Times*. "A derrota também revelou a estratégia fracassada do governo iraquiano."

O presidente convocou uma reunião do Conselho de Segurança Nacional em 19 de maio, e o foco foi Ramadi. O debate entre os diretores foi bastante acalorado. A visão mais pessimista era a de que nossa estratégia corria sério risco, porque as tropas iraquianas careciam de ímpeto. Poderíamos lhes fornecer treinamento militar, equipamentos e armas e realizar os ataques aéreos, mas não podíamos dar aos soldados iraquianos a coragem para avançarem, tomarem o território do ISIS e mantê-lo. Essa tinha sido uma preocupação constante de Obama desde o início da campanha contra o ISIS no Iraque. O projeto estava repleto de riscos desde o início, e o presidente nunca recebeu informações suficientemente sólidas para ter certeza de suas decisões. Um ano antes, ele tinha receio de se envolver demais. Sentia como se tivéssemos nossos dedos em uma represa, sem uma avaliação adequada do poder de fogo do outro lado. Poderíamos conter o Estado Islâmico? Poderíamos controlar a guerra? Poderíamos controlar suas consequências? O presidente estava disposto a montar uma coalizão para ajudar, mas achava improvável que tivesse sucesso sem ter como parceiro uma força de combate iraquiana legítima. E, embora a Peshmerga curda e as milícias apoiadas pelo Irã tivessem recuperado algum terreno nas áreas que cobiçavam, antes de maio de 2015 havia poucas evidências de que as forças de segurança do Iraque estavam dispostas ou eram capazes de recuperar e manter o território sunita principal.

Havia, porém, uma grande diferença agora; o presidente tinha um fio de esperança ao qual se agarrar. Abadi derrotara o ISIS em Tikrit havia apenas seis semanas e o fizera com uma força não sectária. Quando, a meu pedido, o primeiro-ministro chegou a Washington duas semanas após a vitória em Tikrit para uma longa conversa com o presidente, acho que Barack viu em Abadi o que eu vira. Ele era um parceiro que valia a pena apoiar.

O plano apresentado ao presidente Obama por seus principais assessores em 19 de maio, dois dias após a queda de Ramadi, exigia uma difícil decisão. Precisávamos envolver as forças tribais sunitas na luta, enfatizaram nossos colegas dos departamentos de Estado e Defesa. Isso exigia o envio de algumas centenas de conselheiros e efetivos de operações especiais até a base aérea de Taqaddum, a 24 quilômetros de Ramadi, para ajudar a mobilizar, treinar e armar tribos sunitas próximas e trabalhar com o Exército iraquiano e as tropas de elite de Abadi para coordenar a contraofensiva em Ramadi. Meu conselho era dar a Abadi a ajuda necessária para enfrentar o ISIS de frente.

Tive a sensação de que o presidente via a lógica da estratégia e estava inclinado a segui-la, mas também estava preocupado com nossa capacidade de proteger as centenas de americanos operando em uma base aérea isolada nas proximidades de grupos apoiados pelo Irã, na periferia de Anbar, controlada pelo ISIS. "Joe", me perguntava o presidente em particular, "o que acontecerá se eles capturarem vinte de nossos homens e os decapitarem? Que diabos faremos, então?" Ele não queria que nossos militares fossem arrastados de volta ao Iraque em grande estilo. E mesmo que a contraofensiva de Ramadi tivesse sucesso, havia alguma garantia de que os iraquianos poderiam manter e governar a cidade depois que fosse libertada? Não foi uma decisão fácil. Mas o presidente Obama concordou em tomá-la.

* * *

Algo de bom finalmente estava acontecendo com Beau. No dia em que Ramadi caiu, ele saiu da cama para algo parecido com fisioterapia. Conseguiu ficar de pé, com a ajuda dos enfermeiros, por cinco minutos. "Foi um bom dia", registrou Doc O'Connor. Natalie e Hunter foram ver o pai no dia seguinte. Dois dias depois, um cirurgião fez um procedimento que finalmente pareceu aliviar a maior parte da pressão no crânio de Beau. Ele estava ficando cada vez mais alerta. O'Connor me disse que vira Beau movimentar o braço direito, há muito tempo paralisado, e, então, a coxa direita. No dia seguinte, ele estava forte o bastante para se sentar em uma cadeira de rodas motorizada e dar uma volta pelo posto de enfermagem. Beau parecia consciente do que estava acontecendo à sua volta, acenando com a cabeça em resposta a perguntas e cumprimentando as pessoas. Hallie conseguiu permissão para levá-lo a um passeio do lado de fora, onde meu filho pôde sentir o sol no rosto pela primeira vez em duas semanas e meia. Sete semanas após a injeção do vírus vivo, parecia que Beau enfim começava a sair do buraco negro.

Barack me convidou para jogar golfe naquele sábado. Ele estava preocupado comigo, explicou, e esperava me distrair por algumas horas. Jill me incentivou a ir. Afinal, parecia que as coisas estavam melhorando. A pior parte é que nem lembro se fui ou não.

Uma semana após a queda de Ramadi, o secretário de Defesa Ash Carter foi à CNN e criticou o Exército iraquiano. "O que aparentemente aconteceu foi que as forças iraquianas simplesmente não demonstraram vontade de lutar", disse Carter em uma entrevista que foi ao ar no domingo, 24 de maio, no *State of the Union*. "Eles não estavam em menor número. Na verdade, superavam em muito a força do inimigo. E, no entanto, abandonaram a luta." Isso refletia o ceticismo compreensível que algumas pessoas em nosso governo tinham em relação à disposição do Iraque para derrotar o ISIS. Mas eu gostaria que ele não tivesse dito aquilo.

Quando minha equipe me informou que havia um telefonema para o primeiro-ministro Abadi agendado para a manhã seguinte, que era o Memorial Day, não fiquei surpreso. O embaixador Jones e o enviado especial McGurk entraram em contato com as autoridades iraquianas, que disseram que Abadi ficara magoado com a declaração de Carter e temiam que o Iraque estivesse prestes a ser abandonado pelos Estados Unidos. Não era difícil imaginar o que Abadi estava sentindo naquele momento. Quando ele disse aos repórteres que "a perda de Ramadi faz meu coração sangrar", eu sabia que suas palavras eram sinceras. Todos os conselheiros da equipe concordaram que minha principal tarefa no telefonema daquela manhã era a de reforçar minha fé em Abadi. Ele estava sob enorme pressão, e eu queria ter certeza de que ele acreditaria quando eu dissesse que ainda estávamos ao seu lado. Eu sabia como Ramadi era difícil, tendo estado na área em 2006, quando o precursor do ISIS no Iraque, a Al-Qaeda, controlava a cidade. Milhares de soldados e fuzileiros navais dos Estados Unidos, os homens e as mulheres mais capazes do mundo, lutaram como o cão por quatro meses para reconquistar a cidade. Setenta e cinco soldados americanos e um número incontável de iraquianos foram mortos naquela batalha. E, por observar Beau, eu também sabia o tipo de coragem necessária para travar uma batalha árdua e assustadora contra um inimigo cruel e impiedoso. Sabia como era importante ter um apoio verdadeiro.

O primeiro-ministro foi gentil durante o telefonema daquela manhã. Não perdi tempo lembrando-o sobre o que ele precisava fazer. Abadi já sabia muito bem. Simplesmente lhe disse que reconhecia e apreciava os incríveis sacrifícios dos soldados iraquianos. Garanti que as armas e os equipamentos que prometêramos ainda estavam a caminho. Mais importante: assegurei-lhe que, apesar da declaração do secretário Carter, nosso governo não perdera a fé nele. Continuamos comprometidos em ajudá-lo a mudar o rumo das coisas, porque ainda acreditávamos que ele era capaz de fazer isso. Também afirmei, como fizera anteriormente, que ele era um verdadeiro líder, um homem de coragem física e política.

Havia apenas outro pequeno evento público em minha agenda no Memorial Day antes que eu pudesse ir até Walter Reed passar o feriado ao lado de Beau. Eu estava ansioso para encontrá-lo, em parte para ver se havia mais sinais de melhora e em parte porque não conseguia tirar da cabeça o sonho que tivera na noite anterior. Beau aparecera para mim, completamente curado, seu antigo eu restaurado. A imagem era vívida e parecia muito real. Beau estava ao longe, terminando uma de suas corridas diárias pelos terrenos da escola Tatnall, contornando o lago nos fundos de nossa casa. Eu tentava desesperadamente encontrar Jill ou outro membro da família, para compartilhar a incrível notícia. "Eu vi Beau correndo!", queria gritar. "Eu vi Beau correndo!"

CAPÍTULO NOVE

Vocês têm que contar a verdade a eles

Ao chegar ao Walter Reed no Memorial Day à tarde, achei que Beau estava em melhores condições do que nas semanas anteriores. A cada hora, parecia mais consciente e responsivo. Médicos diziam que talvez o problema principal enfim estivesse sendo contido: a pressão causada pelo acúmulo de líquido cefalorraquidiano no ventrículo lateral esquerdo do cérebro. Ventrículos produzem, reabsorvem e drenam esse líquido para manter o equilíbrio cerebral, mas o sistema de Beau não fazia direito essa função. Doc O'Connor sugeriu que poderia haver um acúmulo de células cancerígenas mortas que entupiriam o canal de drenagem, como folhas em um ralo. Alguns dias antes, os neurocirurgiões do Reed realizaram um procedimento que parecia enfim ter aberto o caminho. O ventrículo esquerdo de Beau se mostrava desobstruído e em processo de encolhimento. E os fluidos drenados não exibiam sinais de células cancerígenas. Pesquisadores médicos da enfermaria davam especial atenção ao seu progresso e se mostravam empolgados de verdade com a possibilidade de estarem presenciando o primeiro êxito do tipo no tratamento do glioblastoma — esta nova combinação do vírus vivo com o anticorpo anti-PD-1.

Manter os níveis dos fluidos no sistema ventricular equilibrados e diminuir a pressão no cérebro de Beau era crucial para lhe proporcionar o alívio da dor e momentos de clareza. Também era crucial para nos dar esperança. A questão agora era de vida ou morte, e as emoções estavam à flor da pele. Hallie, Jill, Ashley e eu sabíamos a importância de manter o equilíbrio do líquido cefalorraquidiano e o checávamos quase que de hora em hora, oscilando entre a esperança e o desespero. Sabíamos também que, devido à natureza experimental do tratamento por vírus vivo e anti-PD-1, era importante Al Yung e Fred Lang poderem inspecionar a calibragem. Por isso os médicos do Reed drenavam todo dia o sistema ventricular de Beau e repetiam a tomografia para enviar ao M. D. Anderson. No entanto, os obstáculos à transferência de dados entre profissionais de hospitais diferentes persistiam. Como no Jefferson, os técnicos do Walter Reed não eram capazes de transmitir as tomografias com rapidez e perfeição ao M. D. Anderson. Howard e Hunt, portanto, tiveram, mais uma vez, que dar um jeito de fotografá-las ou filmá-las com seus celulares ou tablets pessoais para enviá-las a Yung e Lang. Em algumas ocasiões eu os via praguejar contra esse sistema desumano, pois principalmente agora, um momento em que Beau sofria de verdade, a perda de um dia, uma hora, um minuto sequer representava uma tremenda angústia para todos da família. *Meu Deus*, pensava comigo mesmo, *tem que haver uma maneira melhor.* Eu precisava fazer algo a respeito.

E mesmo assim, apesar desta realidade angustiante, ainda víamos sinais de uma guinada positiva.

Naquela noite e na noite seguinte, Jill e eu conseguimos levar Beau de cadeira de rodas para tomar um ar lá fora. Para fins de maio, até que a temperatura estava agradável: 26 graus ao cair da noite, com uma brisa levemente refrescante. Eu sabia que ele sentia dor; dava para ver em seus olhos. Mas ele parecia melhor. De vez em quando assentia, sorria ou levantava o polegar. As nuvens começavam a adquirir o colorido do crepúsculo quando comecei a me lembrar de Beau na infância, sentado na varanda do meu quarto a contemplar o céu acima das árvores e o pôr do sol. "Olha, pai", dizia ele quando o sol descia atrás da copa das árvores. "Está desaparecendo."

No início da tarde seguinte, a caminho de um discurso na Brookings Institution, eu me sentia um pouco mais animado, pois Beau parecia estar melhorando. O assunto da minha fala naquele dia era a Ucrânia, que estava em crise. Nos três meses subsequentes ao segundo acordo de Minsk, Putin mantivera pressão constante sobre o país vizinho. Continuava a trabalhar de maneira incessante para desestabilizar a economia ucraniana, e o governo russo não recuara em sua artilharia pesada nem retirara as tropas. Na verdade, sabíamos que o líder russo destacara nada menos que dez batalhões completos, além de sistemas de defesa aérea, apenas para a área próxima à fronteira, em Rostov. Dois soldados rasos russos haviam sido feridos e capturados em combate *dentro* da Ucrânia dez dias antes. Separatistas apoiados pela Rússia — acompanhados por soldados russos — continuavam a realizar ataques esporádicos e mortais. E não davam qualquer sinal de recuo. Em uma reunião duas semanas antes, Putin havia desdenhado da lembrança do secretário de Estado John Kerry de que os russos precisavam parar de treinar e armar os separatistas ucranianos e retirar as tropas da fronteira.

O presidente da Ucrânia, Petro Poroshenko, fazia o melhor que podia para impedir que seus soldados na linha de frente respondessem às provocações de separatistas e seus apoiadores russos em solo, mas o cessar-fogo nunca se sustentou de fato. E, no entanto, diante da agressiva campanha de Putin para dividir a Ucrânia, Poroshenko conseguia não apenas sustentar seu governo, mas também torná-lo mais transparente. Nos três meses anteriores, eu falara por telefone quase toda semana com ele ou com seu inquieto parceiro de governo, Arseniy Yatsenyuk, incentivando-os a pôr o patriotismo acima das ambições pessoais. Juntos, o presidente Poroshenko e o primeiro-ministro Yatsenyuk deram os primeiros passos rumo a importantes reformas políticas: o governo já estabelecera uma secretaria nacional anticorrupção, e Poroshenko nomeara seu primeiro diretor. Fazíamos o que estava a nosso alcance para ajudar. Com nossos aliados europeus, ampliamos as sanções econômicas contra a Rússia e repassamos à Ucrânia o equivalente a 75 milhões de dólares em maquinário militar não letal: veículos blindados, equipamento de comunicação, drones para vigilância e radares contra morteiros. Mesmo assim, na última semana de maio, Putin ainda não havia retirado suas tropas da fronteira. Continuava em estado flagrante de violação do acordo que assinara.

As notícias no dia do meu discurso na Brookings sugeriam que Putin estaria pronto para dar um passo adiante e submeter a uma prova de fogo a determinação da Otan, da União Europeia e dos Estados Unidos. Um correspondente da Reuters havia acabado de retornar de um acampamento militar russo a cinquenta quilômetros da fronteira com a Ucrânia, onde testemunhara a chegada de quatro carregamentos diferentes de equipamento militar e tropas. "As armas que chegam ao local incluem lançadores múltiplos de foguetes Uragan, tanques e obuseiros autopropulsionados", dizia sua reportagem. "A quantidade de maquinário militar na base era três vezes maior do que em março deste ano, quando os jornalistas da Reuters tiveram acesso à área pela última vez."

A outra notícia ameaçadora era a de que Putin estaria a ponto de assinar um decreto proibindo a divulgação de mortes russas durante "operações especiais" em tempos de paz — como já ocorria em períodos de guerra fazia tempo. Putin queria esconder qualquer evidência de mortes em combate em território ucraniano porque dois terços da população russa se opunham à ideia de sacrificar seus soldados para recuperar pedaços da Ucrânia. "Certos observadores só enxergam uma razão plausível para a mudança", observou o *The Washington Post*. "A Rússia estaria se preparando para outra incursão militar na Ucrânia."

Eu não pouparia palavras nesse discurso, pois sabia que todos nos Estados Unidos e na Europa estariam prestando atenção. Teríamos que aumentar as sanções aos agressores russos. Teríamos que discutir com seriedade sobre fornecer aos ucranianos armas com as quais pudessem se defender. Mais do que isso, porém, era hora de mostrar que Putin era um agressor e lembrar a todos que o Ocidente estava pronto para enfrentar esse tipo de líder. "Chegamos a um outro momento na história do relacionamento transatlântico que exige liderança, do tipo que as gerações de nossos pais e avós exerceram", declarei naquele dia para o grupo reunido na Brookings e o mundo. "Creio que o terreno nos é fundamentalmente favorável. Não por causa da inevitabilidade de qualquer tipo de trajetória rumo à unificação, à integração ou às liberdades democráticas. Todas as gerações têm seus demagogos e revisionistas, e as transições são cheias de riscos que lhes garantem muitas, muitas oportunidades.

"O que me deixa otimista é o fato de que a visão do presidente Putin tem muito pouco a oferecer ao povo europeu — ou ao da Rússia — a não ser por mitos e ilusões, a falsa promessa de retorno a um passado que, se analisarmos bem, não foi tão bom assim. Um truque usado para oprimir sociedades civis, dissidentes e gays passa como se fosse sinônimo de uma liderança forte e de instituições funcionais. Uma propaganda que confunde agressão com força."

Naquela noite, quando retornei ao Walter Reed, Beau ainda parecia estar melhorando.

Ele teve uma noite ruim na quarta-feira. Na tarde de quinta, quase não esboçava reações. Não assentia, não estendia a mão para um cumprimento, nada. Todos rezamos para que fosse apenas mais um revés temporário e Beau saísse daquela situação — e melhorasse cada vez mais. Alguém da equipe médica foi ao quarto dele para agendar uma reunião para a manhã do dia seguinte, quando os médicos informariam à família o quadro de Beau e os prognósticos. Haveria novas tomografias para checar. Achei que as imagens provavelmente mostrariam um acúmulo maior de líquido cefalorraquidiano. Bastaria drená-lo, e Beau estaria pronto para outra.

Às dez da manhã de sexta-feira, toda a família se reuniu em uma longa e estreita sala de conferências. Os médicos do Walter Reed se sentaram de um lado, e a família, do outro. Havia um telefone viva-voz em cima da mesa para que a equipe do M. D. Anderson também pudesse trazer suas contribuições. Os médicos, entre eles Doc O'Connor e Howard, marido de Ashley, certamente haviam conversado e pareciam bem alinhados em sua mensagem: não gostaram do que viram. Em apenas dois dias, as tomografias pioraram muito, mas os médicos não sabiam se era ação do vírus ou do tumor.

Eu ainda buscava uma maneira de passar por aquilo e chegar ao outro lado com Beau vivo. Acredito que o restante da família também. Após cerca de 45 minutos, um dos médicos do Walter Reed terminou dizendo que talvez valesse a pena esperar por mais um ou dois dias e ver o que acontecia. Deixamos a sala de conferências e cruzamos o corredor de volta ao quarto de Beau esperançosos, agarrando-nos à ideia de que ele poderia se livrar de mais aquela provação. Foi quando ouvimos a voz de Howard atrás de nós. "Precisamos voltar", declarou, guiando-nos até a sala de conferências de novo. "Vocês têm que contar a verdade a eles", disse Howard aos médicos ali reunidos. Eles disseram que o processo em curso no cérebro de Beau já não era mais reversível. Não havia como salvá-lo. "Ele não vai se recuperar."

Estas foram as cinco palavras mais devastadoras que já ouvi na vida. "Ele não vai se recuperar." Mas, pelo amor de Deus, eu ainda queria acreditar que talvez — talvez — algo ocorresse.

Hallie perguntou a Howard se deveria trazer as crianças na segunda-feira. Sua resposta foi não, não era para trazer as crianças. Naquela noite, os pais dela vieram de Wilmington com Natalie e Hunter. Os dois seguiram pelos corredores do hospital sorrindo, como se aquela fosse só mais uma visita. Hallie trazia os filhos pela mão, passando em frente à sala da enfermagem rumo ao quarto de Beau. Os agentes do

Serviço Secreto, muitos dos quais protegiam nossa família havia mais de seis anos, estavam de cabeça baixa, olhando para o chão de mármore, ou virados para o lado, de modo que ninguém os visse chorando enquanto Natalie e Hunter passavam.

Ninguém foi para casa naquela noite. A esposa e as filhas de Hunter foram para o hospital ficar conosco. Minha irmã Val, seu marido Jack, meu irmão Jim e sua esposa Sarah estavam conosco também. Minha sobrinha Missy, que crescera com Beau, também foi ao nosso encontro. E todos esperamos juntos. Hunter e Howard deram uma saída rápida por volta das sete da noite e foram comprar comida para a família. E pouco depois a respiração de Beau perdeu a força, foi ficando extremamente débil e então pareceu parar. O monitor não registrava as batidas do seu coração. Hunt e Howard voltaram correndo e, ao chegarem, nos encontraram reunidos ao redor de Beau. Hunt se aproximou, se abaixou para beijá-lo e pôs a mão sobre o peito do irmão. Howard olhou para o monitor. "Olha", disse ele. O coração de Beau havia voltado a bater.

Mas não por muito tempo.

30 de maio, 19h51. Aconteceu, registrei em meu diário. *Meu Deus, meu menino. Meu menino lindo.*

Jill e eu chegamos em casa, em Delaware, no *Air Force Two*, por volta das oito da noite de domingo, quase exatamente 24 horas depois da morte de Beau. O general Frank Vavala, comandante da Guarda Nacional de Delaware, onde Beau havia servido, nos esperava na pista com a esposa. Quando chegamos até eles, os dois choravam sem parar. "Amávamos Beau", disse ele. Jill e eu ficamos por lá quase cinco minutos tentando consolá-los, e, quando enfim entramos no carro e fomos embora, vi o general ainda parado, empertigado, em posição de sentido. Aos prantos.

Jill quis ir ao nosso cais assim que chegamos em casa. Descemos a encosta do morro com Champ e caminhamos até a margem do lago.

Aquele era um dos dias mais longos do ano, e o céu ainda estava claro quando nos sentamos e Jill avistou uma garça branca na margem oposta. Falou que estar em um lugar que Beau amava tanto a fazia se sentir mais conectada com o filho. Contou-me que, em dado momento, nas horas finais, ela se abaixou e sussurrou no ouvido dele: "Vá para um lugar feliz, Beau. Vá para o cais, com Hunter." Observamos a garça por vinte minutos até ela alçar voo. Ficamos em silêncio enquanto ela voava sobre nós dois repetidas vezes, ganhando altitude aos poucos até tomar a direção sul, sob as nuvens, e sumir de vista. "É um sinal de Deus", disse Jill. "Beau esteve no lago uma última vez e agora vai para o céu."

Jill foi para a cama logo depois e fiquei sozinho na antessala do quarto de dormir, cujo papel de parede acabara de ser trocado. O serviço deixara o local ainda bagunçado, com móveis arrastados para os cantos e livros e lembrancinhas amontoados em pilhas ou caixas abertas bem no meio do aposento. Pedi a dois agentes do Serviço Secreto que me ajudassem a colocar de volta no lugar a escrivaninha de Jill e minha cômoda, mas aquela tarefa foi concluída rápido demais. Precisava de algo para manter minha mente ocupada até conseguir dormir e comecei a esvaziar algumas das caixas e colocar os livros de volta nas prateleiras — metodicamente, organizando por tema. A última caixa que abri guardava algumas páginas de álbuns e velhas fotos de família. A que estava no alto da pilha voou e me abaixei para pegá-la; era um retrato colorido de Beau. Devia ter oito ou nove anos, estava de tênis e short, casaco e boné de beisebol, e caminhava entre as sebes da Station, a casa que comprei logo após a morte de Neilia. Foi onde os meninos e Ashley foram criados. Na foto, Beau caminhava à minha frente, olhando por cima do ombro, sorrindo e acenando. Naquele momento, desmoronei. Fazia pelo menos trinta anos que não via aquela foto, mas era a idade com que sempre o enxergava na mente. Sempre sorrindo para mim, com aquele olhar de confiança.

Meu Deus, foi o pensamento que me abateu naquele momento, *que saudade já sinto dele*. Beau sempre me afastava os medos. Ele e Hunter salvaram minha vida quarenta anos atrás, depois que Neilia e Naomi morreram no acidente de carro. E agora, como eu ficaria? Desde a infância deles, eu enxergava meus dois filhos como uma fonte de confiança e coragem. "Vai ficar tudo bem, pai", diria ele. "Eu não vou sair daqui." *Como isso soa absurdo*, pensei. *Um homem adulto, crescido, que passou a vida toda tentando espalhar coragem e força moral, precisar do encorajamento dos filhos.* Quase ouvia a voz de Beau a dizer: "Olha para mim, pai. Lembre-se. Lembre-se de *sua base*."

Sou uma figura pública há quase cinquenta anos, o que significa que meus filhos e netos foram parte de uma família pública ao longo da vida toda. Todos sabiam, sem eu nem precisar dizer, que nossa atitude na semana seguinte, a forma com que nos despediríamos de Beau, faria uma tremenda diferença. Ele também era um homem público — uma figura amada e respeitada em Delaware —, e por isso teria que ser celebrado, e chorado, em público. Já havia um cronograma sendo montado. Na quinta-feira, iríamos todos de carro até Dover, capital do estado, levando seu corpo em um caixão coberto por uma bandeira até a assembleia legislativa, onde ocorreria uma cerimônia de quatro horas em sua homenagem. Então voltaríamos de avião para Washington à noite, a tempo da formatura de Maisy Biden no fundamental II. Sexta-feira de manhã, em Wilmington, teríamos a formatura de Natalie, filha de Beau, no fundamental I, seguida de uma missa privada para a família em nossa paróquia, St. Joseph's, em Brandywine, e de uma vigília pública na paróquia de St. Anthony's, no coração de Wilmington. Sábado foi o réquiem, também em St. Anthony's, seguido do enterro no mausoléu de nossa família. Ao longo de todo o planejamento, eu mantinha em mente círculos concêntricos de obrigações — obrigações para com Beau, sua esposa e seus filhos, minha esposa e meus outros filhos, meus outros netos, meus irmãos e minha irmã, minha família estendida, meus amigos, mas também para com todos os que estiveram nas vigílias ou no enterro, ou que os viram na TV, alguns desses eventos transmitidos para o país inteiro. Eu acreditava ser meu dever cívico mostrar aos milhões de pessoas que viviam aquela mesma realidade terrível que era possível assimilar uma perda significativa e sobreviver. Minha família e eu tínhamos a obrigação de mostrar perseverança.

Hallie, minha irmã, Hunter e eu planejamos praticamente cada passo dos dias seguintes. Fizemos mapas e diagramas de por onde iríamos passar, nos sentar e ficar de pé. Mas, ao nos entregarmos à tarefa, reparei que Hunter, determinado a honrar os desejos de Beau, tomou a frente. Sabia como o irmão gostaria de ser lembrado — como marido, pai, homem público disposto a servir a *todos* e soldado — e mostrava-se determinado a incutir na celebração a própria essência da vida de Beau. Chamou pastores protestantes, um rabino e um clérigo muçulmano e os convidou para subir ao altar junto ao cardeal e aos padres católicos; certificou-se de conferir à brigada da Guarda Nacional um lugar na cerimônia e providenciou um carro fúnebre puxado a cavalo para transportar o caixão do irmão pelas ruas de Wilmington, ladeado por uma guarda de honra militar e pela polícia que, na condição de procurador-geral, Beau havia liderado. Hunt selecionou um coral afro-americano para dotar a cerimônia de música celebratória e gaitas de foles para acrescentar o lamento fúnebre irlandês.

O toque final foi um presente especial de Hallie para as crianças. Certa tarde, no carro, uma canção do Coldplay tocou na rádio. "É a favorita do papai", disse Hunter, de nove anos. Àquela altura, ele havia se apossado do iPod do pai, e Hallie reparou que o menino ouvia "'Til Kingdom Come" sem parar. Ela então ligou para Beth Buccini, cujo marido, Robbie, era o melhor amigo de Beau e conhecia o vocalista do Coldplay, Chris Martin, que concordou em vir de Londres para cantar a música na missa. Robbie Buccini generosamente se ofereceu para pagar por todas as despesas de viagem.

Barack se oferecera para fazer o tributo principal a Beau, e aceitamos sua oferta. O general Ray Odierno, comandante de Beau no Iraque, também aceitou discursar. Já então chefe do Estado-Maior das Forças Armadas, ele havia nos telefonado dois dias depois da morte de Beau para perguntar se poderia ir ao enterro com a esposa. "Eu realmente esperava ver Beau à frente do país um dia", disse ele. Achei melhor que Ashley e Hunter falassem em nome da família. Deveria caber a eles tomar a frente e fazer o tributo ao irmão. E os dois concordaram. Mas apesar do meticuloso planejamento, ao sairmos todos para o primeiro evento público, ninguém na família tinha a menor ilusão de que seria fácil.

Quando tudo enfim terminou, na noite de sábado, 6 de junho, sentei-me sozinho na biblioteca. Beau falecera havia uma semana, mas eu ainda conseguia sentir sua presença. *Ainda não parece real*, escrevi em meu diário naquela noite. *Eu estava tão determinado a honrar de forma digna e poderosa a memória de Beau que não quis prestar atenção na enormidade, no buraco negro em meu peito a me puxar para dentro. Ao focar em Hunt e Ash, consegui fingir que Beau ainda estava ali. Ainda hoje, com a exceção da canção "Bring Him Home", pus Beau no meio de tudo, como se ele e eu estivéssemos à frente disso juntos.*

Ao refletir sobre os três dias anteriores, tive lampejos do imenso orgulho que sinto do meu filho e da minha família; uma consciência de dever cumprido a perpassar o muro do meu luto. Beau "importava-se profundamente com todos os seres humanos e sempre tratava a todos com dignidade e respeito", dissera o general Odierno em seu discurso no funeral. "Tinha um carisma natural que é para poucos. As pessoas o seguiam de bom grado, confiavam por completo em seu julgamento e acreditavam nele." Eu ainda estava emocionado pela disposição de Barack a baixar a guarda e fazer transparecer a profundidade de sua emoção no tributo a Beau. Já havíamos passado por muita coisa juntos, mas, naquele dia, me senti mais próximo do presidente e mais grato por sua amizade do que nunca. "Michelle, Sasha, Malia e eu nos tornamos parte do clã Biden, somos membros honorários agora", disse ele. "E vale a regra da família Biden: estamos sempre aqui para vocês. E sempre estaremos. É minha palavra como membro da família Biden."

Quando Ashley e Hunt subiram ao altar, o silêncio na congregação foi absoluto. Todos os presentes tinham noção da profunda perda que os dois sentiam, e eu sabia por experiência própria como é difícil fazer o tributo a alguém amado. Sua dor era imensa, e manter a compostura exigia uma coragem extraordinária. Nunca tive tanto orgulho do meu filho e da minha filha. Ao falarem do irmão, sentia-se algo quase sagrado — como se tivessem o desejo de eternizar a própria Trindade. "É impossível falar sobre Beau sem falar sobre Hunter", disse Ashley aos presentes, em um discurso que ela mesma insistiu em escrever. "Hunter era o vento que sustentava as asas de Beau. Hunt lhe deu coragem e confiança para voar [...] Não havia uma decisão que ele tomasse sem consultar Hunter primeiro, não passavam um dia sem se falar, nenhuma estrada onde não fossem copilotos um do outro. Hunter era o confidente de Beau. Sua casa.

"Quando nasci, fui recebida de braços abertos e protegida tanto por Beauy quanto por Hunty, como os chamei com carinho por toda a vida. Os meninos me batizaram. Eu era deles e sentia que eles eram meus."

Hunter ficou ao lado de Ashley enquanto ela falava. Quando foi a vez dele de pegar o microfone, Ashley permaneceu ao lado do irmão conforme ele fazia os agradecimentos em nome de toda a família. "Minha lembrança mais antiga é a de estar em uma cama de hospital junto com meu irmão", começou Hunter, rememorando os dias em que se recuperavam juntos do acidente de carro que levara sua mãe e sua irmã. "Eu tinha quase três anos. Lembro-me do meu irmão, um ano e um dia mais velho, segurando minha mão, olhando no fundo dos meus olhos e dizendo 'te amo, te amo, te amo' dezenas de vezes. E nos 42 anos que se passaram desde então, ele nunca deixou de segurar minha mão, nunca parou de dizer o quanto me amava. Mas minha mão não foi a única que Beau segurou. Era dele a mão a que todos recorriam em momentos de necessidade. Era dele a mão que pegava a sua antes mesmo de você pedir." Hunter falou por quase 25 minutos sobre a jornada de Beau pela vida e todas as pessoas que ele tocou. Capturou perfeitamente a essência do irmão. Ele concluiu: "Tantas foram as mãos que ele segurou. Sobreviventes de abusos, pais de seus irmãos e irmãs de uniforme que faleceram em combate, vítimas de crimes violentos em sua amada cidade de Wilmington. Esta é a história do meu irmão; neste exato momento, há milhares de pessoas contando estas histórias. Uma mesma história, sobre quando Beau Biden lhes segurou a mão. Só me gabo de uma coisa: ele segurou a minha mão primeiro...

"E tudo terminou da forma como começou. Sua família ao redor, todos segurando sua mão com firmeza, desesperadamente. Cada um de nós a dizer: 'Te amo, te amo, te amo.' E eu segurei a mão dele, e ele deu seu último suspiro. Sei que fui amado. E sei que a mão dele jamais largará a minha."

Fui abençoado com uma família magnífica. Lembro-me de pensar em como fomos afortunados por poder contar uns com os outros, fisicamente, durante os três dias de cerimônias públicas. Quando um de nós fraquejava ou começava a perder a compostura, sempre havia alguém ao lado para dar apoio. "Vem cá, pai", disse Hunter quando reparou que eu estava olhando para o teto e meus ombros começavam a tremer. É uma bênção poder compartilhar a sensação do luto, ter gente amada por perto para ajudar a absorver o pior da dor. Hoje, porém, compreendo que ninguém é capaz de apagar a dor por completo, não importa o quão próximo seja de nós. Há momentos em que cada um precisa segurar esse fardo sozinho, à sua maneira. As pessoas realmente capazes de constatar isso são aquelas que também carregam seus próprios fardos. E elas são outra fonte verdadeira de consolo. De todos os telefonemas e todas as visitas recebidos naquela semana difícil, de todos os pêsames e todas as mensagens de apoio de milhares de pessoas que chegavam até nós, uma se destacou. Foi na vigília pública em St. Anthony's, no dia anterior ao réquiem. Eu, Jill e o restante da família já estávamos havia horas ao lado do caixão, enquanto milhares de amigos, conhecidos e apoiadores faziam fila. Veio gente de todos os cantos do país — incluindo profissionais de enfermagem do Walter Reed e do Jefferson —, mas a maioria era de Delaware. Nosso estado natal é pequeno, e passei muitos anos lá, então reconhecia o rosto da maioria dos presentes, se não seus nomes. Contudo, em dado momento, ao olhar para a fila, vi se aproximando Wei Tang Liu, pai do policial sino-americano morto em serviço em Nova York cinco meses antes. Ele e a esposa haviam dirigido por três horas de Brooklyn até Wilmington e ficado de pé por horas em uma fila que se estendia por vários quarteirões até chegar à igreja e passar ao lado do caixão de Beau.

Wei Tang Liu não tentou dizer nada. Nem eu. Ele ainda não falava bem o inglês, assim como eu ainda não sabia cantonês. Apenas veio em nossa direção e me deu um abraço. Significou muito para mim o abraço de alguém capaz de entender o que eu estava vivendo. Ele me abraçava em silêncio, sem me largar. Não era por causa dele, como na vez anterior em que nos encontramos. Era por minha causa. "Obrigado", foi tudo o que pude dizer. "Obrigado. Obrigado. Obrigado."

CAPÍTULO DEZ

Você pode ficar?

Eu já havia estado naquela situação e sabia o que esperar. De início, o choque gera uma espécie de torpor, que depois se esvanece. É quando a dor se instala e fica mais aguda. A ferida é uma presença física e nunca some. Assim como na perda de Neilia e Naomi, 43 anos antes, a sensação era de haver um minúsculo buraco negro no meio do meu peito. E eu sabia que, se não tirasse aquilo da cabeça, ele cresceria até ameaçar sugar todo meu ser. Em dados momentos parecia ser mais fácil desaparecer naquele vazio, em sua misericordiosa *ausência* de dor. Lembro-me de passar meses sem conseguir respirar profundamente. Minha fé me proporcionou certo refúgio. Sempre encontrei conforto no ritual associado ao catolicismo que sigo. O rosário me tranquiliza. É quase como uma meditação para mim. E a missa é um lugar em que compareço para estar comigo mesmo, não importa quantas pessoas estejam na congregação. Sempre me sinto sozinho, apenas eu e Deus. Quando rezo, percebo que o faço não apenas a Deus, mas a Neilia e à minha mãe para intercederem por mim junto a Ele. É uma forma de lembrar que elas ainda são parte de mim, ainda estão dentro de mim. E nas primeiras horas depois de perdermos Beau, comecei a falar com ele também. Foi minha forma de lembrar que ele também ainda estava comigo.

Ashley captou a verdade e a necessidade desse conceito no fim de seu tributo. "Você vai estar conosco em cada decisão que tomarmos em momentos de tristeza e dificuldade, de celebração e alegria", disse ela sobre Beau, e sei que falava diretamente para mim e para o restante da família. "Vamos enxergá-lo onde estivermos, na beleza da natureza, em um sorriso de estranhos e em seus lindos filhos, de quem cuidaremos da mesma forma como você cuidou de todos nós. Você esteve gravado em cada fibra do nosso ser. É o osso dos nossos ossos, carne da nossa carne, sangue do nosso sangue. Está sempre presente em nossa vida, hoje, amanhã e eternamente."

Sempre que pensava naquelas palavras, me vinha à mente que, enquanto tiver Hunt, tenho Beau. Eles foram inseparáveis na vida e são inseparáveis na morte. Mesmo ali, eu sentia a presença de Beau. Mais do que presença. Era dele a voz em minha mente, eram dele as palavras que ressoavam repetidas vezes. No outono anterior, em uma ocasião em que Beau e Hallie haviam nos convidado para jantar na casa deles, os efeitos do câncer já eram irrefutáveis. Jill havia chegado de trem de Wilmington, após um dia lecionando, e entrara em casa ainda com a roupa do trabalho. Depois que terminamos de comer, ela disse que queria ir para casa e vestir algo mais confortável. "Pai, você pode ficar?", perguntou ele. "Hallie e eu queremos falar com você."

Ele pediu a Hallie que levasse Natalie e Hunter para cima e esperou ela voltar. Os dois se sentaram à minha frente à sua longa e estreita mesa.

"Pai, olha só. Sei que ninguém nesse mundo me ama tanto quanto você. Sei disso. Mas, pai, olhe para mim. Olhe para mim. Vou ficar bem aconteça o que acontecer. Vou ficar bem, pai. Eu prometo."

Tive um choque ao me dar conta de que meu filho começava a ficar em paz com a ideia da própria morte. Ele então se inclinou sobre a mesa e tocou meu braço. "Mas, pai, você tem que me prometer que, aconteça o que acontecer, vai ficar bem. Me dê sua palavra, pai, de que vai ficar bem. Me prometa, pai."

"Vou ficar bem, Beau", respondi. Mas não foi o suficiente para ele.

"Não, pai", disse ele. "Me dê sua palavra de Biden. Quero sua palavra. Me prometa, pai."

Eu prometi.

Ninguém na Casa Branca esperava que eu voltasse de imediato ao trabalho. O presidente Obama e seus assessores mais próximos fizeram o possível e o impossível para sinalizar, em particular e em público, que continuariam a me dar o tempo e o espaço necessários para me recuperar. "Isso não acaba após o enterro; de certa forma, é quando começa", disse Valerie Jarrett, amiga e conselheira próxima do presidente, a um repórter. "Ele vai estar cercado de amor e apoio e receberá tudo de que precisar. O processo de luto é demorado. E creio que faz parte de uma amizade compreender isso e estar presente nesta longa jornada." Eu tinha também uma equipe de política externa incrível que continuara a fazer o que fosse necessário em minha ausência. Colin Kahl, meu assessor para a Segurança Nacional, supervisionava tudo, com foco especial no Iraque. Michael Carpenter estava atento à Ucrânia, e Juan Gonzalez, ao Triângulo Norte. Victoria Nuland, no Departamento de Estado, e Charlie Kupchan, no Conselho de Segurança Nacional da Casa Branca, cuidavam da Rússia; Brett McGurk, do Iraque, da Síria e da Turquia; Jeffrey Prescott, do Extremo Oriente; Amos Hochstein, da política de energia ao redor do mundo. Tive um apoio incrível. Todos eles teriam me apoiado pelo tempo que fosse necessário. Mas eu não podia ficar sentado em casa de luto. Sabia que tinha que me engajar.

Decidi que me reapresentaria quatro dias após o enterro de Beau para mostrar ao presidente que eu estava pronto para voltar ao trabalho. Precisava trabalhar, me ocupar. Para minha própria sanidade, precisava me manter ativo. Obama acabara de voltar da reunião de cúpula do G7 na Alemanha, onde pressionara a chanceler Merkel e outros líderes europeus a continuarem e até aumentarem as sanções econômicas à Rússia até Putin honrar o acordo de cessar-fogo de Minsk e se retirar da Ucrânia. Gostei de ver a convicção com que o presidente impôs limites. "A Rússia, basicamente, não está nem aí para os compromissos que assumiu", disse o principal porta-voz da Casa Branca. "Sua incapacidade de fazê-los valer é o que tem levado ao seu crescente isolamento e à imposição de custos cada vez mais vultuosos à sua economia." O primeiro-ministro Yatsenyuk estava naquele dia em visita a Washington, e eu precisava encontrá-lo para lhe repassar a mensagem de que continuávamos ao lado do povo ucraniano e de seu governo, mas também para garantir que ele havia compreendido a necessidade de acelerar as reformas anticorrupção com Poroshenko se quisessem dar continuidade à assistência.

Dois dias depois, eu tinha um encontro marcado com o porta-voz do Conselho Iraquiano de Representantes, Salim al-Jabouri, líder político dos sunitas. A queda de Ramadi havia aumentado a pressão sobre o governo de Abadi. O presidente Obama, no entanto, fortalecera seu compromisso com Jabouri e Abadi. Acabara de autorizar o arriscado envio de assessores militares dos Estados Unidos a uma base aérea a cerca de 25 quilômetros de Ramadi para ajudar a mobilizar, treinar e equipar guerreiros tribais sunitas para o contra-ataque iminente. E eu queria me certificar de que Jabouri ouvisse de mim sobre a importância crucial da união do Iraque face à contínua ameaça do Estado Islâmico.

Cinco dias após a reunião com Jabouri, eu receberia em Washington o presidente de Honduras, Juan Orlando Hernández, para lhe mostrar que nosso governo continuava comprometido a fornecer assistência caso eles continuassem engajados na implementação das reformas acordadas no início de março, na Cidade da Guatemala. Precisava recolocar em curso todas essas negociações.

Ao retornar ao escritório na quarta-feira, 10 de junho, eu me sentia como se Beau estivesse me vendo e falando comigo. "Pai, não deixe que vejam sua dor", diria ele. "Levante-se. Um passo de cada vez. Siga em frente."

Naquele primeiro dia, antes da reunião com Arseniy Yatsenyuk, almocei com Obama. O presidente passara a me conhecer muito bem. Ele sabia que para mim seria de grande ajuda manter-me profundamente envolvido em nosso trabalho, dirigir meu foco para algo que não fosse Beau. Por isso, ateve-se a assuntos profissionais naquele dia. Passamos quase o almoço todo conversando sobre nossas metas de política externa. Mas quando reportei o que minha equipe e eu estávamos fazendo na Ucrânia, no Iraque e no Triângulo Norte, acho que ele ficou surpreso com meu grau de envolvimento. O presidente me pediu que pensasse a respeito de outras incumbências específicas que eu desejasse assumir nos últimos dezoito meses de nosso mandato, que novos desafios gostaria de encarar. Eu sabia que queria terminar o trabalho iniciado na Ucrânia, no Iraque e no Triângulo Norte, mas não estava certo sobre o que o futuro imediato reservava para mim. Respondi então que lhe daria um retorno.

Mais de setenta mil bilhetes e cartas de pêsames esperavam por mim na Casa Branca, junto com cerca de mil declarações oficiais de autoridades, dignitários estrangeiros e comentaristas políticos. Amigos e colegas mais próximos de Beau foram os mais incisivos, o que significava que suas mensagens eram igualmente inspiradoras e comoventes: *Foi uma honra servir ao seu lado enquanto trabalhava incansavelmente para lutar pelos desamparados e proteger os mais vulneráveis, nossas crianças* [...] *Some a isso sua centelha, sua autenticidade, a seriedade e o amor incondicional pelo serviço público* [...] *Um dos parâmetros mais verdadeiros a definir um homem é o fato de nunca ter perdido um amigo. Isso diz tudo a seu respeito* [...] *Foi um pai verdadeiramente maravilhoso. O tipo de pai sempre presente para os filhos* [...] *Beau ia a todos os jogos. Sabia o nome de cada criança e torcia com tanto entusiasmo por elas quanto pelo próprio filho* [...] *A família vinha em primeiro lugar. Era o início, o meio e o fim para ele.* Um amigo de Beau dos tempos do colégio contou uma história de alguns anos antes, quando os dois se encontraram. Na época, Beau, Hallie e as crianças estavam morando com Jill e comigo enquanto faziam uma reforma em casa. O amigo lhe perguntou sobre a dificuldade de voltar a morar com os pais. "Beau disse como era maravilhoso ter a família toda sob o mesmo teto", explicou o amigo. "Estar em família era a coisa mais importante para ele."

Nos primeiros dias após a morte de Beau, duas cartas me trouxeram verdadeiro consolo. Uma foi mandada por Evan Ryan, ex-integrante da minha equipe, que citava um poema. "Eu observava o pequeno barco a partir mar afora", dizia o texto. "O sol poente tingia suas velas brancas de luz dourada e, ao desaparecer de vista, uma voz ao meu lado sussurrou: 'Ele se foi.'" O desaparecimento não marcava um fim, mas um recomeço em um lugar novo e desconhecido. "Na margem distante, um pequeno grupo de amigos se reunia em vigília e feliz expectativa." Fiquei a imaginar Neilia e Naomi, a irmãzinha de Beau, e meus próprios pais naquela margem distante, prontos para recebê-lo. "De súbito avistaram as minúsculas velas e, no exato instante do sussurro de minha companhia, 'Ele se foi', um grito de alegria e júbilo comunicava as boas-vindas: 'Lá vem ele.'"

Uma carta pessoal de Vicki, viúva de Teddy Kennedy, teve um impacto especial. O casamento a levara ao seio de uma família única na história do país. Os Kennedy gozaram de grandes realizações e sofreram tragédias devastadoras. Suas experiências pareciam confirmar a crença de meu pai sobre o destino ser parte inescapável da vida, mas ao mesmo tempo cada pessoa e cada família terem uma espécie de soma zero em sua contabilidade de sorte e azar. Quanto maior o pico, mais fundo é o vale. Minha própria vida confirmava esse adágio. Assim como a dos Kennedy, mas em um patamar bem acima. O pai de Teddy, Joe Kennedy Sr., teve um sucesso espetacular em quase todos os negócios que capitaneou e vira um de seus filhos se tornar presidente dos Estados Unidos. Ao mesmo tempo, ao longo da vida, enterrou três dos quatro filhos, além de uma filha querida. Em sua carta para mim, Vicki Kennedy citou outra, escrita por Joe Sr. para um amigo que perdera o filho, uma carta que, segundo ela, Teddy costumava pegar e ler nos piores momentos de sua vida. "Quando um de seus entes queridos deixa sua vida, você pensa no que ele poderia ter feito com alguns anos a mais", escrevera Joe Sr. ao amigo. "E pensa no que fará com os que restam a você. E um dia, por existir um mundo no qual viver, você se vê parte dele, tentando realizar algo. Algo que ele não pôde fazer. E talvez seja esta a razão de tudo. Assim espero."

Eu também.

Sei o que Beau teria feito com mais alguns anos de vida. Teria continuado a lutar contra o abuso de poder, em especial o que vitima crianças. Era parte de sua essência, e Hunter, Hallie, Ashley, Jill e eu estávamos determinados a levar adiante esses esforços em sua honra. Estabelecemos a Fundação Beau Biden para continuar seu trabalho. Isso nos trouxe um propósito. E todos nós precisávamos de um.

Talvez o presidente tenha ficado meio atordoado em nosso almoço seis dias depois. Perguntou-me novamente que incumbências eu desejava assumir no restante do nosso governo. Fui prudente. "O que pretende fazer", quis saber ele, "quanto a concorrer?" Expliquei que ainda não tinha desistido por completo da ideia de concorrer à indicação do Partido Democrata para disputar a presidência em 2016. Porém, não havia decidido ainda, e sabia que, por algum tempo, não estaria em posição de tomar essa decisão. Acabei então dizendo: "Olhe, sr. presidente, entendo caso tenha assumido um compromisso explícito com Hillary e Bill Clinton", mas assegurei a Barack que, se eu decidisse concorrer, questionaria Hillary tão somente quanto a diferenças na ação política e não em questões de caráter ou personalidade que pudessem enfraquecê-la caso obtivesse a indicação. "Prometo", concluí. E ficamos assim.

* * *

O dia seguinte foi o mais cheio até então desde meu retorno — agenda lotada. Briefing diário de inteligência, seguido de uma reunião para preparar o discurso que faria na semana seguinte ao Departamento de Estado sobre a necessidade de intensificarmos a relação econômica com a China. Em seguida, briefing sobre a América Central e reunião com o presidente Hernández. Depois voltaria para Wilmington de avião para passar com Jill nosso aniversário de casamento. Não estávamos em clima de celebração, mas queríamos estar juntos.

17 de junho. Um bom dia, pois estive ocupado e senti certo alívio, foi o que escrevi em meu diário naquela noite em Wilmington. *Ainda não consigo acreditar que Beau se foi. Sinto sua presença tanto quanto senti no ano que ele passou no Iraque. Sei que, se não for capaz de separar as coisas, vou enlouquecer. Consigo ouvi-lo dizendo: "Aqui, pai, estou bem, está tudo bem. Tudo bem, pai."*

Jill estava abatida naquela noite. O verão era geralmente sua época favorita do ano, mas aquele não trazia qualquer alegria. Eu queria ter condições de aplacar sua dor, mas sabia que não tinha muito a fazer. Estava esperançoso, embora não convencido, de que nossa viagem iminente pudesse ajudar. Faltava uma semana para tirarmos férias em família em uma de nossas praias favoritas, na Carolina do Sul, e todos pareciam apreensivos com a viagem. Seria difícil estarmos juntos pela primeira vez, em um lugar que Beau amava, mas sem ele. Entretanto, eu havia defendido que, na esteira de nossa perda, seria ainda mais importante continuarmos a fazer tudo o que sempre havia significado tanto para nossa família. Que não deveríamos deixar nossas tradições se perderem. Que Beau teria gostado de saber que fizemos a viagem. Sabia por experiência própria que, por mais difícil que fosse, seria melhor manter os planos em vez de evitá-los. Precisávamos passar um tempo proveitoso juntos, em família. Concordamos, então, em tentar uma semana de praia na ilha de Kiawah. A família viajaria na terça-feira, 23 de junho, e eu os encontraria alguns dias depois.

Os preparativos e a viagem em si acabaram sendo uma montanha-russa emocional ainda maior do que eu esperava. Na noite do nosso aniversário de casamento, seis dias antes da data estipulada para Jill sair em viagem, recebemos a notícia de que nove pessoas inocentes haviam sido mortas em uma igreja da comunidade negra em Charleston, Carolina do Sul. Entre as vítimas estava o pastor da igreja Mother Emanuel, o reverendo Clementa Pinckney — um homem que eu conhecia. O reverendo Pinckney era um senador estadual* que vinha deixando sua marca na política da Carolina do Sul, e eu estivera com ele em eventos políticos nos últimos anos. Tinha apenas 41 anos, mais novo até do que Beau, com esposa e duas filhas, de onze e seis anos.

O assassino era um supremacista branco de 21 anos. Naquele dia, ele entrou na igreja, aceitou um convite para participar do grupo de estudos bíblicos das quartas-feiras à noite e assistiu à última meia hora da reunião. Em seguida, abriu fogo cruelmente, atingindo nove das doze pessoas do grupo. A mais velha das vítimas tinha 87 anos, a mais nova, 26. Uma das metas declaradas do assassino era dar início a uma guerra racial. Jill e eu fizemos uma declaração pública naquela noite, e comecei a me preparar para ligar para as famílias das vítimas e oferecer nossas condolências. E então nos preparamos para o evento adicional na agenda da semana seguinte: viajaríamos de Kiawah a Charleston para comparecermos ao culto público em homenagem ao reverendo Pinckney e às outras vítimas da Mother Emanuel. Faríamos todo o possível para levar algum conforto para aquelas famílias e seus amigos.

---

* No sistema legislativo brasileiro, apenas a esfera federal é bicameral, ou seja, contém câmaras com deputados federais e senadores, ao passo que as esferas estaduais e municipais são unicamerais (com deputados estaduais e vereadores, respectivamente). Nos Estados Unidos, por sua vez, a esfera estadual também é bicameral, contendo, portanto, senadores estaduais e representantes estaduais. (N. do E.)

Dei a Jill alguns presentinhos na noite seguinte para tentar animá-la um pouco, mas o efeito foi o oposto. Ela disse que não queria jantar. Tomou uma tigela de sopa e se recolheu às oito e meia, antes mesmo de escurecer. Eu falava com Hunter na hora em que ela foi dormir. Hunt fazia o possível para me impulsionar ao próximo grande objetivo. Ele conhecia os desejos de Beau melhor do que eu, mas também me conhecia.

"Se Deus aparecesse para você amanhã", disse ele, "e falasse: 'A indicação é sua, mas tem que se decidir agora', sei que você diria não."

"No meu íntimo", respondi, "creio de verdade que, se a gente se candidatar, as chances de vitória são grandes."

Hunter continuou a me lembrar de que nossa família, arrasada ou não, só ficaria ainda mais unida e mais forte sob a pressão de uma campanha presidencial.

Nós dois sabíamos que a família sempre mostrava seu melhor se houvesse um propósito claro a unificá-la, ainda mais se as probabilidades não estivessem do nosso lado. Mas o impacto da perda de Beau fez daquela circunstância algo totalmente novo. Eu simplesmente não tinha certeza se teria condições emocionais de encarar o desafio, que já seria enorme mesmo nos cenários mais favoráveis.

Em Kiawah, mal passava das dez da manhã de 26 de junho e já nos preparávamos para viajar a Charleston para a homenagem póstuma quando chegou a notícia. "Um dia histórico aqui na Suprema Corte", dizia a reportagem da CNN. "Vocês devem estar conseguindo ouvir aqui à minha direita os defensores dos direitos dos gays comemorando a decisão do juiz Kennedy de que se casar é um direito fundamental, do qual gays e lésbicas não podem ser excluídos. Em seu voto, o juiz Kennedy disse que 'o direito de se casar é fundamental' e que casais do mesmo sexo não podem ser privados de sua liberdade ou do direito ao casamento. Portanto, mais uma vez, foi decidido hoje que o casamento entre pessoas do mesmo sexo é um direito constitucional válido em toda a nação. Esta é uma das grandes questões de direitos civis de nosso tempo e pela qual defensores de direitos dos gays vinham esperando havia décadas."

A decisão foi por cinco a quatro. O juiz Anthony Kennedy, nomeado no último ano da presidência de Ronald Reagan, foi não apenas o autor do voto de desempate, mas também o porta-voz da opinião da maioria na histórica decisão. Senti muito orgulho, em parte por ter presidido o Comitê Judiciário responsável pela sabatina de Kennedy ao posto. Ele não havia sido a escolha inicial de Reagan, e, sim, Robert Bork, cuja leitura sobre os direitos fundamentais à privacidade garantidos pela Constituição era tão estreita que o Senado o rejeitou por 58 votos a 42. Entre os votos pelo "não", houve seis do próprio partido de Reagan. Eu fizera meu melhor na ocasião para ser justo com Bork, um jurista de respeito e incrivelmente inteligente. Mas trabalhara tão pesado quanto para mostrar que as visões do postulante e seu histórico de jurisprudência se chocavam com a forma como a maioria dos americanos enxerga nossa Constituição. O juiz Bork acreditava não haver direitos individuais na Carta, senão aqueles que estivessem literalmente descritos. A Constituição não menciona de forma explícita o direito à privacidade, o uso de anticoncepcionais, o tratamento igual às mulheres perante a lei ou o casamento com alguém do mesmo sexo, e, por isso, eles precisariam ser garantidos por um corpo legislativo. Na visão de Bork, os tribunais tinham que se submeter ao processo político em todas essas questões. A maioria decidiria.

Percebi na sabatina que Anthony Kennedy teria uma leitura mais generosa da Constituição e uma visão mais abrangente dos direitos individuais e da igualdade perante a lei. A história comprovou ser o caso. Ao manifestar a opinião da maioria na decisão sobre o casamento gay em 2015, teve o ponto alto de suas três décadas na corte.

A luta por igualdade no casamento foi longa, lenta e exigiu uma extraordinária coragem física e moral da parte de homens e mulheres gays realmente corajosos. Não faz tanto tempo, o simples fato de assumir--se em público já era um ato de bravura. Gays e lésbicas que se assumissem, defendessem seus direitos e cobrassem tratamento e direitos iguais corriam um enorme risco. Exigiam seus direitos diante do ódio escancarado de certos grupos, o que os tornava sujeitos a abusos físicos e emocionais. Lembro que, durante o horrível flagelo da aids, vários fundamentalistas religiosos e lideranças de direita afirmaram cruelmente que a doença, que vitimou milhares de jovens gays todos os anos, era um julgamento divino. Mas o maior obstáculo enfrentado por gays e lésbicas talvez nem fosse o ódio, mas a ignorância da maioria dos cidadãos. Levou muito tempo até os americanos começarem a compreender uma simples e óbvia verdade: homens e mulheres homossexuais são pessoas incrivelmente boas, decentes e honradas, que desejam obter — e merecem — os mesmos direitos de todos os outros cidadãos. Eu mesmo só fui compreender a imensidão das dificuldades enfrentadas por eles em uma noite nos anos 1990. Eu era senador e peguei um trem para voltar a Wilmington após uma audiência do Comitê Judiciário sobre gays nas Forças Armadas. Um dos homens que me serviu no vagão-restaurante do trem Amtrak, um sujeito que eu conhecia fazia anos, havia assistido à audiência e ficara totalmente desolado com as coisas que ouviu da boca dos grupos antigays. "O senhor sabe, senador", disse ele. "Eu sou gay."

"Eu não sabia", respondi.

"Tenho dois filhos. Um deles também é", foi a resposta. "E sabe o que me irrita nesses caras? Eles acham que isso não passa de um 'comportamento'. Acham que a gente se levantou um dia de manhã e resolveu que 'Cacete, não ia ser legal ser gay? Não ia ser incrível ser gay? A vida vai ser mais fácil. Não vai ser maravilhoso? Acho que vou virar gay.'"

Lembro-me também das dificuldades de um colega de Senado para entender o depoimento de Jeffrey Levi, diretor-executivo da Força-Tarefa Gay e Lésbica Nacional, que foi recebido em uma audiência do Comitê Judiciário em 1986. Levi foi um dos últimos entre vários representantes de grupos externos que foram oferecer seus testemunhos na etapa final das sabatinas de William Rehnquist para o cargo de chefe de Justiça.

Quando Levi iniciou sua fala, os únicos membros do comitê que ainda estavam na audiência eram Strom Thurmond e eu; os dois únicos presentes no momento em que foi apresentada a estatística de que 10% da população americana é gay, ou seja, algo em torno de trinta milhões de pessoas. Strom ficou espantado. Creio que o senador de 84 anos, detentor de cargo público desde 1933, acreditava de fato jamais ter conhecido uma pessoa gay. "Joe", perguntou Strom durante o testemunho de Levy, "isso é *verdade?*" Respondi em um sussurro que certos especialistas de fato defendiam a tese de que até 10% da população é gay.

Strom se voltou para a testemunha, um rapaz articulado e vestido de maneira conservadora. "Tem certeza que este número está correto?" Levi citou então estatísticas desenvolvidas uma geração antes pelo renomado pesquisador sexual Alfred Kinsey. Strom teve dificuldades para processar a informação e embarcou por uma linha de questionamento que não era mal-intencionada, mas ainda assim dolorosa.

"Sua organização defende alguma forma de tratamento para gays e lésbicas para ver se conseguem mudar e ficar normais como os outros?"

"Bem, senador, nós nos consideramos bastante normais, obrigado. Só somos diferentes das outras pessoas. E a beleza da sociedade americana é que, em última análise, aceitamos todas as diferenças de comportamento e pontos de vista [...] É... toda a comunidade médica responsável não considera mais a homossexualidade uma doença, mas algo que não passa de uma variação ao comportamento padrão."

"Não considera gays e lésbicas sujeitos à mudança ou não considera que consigam..."

"Não mais, senador, do que..."

"... não considera que possam ser convertidos para que, de alguma maneira, sejam como as outras pessoas?"

"Bem, achamos que somos como as outras pessoas, apenas com uma pequena exceção. E, infelizmente, é o resto da sociedade que cria um caso enorme com essa exceção."

"Uma pequena exceção? É uma baita exceção, não?"

"Infelizmente, a sociedade a torna uma grande exceção."

Strom pôs a mão sobre o microfone e se virou para mim. "É melhor eu ir embora", disse. "Não é?"

Bem, a partir do dia 26 de junho de 2015, a lei do país não mais preveria exceção ao reconhecimento de casamentos. "Ao formarem uma união conjugal, duas pessoas se tornam algo maior do que um dia foram. Como demonstram alguns dos requerentes nesses casos, o casamento representa um amor que pode durar além da própria morte", escrevera Kennedy em seu pronunciamento lido na Suprema Corte naquela manhã. "A esperança dessas pessoas não é a de serem condenadas a viver na solidão, excluídas de uma das instituições mais antigas da civilização. Elas pedem dignidade equivalente aos olhos da lei. A Constituição lhes confere esse direito."

Não posso afirmar ter arriscado muito ao defender a igualdade para a comunidade LGBT. Mas me senti incrivelmente orgulhoso naquele dia por ter desempenhado algum papel na decisão sobre o casamento gay. Pensei em Beau, que, na condição de procurador-geral de Delaware, fez questão de marcar presença em um casamento entre pessoas do mesmo sexo em 1º de julho de 2013, dia em que a igualdade no casamento foi implementada em nosso estado. Ele também havia apresentado à Corte de Apelação do Nono Circuito uma petição inicial de apoio à causa, por ocasião de um processo no outono de 2013, logo após ser submetido à primeira fase da rádio e da quimioterapia. Alguns meses depois, anunciou que Delaware reconheceria os casamentos entre pessoas do mesmo sexo realizados em Utah no breve período em que foram legais no estado. "Casamento igualitário é a lei em Delaware", dissera ele, "e creio veementemente que indivíduos além das divisas de nosso estado devem ser igualmente livres para escolher quem amar e com quem passar a vida."

Naquela manhã em Kiawah, pensei também em meu pai e em uma das grandes lições de vida que me ensinara quando eu era adolescente. O carro estava parado no sinal, no centro de Wilmington, e meu pai e eu vimos de relance dois homens na esquina. Eles se abraçaram, se beijaram e se despediram — como imagino que façam milhares de maridos e esposas por toda a cidade, todas as manhãs. Quando me virei para meu pai em busca de uma explicação, ele disse: "Joey, é simples: eles se amam."

Barack fez um discurso magnífico na cerimônia fúnebre em Charleston no fim daquela tarde. Creio que foi o melhor discurso que já vi dele. De minha parte, dediquei-me a abraçar familiares de vítimas com quem já havia falado para oferecer o máximo de conforto possível. E no enterro, depois de me encontrar pessoalmente com as famílias, percebi que gostaria de voltar a Charleston dois dias depois para comparecer à missa de domingo na igreja Mother Emanuel. Como não queria chamar atenção para minha presença, recorremos a um velho amigo e apoiador de longa data, o reverendo Joseph Darby, ancião responsável pelas paróquias episcopais metodistas afro-americanas de um distrito próximo. Ele nos orientou a respeito dos arranjos com o pastor interino da Mother Emanuel para eu entrar de forma discreta, sem chamar atenção. O reverendo Darby compreendeu meus motivos para estar lá sem que eu precisasse dizer nada. Aquela congregação sofria e pedia ajuda, e eu sabia que minha presença tão pouco tempo após a morte do meu filho poderia levar alguma força à família Mother Emanuel. Sabia também que sentiria algum consolo em confortar aquelas pessoas enlutadas. O ato de consolar sempre fez com que eu me sentisse um pouco melhor, e eu ansiava por me sentir melhor.

Mais do que isso, eu queria muito sentir o extraordinário abraço da igreja Mother Emanuel e de sua congregação. Precisava da força deles. Precisava de sua graça. Basta ler sobre a história daquela igreja e sobre os desdobramentos daquela terrível tragédia para entender por quê. A Mother Emanuel era um refúgio para seu rebanho e um bastião contra os ataques da escravidão e da discriminação racial havia quase duzentos anos. A igreja vinha tendo dificuldades para atrair os membros mais jovens da comunidade e perdera adeptos em 2015, mas não o rumo. As pessoas sobre as quais eu havia lido e aquelas que eu conhecera alguns dias antes, durante o culto, pareciam livres das cicatrizes emocionais de amargor e cinismo que se esperariam de quem há tanto tempo lutava contra gente determinada a odiá-las. Eu ficara impressionado com a capacidade deles de perdoar até mesmo um assassino que atirara sem remorso e matara nove dos melhores e mais queridos membros daquela comunidade. A filha de uma das vítimas comparecera à audiência para falar com o assassino da mãe. "Nunca mais poderei falar com ela. Nunca mais poderei abraçá-la", disse Nadine Collier, enquanto o atirador a encarava com uma expressão vazia. "Mas eu o perdoo e me compadeço de sua alma. Você me feriu. Feriu muita gente. Mas Deus o perdoa. E eu o perdoo."

Para a mãe da vítima mais jovem do massacre, mostrar a mesma capacidade foi mais difícil. Felicia Sanders estava no local na hora do crime, encolhida de medo, e ouvira as palavras finais do filho. "Você não precisa fazer isso", dissera ao assassino. "Não queremos lhe fazer mal."

"Eu preciso fazer isso", dissera o assassino antes de atirar no filho de 26 anos de Felicia. "Tenho que terminar minha missão."

Felicia Sanders admitia suas dificuldades. "Para mim, o perdão é um processo", disse ela. "Às vezes, preciso de um empurrãozinho de Deus para perdoar pessoas por coisas pequenas. Quando se trata de algo dessa magnitude, é um processo enorme." Em minha opinião, seu esforço era a prova de uma dignidade extraordinária.

Hunter e eu pegamos o carro no domingo de manhã e, a caminho da igreja, prendemos em nossas lapelas laços com a inscrição OS 9 DE EMANUEL. A igreja estava lotada naquele dia, e, quando o pastor que substituía o reverendo Pinckney, Norvel Goff Sr., pediu a todos que se levantassem, fiquei surpreso ao ver quantos fiéis se puseram de pé. Gente de todo o país estava lá para compartilhar da comunhão e mostrar apoio à família daquela paróquia. Havia tanto visitantes brancos quanto negros naquela manhã. O atirador não incitara uma guerra racial, muito pelo contrário: incitara uma incrível onda de apoio à Mother Emanuel entre negros e brancos.

O reverendo Goff pediu que eu dissesse algumas palavras naquela manhã. "Gostaria de poder dizer algo que aplacasse a dor das famílias e da igreja", declarei. "Mas sei por experiência própria, uma constatação que foi reiterada há 29 dias, que nenhuma palavra é capaz de curar um coração partido. Nenhuma música é capaz de preencher o vazio escancarado [...] E às vezes, como sabem todos os pregadores daqui, às vezes até mesmo a fé nos abandona por um mísero segundo. Às vezes duvidamos [...] Há uma famosa expressão segundo a qual a fé enxerga melhor nos momentos mais sombrios, e, para as nove famílias, este é um momento muito, muito sombrio."

Eu não planejara fazer qualquer tipo de discurso, mas fizera algumas anotações por precaução e estava munido de um salmo que me trouxera algum conforto:

> O teu amor, Senhor, chega até os céus; a tua lealdade, até as nuvens.
> A tua justiça é firme como as altas montanhas, as tuas decisões, insondáveis como o grande mar. Tu, Senhor, preservas tanto os homens quanto os animais.
> Como é precioso o teu amor, ó Deus! Os homens encontram refúgio à sombra das tuas asas.

"Rogo, rogo para que as famílias encontrem refúgio à sombra das asas de Deus, e rogo para que o amor que todos vocês mostraram por eles, e gente por todo o país mostrou por mim, ajude a reparar os corações partidos de suas famílias e da minha."

Após a missa, o reverendo Goff, o reverendo Darby e sua esposa e o prefeito de Charleston, Joe Riley, quiseram me guiar por um breve tour. Quando saímos da igreja, o sol estava alto no céu e fazia brilhar a fachada branca do prédio, iluminando o painel enfeitado com flores e bilhetes que as pessoas haviam depositado nos dias seguintes ao tiroteio. Passamos algum tempo em frente ao prédio, observando aquele quadro vivo de compaixão. Eu estava quase indo embora quando o prefeito Riley me puxou de lado, dizendo que queria me mostrar mais uma coisa, e nos conduziu pela lateral da igreja até a entrada inferior, onde, seis degraus abaixo, ficava a sala de Clementa Pinckney. A esposa do reverendo e sua filha de seis anos haviam se escondido ali durante o massacre. À direita, a uns cinco metros de distância, eu via o grande salão de confraternização onde se encontrava o grupo de estudos bíblicos. Nove boas pessoas morreram naquele espaço, logo abaixo dos bancos, fazia apenas onze dias, mas a paróquia perseverara. Fiéis haviam preenchido os buracos das balas com massa e continuado a comparecer às reuniões de estudos bíblicos às quartas-feiras sem perder uma semana sequer. Na primeira quarta após o massacre, 150 pessoas compareceram no grupo de estudos. "Este território pertence a Deus", dissera ao mundo o reverendo Goff.

Eu sentia a emoção subir pela garganta enquanto caminhava. Tinha uma sensação de profunda gratidão pela comunidade da Mother Emanuel e toda a gente que viera prestar seu apoio ou enviara dinheiro e orações. Estava convencido de que a demonstração de apoio público para a Mother Emanuel encorajava líderes políticos na Carolina do Sul a se colocarem à altura da bravura e da humanidade dos demais. Realmente acreditava que poderia vir algum bem daquela tragédia e me sentia inspirado ao perceber que, dos dois lados do corredor da Assembleia Legislativa, políticos já começavam a conversar sobre a remoção de um dos símbolos expostos no edifício mais ofensivos para negros sulistas: a bandeira confederada. "Eu me vi tentando defendê-la", dissera o senador estadual republicano Paul Thurmond, filho do outrora ultrassegregacionista Strom Thurmond. "Como fazê-lo? Era simplesmente impossível."

O prefeito Riley me levou mais adiante, para a sala do reverendo Pinckney. Na parede, uma foto me comoveu. Estávamos o reverendo e eu; fora tirada sete meses antes, quando ele ajudou a organizar um evento para arregimentar o clero local, logo antes das eleições de meio de mandato de 2014. Nós dois sorríamos naquele dia. Clementa Pinckney tinha tanto por fazer naquela última vez em que estivemos juntos. Agora estava morto.

Acordei cedo na manhã seguinte e saí para andar de bicicleta na praia. O tempo estava quase perfeito, como havia estado em toda a nossa viagem à Carolina do Sul — nuvens esparsas surgiam de vez em quando, mas o vento logo as levava embora. Eu sentia uma brisa suave no rosto enquanto pedalava pela praia, além da fileira de casas, além da Ocean Course Clubhouse, até o fim da trilha, onde a areia afofava e a copa das árvores se aproximava da água. Os agentes do Serviço Secreto vinham bem atrás de mim em seus *buggies*. Não havia mais ninguém por perto. E, de repente, me lembrei de ter pedalado até aquele mesmo local com Beau, da última vez que ele nos acompanhou até lá. "Pai", dissera ele então, "vamos parar e sentar aqui." E foi o que fizemos, só nós dois, relaxando. "Olha, pai, não é magnífico?", dissera ele. "Não é lindo?"

E foi como se pudesse ouvi-lo falando comigo de novo. *Pai, vamos parar e sentar aqui.* Saltei da bicicleta e me vi no que parecia a borda da Terra — somente oceano, praia e mata. Foi magnífico. Então me senti tomado por uma emoção repentina. Senti um nó na garganta, e minha respiração ficou cada vez mais ofegante. Eu me virei de costas para os agentes, contemplei a vastidão do oceano de um lado e a escuridão da mata de outro, me sentei na areia e comecei a chorar.

CAPÍTULO ONZE

Concorra, Joe, concorra

No último dia que passamos na Carolina do Sul, o *The Wall Street Journal* publicou uma matéria intitulada SERÁ QUE ELE CONCORRE? ESPECULAÇÕES SOBRE BIDEN AUMENTAM. "Não é segredo que Beau queria que ele disputasse", foi a frase que o *Journal* atribuiu a um amigo meu, apoiador político de longa data. "Se Joe fizer o que Beau queria, concorrerá." A imprensa não insistiu muito nesse assunto, e fiquei grato por isso, pois estava passando por momentos muito difíceis. Nos dias logo após a morte de Beau, a mera ideia de concorrer à presidência já era demais. "Esqueça tudo de que falamos", falei para o meu chefe de gabinete, Steve Ricchetti, que supervisionava o planejamento da minha campanha juntamente com Mike Donilon.

Concorrer à indicação do Partido Democrata era algo totalmente vinculado a Beau. Vinculado à família toda. Antes de adoecer, ele acreditava firmemente que eu deveria concorrer, assim como Hunt. Jill e Ashley demonstraram bastante apoio. Todos nós sabíamos o que estava em jogo para o país e acreditávamos que eu tinha as melhores condições para terminar o trabalho iniciado por Barack e por mim. Se Beau jamais tivesse adoecido, já estaríamos na disputa. Seria algo que faríamos juntos, com entusiasmo. *Lembre-se, pai*, estaria dizendo Beau, *de sua base, sua base*. Só pensar em seguir adiante sem ele já doía. Mas, à medida que os dias se passavam, a ideia de não concorrer começava a parecer como se o estivesse decepcionando, e a todos também. Hunt ainda achava que a disputa nos traria um propósito — algo grande para focarmos, que nos ajudaria a lidar com nossa profunda tristeza. Para Jill, não deveríamos descartar a possibilidade. Eu às vezes refletia sobre a coragem exibida por Beau em sua batalha contra um rival quase certamente imbatível. "Beau perdeu a luta", dissera um dos médicos do Anderson, "mas jamais foi derrotado." Gostaria de poder ter a coragem para seguir seu exemplo. Porém, não tinha certeza se teria o ânimo e sabia por experiência própria que o luto é um processo que não respeita cronograma ou calendário. Estaria pronto quando estivesse, *se* estivesse, e não antes. Quando seria, não fazia ideia.

Mas sabia também que, se houvesse qualquer chance de concorrer, era preciso levar em conta o complicado trabalho de montar uma campanha. Pedi então a Mike e a Steve que arrumassem algum tempo à parte de suas funções cotidianas para fazer uma análise crítica. Ainda seria possível? Poderíamos ainda levantar uma campanha a tempo de vencer? Os dois não demoraram a reiniciar o processo. Verdade seja dita, havíamos começado a falar a sério sobre a corrida presidencial de 2016 no verão de 2013. Quando Steve me deixou na estação de trem para as férias de agosto naquele ano, já havíamos desenvolvido a mensagem e a estratégia que iríamos começar a executar então. Mas poucos dias depois, Jill e eu, e nossa família inteira, estaríamos no M. D. Anderson descobrindo o diagnóstico de Beau, e tudo o mais ficaria em segundo plano.

Agora Mike e Steve precisavam trabalhar rápido e, na segunda semana de julho, após consultar outros assessores, já haviam feito uma profunda análise do cenário até aquele momento para ver se ainda havia alguma chance para mim. Tivemos uma série de reuniões nos poucos horários livres de minha agenda oficial ao longo de três dias para debater se a ideia ainda era pelo menos plausível. O grupo era composto apenas por meu círculo de mais absoluta confiança: Jill, Hunter e Ashley; minha irmã Val; Ted Kaufman, meu amigo de longa data e chefe de gabinete em minha época no Senado; Steve e Mike. O consenso foi de que a corrida ainda estava totalmente aberta e, caso nos saíssemos bem nos estados iniciais das primárias, poderíamos competir até o fim e teríamos uma boa chance de obter a indicação. Pensamos que ainda havia tempo para arrecadar fundos e montar a estratégia para competir nos primeiros quatro estados: Iowa, New Hampshire, Nevada e Carolina do Sul. Se nos saíssemos bem como esperávamos, sabíamos que não haveria problema para juntar o dinheiro para o restante da campanha. Alguém ressaltou que a derrota, em especial uma grande derrota na condição de vice-presidente em exercício, seria um duro golpe em meu legado. "Não existe honra em perder", disseram. "Entenda que, caso perca, será uma grande derrota."

Apenas absorvi a informação. Compreendia a diferença entre perder eleitoralmente e perder de verdade. Não tinha medo de perder uma disputa política. Acreditava que, caso conseguisse reunir a coragem para me candidatar, seria a pessoa mais qualificada e capaz no pleito. O instinto na sala era de manter viva a possibilidade de uma candidatura.

Minha pequena equipe se pôs a trabalhar nos fundamentos de uma campanha presidencial: trabalho de campo, arrecadação de fundos e a criação de uma plataforma. Greg Schultz, que ficara responsável por Ohio para a chapa Obama-Biden e conhecia os melhores organizadores do país, se ofereceu para montar a operação de campo; e Michael Schrum, ex-vice-diretor nacional de Finanças do Comitê Nacional do Partido Democrata, se ofereceu para organizar a equipe que desenvolveria um plano de arrecadação de fundos. Mike Donilon já tinha uma ideia clara de qual seria a plataforma — não era assim tão diferente da que havíamos desenvolvido dois anos antes — e iria transformá-la em um discurso de anúncio da candidatura. Também serviria de declaração de missão: eis por que concorro e eis por que acredito tanto nessa missão. "Se não conseguir elaborar um bom discurso para anunciar a candidatura", alguém me disse, "você não deveria concorrer."

Acho que todos nós saímos daquelas reuniões com a crença de que ainda tínhamos tempo e precisávamos seguir em frente. No entanto, não demorou muito até me dar conta do quão longe estava de me sentir emocionalmente preparado para uma campanha presidencial, e como seria difícil tomar a decisão de concorrer. Em 21 de julho, viajei para o oeste para discursar em dois eventos de arrecadação de fundos do Partido Democrata. Ao pousarmos na base aérea de Buckley, em Aurora, Colorado, um grupo de militares e suas famílias acenava de longe. Estavam a pouco mais de cinquenta metros e por isso fui até lá para cumprimentá-los. "Obrigado", disse. "Obrigado por seu serviço." Enquanto cumprimentava as pessoas, ouvi uma voz às minhas costas dizer: "Major Beau Biden, senhor! Iraque, senhor! Servi com ele, senhor! Um bom soldado, senhor! Um bom homem!" Senti um nó na garganta. De repente, tive dificuldade de respirar e minha voz falhou. Temi ser dominado pela emoção e creio que as pessoas perceberam. Acenei e corri de volta para o carro. Um candidato à presidência não deveria agir dessa maneira em público.

Seis dias depois voei para Rochester, Nova York, para participar junto ao governador Andrew Cuomo do anúncio de um novo investimento em tecnologia de ponta que poderia ser usada em energia alternativa, medicina, construção e produção industrial. E dali para a cidade de Nova York, para acompanhá-lo no anúncio de ambiciosos planos de reforma do aeroporto de LaGuardia. Passei cinco horas com Cuomo naquele dia, e a visita acabou sendo mais pessoal do que política. Ele entendia o dilema pelo qual eu passava, pois presenciara seu pai, o governador Mario Cuomo, às voltas com a decisão de concorrer ou não à presidência. Mario havia morrido no início daquele ano, e Andrew ainda sentia a perda. Ele também conhecera bem Beau; fora eleito procurador-geral de Nova York no mesmo dia em que Beau fora eleito para o cargo equivalente de Delaware. Haviam trabalhado juntos e se tornado amigos. Andrew me disse que ele e Beau se entendiam na dificuldade de serem aspirantes a políticos com pais que eram mandatários conhecidos. Tinham orgulho de nós, de serem nossos filhos, mas concordavam que isso tornava mais complicado traçar um caminho próprio. Ele me contou que riam das tentativas de "administrar" os pais e que faziam piada sobre o quão exigentes podíamos ser, em especial quanto aos nossos discursos. "Meu pai buscava a perfeição, sempre", disse Andrew naquele dia. "Se não estivesse perfeito — se o discurso não estivesse impecável —, ele não queria fazê-lo. Não importava o que fosse. Se iria aparecer em público e falar para trinta pessoas, aquilo tinha peso para ele. E Beau dizia que você era igualzinho."

Sempre tive afinidade com Mario Cuomo. Ao ouvir seu célebre discurso na convenção nacional do Partido Democrata, em 1984, lembro-me de pensar sobre como seu senso de retidão e justiça e seu desprezo pelos que abusam do próprio poder fluía, assim como o meu, dos ensinamentos da Igreja Católica. Eu dissera à sua família no velório, em janeiro, assim como dissera antes, em público, que Mario Cuomo era dos poucos mandatários a quem eu olhava e pensava: *Nossa, talvez esse cara seja melhor do que eu.*

E agora eu entendia cada vez mais como havia sido difícil sua deliberação sobre concorrer ou não à presidência; independentemente do que o mundo lá fora estivesse pregando, fosse a favor ou contra, a decisão final teria que parecer correta para ele. Assim como a minha teria que me parecer correta. O que Andrew expressou para mim naquele dia, no fim de julho, foi que a decisão de renunciar à disputa da presidência jamais ficou bem resolvida para o pai. "Qualquer que seja sua decisão, certifique-se de não vir a se arrepender dela", disse ele. "Porque terá que viver com ela pelo resto da vida."

"O vice-presidente Joseph R. Biden Jr. e seus aliados passaram a considerar a sério uma possível campanha à presidência, o que sacudiria a disputa democrata e representaria uma ameaça direta a Hillary Rodham Clinton, dizem várias pessoas que conversaram com o sr. Biden ou seus assessores mais próximos", dizia o lide da matéria de 2 de agosto do *The New York Times*. A reportagem se baseava na coluna de Maureen Dowd, publicada no mesmo dia, na qual se noticiou acertadamente que Beau me incentivara a concorrer. Mas a reportagem de primeira página, ao contrário da de Maureen, apresentava, de forma equivocada, tal diálogo como tendo ocorrido no leito de morte (houve uma correção formal meses depois). Nos dias seguintes, os telefonemas de gente de fora, tanto a favor da candidatura quanto contra, se multiplicaram.

Alguns dias após a publicação da matéria, Mike me trouxe uma nova versão aperfeiçoada do discurso de anúncio da candidatura que havíamos escrito. Ali estava, em 2.500 palavras, a declaração de missão. A campanha seria baseada em um princípio dos mais básicos: "Somos uma América", dizia o texto, "solidificada em uma grande união de igualdade, oportunidade e democracia. E todos — ressalto, todos — fazem parte deste acordo."

Tínhamos que nos dirigir a quem se sentia deixado de lado. Essas pessoas precisavam saber que entendíamos seu desespero. Quando eu dizia que a caminhada mais longa jamais feita por um pai era a dos poucos degraus até o quarto do filho ou da filha para contar que teriam que se mudar porque ele não encontrava emprego ou porque o banco queria tomar a casa deles, a reação do público nunca deixava de me surpreender. Eu contava como meu pai tivera que fazer aquele horrível percurso e pedia que pensassem em quantas famílias haviam sido forçadas a repeti-lo nos últimos anos. Vários olhos se enchiam de lágrimas. Era verdadeiro. Estavam passando por aquilo.

Também precisávamos falar com gente que estava em situação confortável. Muito foi dito quando afirmei que pessoas ricas eram tão patriotas quanto todos os outros. Mas acredito de verdade nisso. Não tinha dúvida de que a maioria dos americanos ricos estava disposta a abrir mão de mais um incentivo fiscal em nome de uma educação melhor para nossos filhos, da reconstrução da infraestrutura da nação ou de um sistema decente de saúde para todos que dele necessitam. Eles sabem que nem tudo se resume a ficar ainda mais rico. Reerguer o país faz parte do acordo também.

Tínhamos que lembrar à América corporativa e a Wall Street que tomar conta apenas de si própria e de seus acionistas não era o bastante. Eles eram responsáveis perante seus funcionários, sua comunidade e também seu país. A intenção não era constrangê-los ou criar caso, mas lembrá-los de que um longo histórico de prosperidade compartilhada e uma classe média sólida e em ascensão eram as razões de os Estados Unidos terem a democracia mais estável do mundo. Se perdêssemos isso — e estávamos perdendo —, não haveria dinheiro suficiente para deter as ondas de indignação. A questão não era apenas sobre o lucro e a economia, mas a estabilidade social da nação.

E, acima de tudo, tínhamos que dialogar com a grande classe média do país. E não apenas sobre suas preocupações, mas também sobre suas ambições. Revitalizar a esperança da classe média — e não diminuí-la — era toda a razão de ser da campanha.

Para falar à classe média, sentia que ainda faltava um último aspecto a considerar: Biden para Presidente teria que rejeitar o supersistema de PACs (Comitês de Ação Política). Estávamos começando tarde, e a ideia de entrar no jogo era tentadora. Além disso, pela primeira vez em todos os meus anos de campanha, eu sabia que podia contar com o apoio de muito capital. Mas sabia também que o povo estava de saco cheio disso tudo. "Nós, o Povo" já não soava mais verdadeiro. Estava mais para "Nós, os Grandes Doadores". E todos compreendiam que, em um sistema onde o dinheiro jorrava, a classe média não tinha chance nenhuma de competir. Rejeitar a verba dos Super PACs não seria uma decisão difícil. Sentia como se estivesse fechando um ciclo. Um dos meus primeiros projetos de lei como senador havia sido em prol do financiamento público de eleições. E agora, sendo uma imprudência ou não, tentaria reverter o novo fluxo financeiro que estava dominando nossa política.

Tinha certeza de que esta plataforma se destacaria, pois a campanha que presenciava no verão de 2015 era tão negativa, tão deprimente, tão polarizadora, tão pessoal. Tão *pequena*. Não engolia a atitude coitadinha que os outros candidatos propagavam quanto às nossas perspectivas nacionais. Já havíamos passado por tanto como nação e estávamos na direção certa. O país saíra de um profundo poço nos seis anos anteriores, graças ao presidente Obama. Nosso governo ajudara a criar treze milhões de novos empregos e fora responsável pelo recorde de 67 meses consecutivos de criação de empregos no setor privado. O déficit da nação caíra pela metade. E estávamos finalmente passando da recuperação ao reaquecimento; o país se encontrava pronto para decolar.

Eu tinha orgulho de ter colaborado com o presidente durante todo esse processo e de agora concorrer com base em tudo o que havíamos feito — sem desculpas, sem reservas, sem evasão. E, como eu dizia a quem me perguntasse, não tinha problemas em assumir a culpa por qualquer coisa que pudéssemos ter feito de errado — desde que estivessem dispostos a me dar ao menos algum crédito pelo que tivéssemos acertado. E agora tínhamos chegado a um ponto de virada. Na posição em que estávamos naquele momento, poderíamos passar do que tínhamos que fazer para o que *queríamos* fazer.

Nesse cenário, a ideia de uma campanha presidencial passava a ser empolgante — e libertadora. Começando tão tarde, sem dinheiro, visto como carta fora do baralho por todos os "especialistas", eu sabia o que iria enfrentar. E isso nos dava a liberdade de abrir mão da cautela, sem ter que pisar em ovos. A campanha Biden para Presidente, assim, seria grandiosa. Pois, francamente, àquela altura do campeonato e com tudo o que minha família já havia passado, qualquer coisa menor que isso seria um desperdício. Iríamos denunciar um sistema tributário que perdera toda a noção de justiça e já não fazia sentido. Acabaríamos com incentivos fiscais a *trust funds* e "taxas de performance" a administradores de fundos multimercado. Daríamos fim à prática de cobrar impostos mais altos sobre salário do que sobre renda, pois eu não via motivo para tratar melhor as pessoas que ganhavam a vida investindo do que aquelas que ganhavam a vida trabalhando. E combateríamos a montanha de rombos abertos no sistema ao longo de anos. Passáramos de 600 bilhões de dólares em supostas despesas tributárias (ou seja, rombos) no orçamento federal nos anos da presidência de Ronald Reagan para mais de 1,3 trilhão. Ninguém me convenceria de que nada disso fizesse sentido.

Por todos esses motivos, havia muito tempo eu achava uma besteira total quando ouvia de alguém que não tínhamos dinheiro para resolver nossos problemas. O mero fim dos incentivos fiscais a *trust funds* já custearia o ensino superior gratuito de caráter social. Sem precisar de mais nada além.

Salário mínimo de 15 dólares a hora. Ensino gratuito em nossas faculdades e universidades públicas. Treinamento profissional verdadeiro. Creches em locais de trabalho a preços acessíveis. Igualdade salarial para as mulheres. Fortalecer a Lei de Proteção e Cuidado ao Paciente. Um programa para a criação de empregos baseado no investimento e na modernização de nossas estradas e pontes e de nossos sistemas de água e esgoto. Diminuição de impostos para a classe média. Tudo isso estava dentro de nossa alçada. Era apenas questão de disposição.

Muitas das campanhas presidenciais naquele verão pareciam presas ao passado, brigando por causa do que aconteceu, o que deu errado, o que a América perdera. Se fosse para concorrer, gostaria de fazê-lo pintando um retrato do futuro do país, do que poderíamos nos tornar e como poderíamos incluir todos no mesmo barco. Precisávamos do que eu chamava de Projeto de Renovação Americana. Não era algo relativo só às nossas necessidades, mas também ao nosso espírito. Não queríamos apenas um projeto de lei sobre infraestrutura com dinheiro para rodovias, ferrovias e aeroportos. Iríamos financiar as rodovias do futuro, criando milhares de estações de carga para carros elétricos e faixas exclusivas para veículos autônomos. Este tipo de pista poderia reduzir pela metade o tempo do trajeto em Los Angeles na hora do rush. Queríamos trens-bala capazes de viajar a mais de 350 quilômetros por hora; aviões capazes de cruzar o país de costa a costa em uma hora ou duas. Porque esse é o futuro. Eu me esforçara para criar uma rede elétrica inteligente de abrangência nacional quando estruturamos a Lei de Recuperação. Sendo presidente, não teria dúvidas de que lutaria por ela. Também seria um defensor de mais regras de segurança para armas de fogo. Seria necessário criar coragem e enfrentar a NRA [Associação Nacional de Rifles]. Novas tecnologias, como a de reconhecimento de impressão digital, poderiam evitar que tragédias como Newtown ou Charleston se repetissem. Não nos limitaríamos a aumentar o orçamento para a pesquisa do câncer; criaríamos e custearíamos uma Cancer Moonshot, uma instituição federal de pesquisa, para repensar sistemas de prevenção, tratamentos e cuidados, com os melhores clínicos, cientistas e outros especialistas, para dobrar a taxa de progresso e entregar resultados tangíveis aos pacientes. Por que não poderíamos acabar com o câncer da maneira que o conhecemos?

Mike se sentiu mais confiante do que nunca a respeito da campanha. No início de agosto, insistiu que minha candidatura estava mais sólida agora do que seis meses antes; minhas intenções de voto haviam subido, e a tendência era de alta. Meus percentuais eram maiores do que os de qualquer outro candidato na disputa — em ambos os partidos. Meus números em confiabilidade, honestidade e empatia estavam maiores do que nunca. E eu era mais forte justamente onde a mais temível adversária, Hillary Clinton, era mais fraca: os estados-chave de Pensilvânia, Ohio e Flórida, onde nenhum dos dois partidos tem a maioria absoluta. O presidente devia estar sendo pressionado por sua equipe política — na qual havia pessoas que defendiam abertamente a indicação de Hillary —, pois, em nosso almoço seguinte, ele me perguntou mais uma vez de forma direta o que eu estava planejando. "Sr. presidente", respondi, "não estou pronto para tomar uma decisão." Eu ainda estava pensando se me sentia preparado para oferecer à campanha toda a minha energia pelo próximo ano e meio. "Estou avaliando a situação dia após dia. Se decidirmos disputar, o faremos em tempo viável." O presidente não incentivou.

Muita coisa acontecendo, escrevi em meu diário no fim de semana seguinte em Wilmington, quando finalmente tive um tempo para descansar. *É preciso ter cuidado para não perder o controle da situação. Preciso ir com calma, abrir um espaço em minha agenda para o mês de agosto. Preciso descobrir o que devo saber para estar pronto.*

Tomava cuidado para manter minhas deliberações dentro do círculo de confiança, mas recebia muitos conselhos de fora. A tônica da conversa dentro do Partido Democrata e entre a maioria dos comentaristas políticos era a de que já não havia mais tempo. Eu não conseguiria arrecadar o dinheiro necessário. Já não haviam sobrado bons profissionais disponíveis para compor uma estrutura concreta de campanha e montar uma estratégia viável e, quando entrasse na disputa, toda a minha avaliação favorável nas pesquisas iria para o ralo. Várias pessoas afirmavam para nós que meus percentuais altamente favoráveis eram apenas temporários, advindos da compaixão da opinião pública pela morte de Beau. Um repórter do *Politico*, cobrindo um evento de arrecadação de fundos para Hillary em Martha's Vineyard, onde Barack foi visto jogando uma partida de golfe com Bill Clinton, escolheu usar meus esforços como tema da matéria. "Enquanto Joe Biden considera uma possível campanha à presidência, os doadores de que precisaria para ser viável parecem estar descartando-o...", observou a reportagem do dia 16 de agosto.

"Não há mais uma disputa a essa altura", disse um doador. "Acredito que as pessoas estão se unindo em torno de Hillary."

Algumas pessoas na assessoria política do presidente Obama afirmavam que a disputa simplesmente não era viável para mim. Costumava haver o seguinte preâmbulo: *Fazemos questão de proteger o vice-presidente. Não queremos ver Joe sair mal disso. Não conseguimos nem imaginar tudo o que ele está enfrentando neste momento.* Mas não eram sutis. Pediram a Steve e a Mike que levassem em conta as incríveis forças históricas em torno de Barack Obama em 2008, quando ele disputou contra a máquina dos Clinton e, ainda assim, ganhou por pouco. E se ela quase nos derrotou, sugeriam eles, não há dúvida de que derrotará vocês. Eu escutava tudo e entendia as dificuldades, mas nada daquilo importava. Assim como não importava a rapidez com que surgia o movimento em torno de Bernie Sanders, ou quão vulnerável Hillary de repente começou a parecer. Os outros candidatos simplesmente não eram minha maior preocupação.

Passei uma semana inteira das férias de agosto em nossa casa em Wilmington, aprimorando o discurso do anúncio e tentando aos poucos voltar à antiga vida. Já não conseguíamos mais passar muito tempo em nossa casa no lago e me senti bem em trabalhar na propriedade. Peguei a serra elétrica e derrubei algumas árvores mortas, troquei lâmpadas queimadas, lavei as paredes de estuque. Precisei ligar para um empreiteiro e pedir um orçamento para a instalação de um novo telhado de zinco para a pequena cabana perto do lago onde guardávamos as varas de pescar.

Recebi vários telefonemas de pessoas que me encorajavam a concorrer, em especial ex-colegas de Senado: Don Riegle, Bob Kerrey, Chris Dodd, Tom Daschle — este último me dissera meses antes que, se eu decidisse disputar, me apoiaria 100%. Bill Bradley devia ter meu número na discagem rápida. Gary Hart ligou para oferecer conselhos. Kent Conrad também. "Há uma humanidade em Joe que é impossível não notar", disse em público o ex-senador da Dakota do Norte. "Ele é genuíno. Acredita nas coisas. Sabe articular seus valores e acho que se sairia extremamente bem." O ex-governador de Iowa, Chet Culver, ligou para dizer que a disputa no estado estava aberta, prontificando-se a ajudar. O ex-presidente do diretório Democrata na Carolina do Sul, Dick Harpootlian, insistia que eu deveria concorrer. "O país precisa de Joe Biden", dizia publicamente. E meu melhor assessor político naquele estado, Trip King, tinha uma lista de apoiadores convictos, incluindo o prefeito de Charleston, Joe Riley, e, pelos seus cálculos, mais da metade dos 23 membros da bancada negra da Assembleia Legislativa. Alguns dos principais captadores de fundos de Obama ligaram para manifestar apoio, como Azita Raji, indicada para ser a embaixadora na Suécia e que se ofereceu para recusar a oferta e assumir no lugar o comando financeiro de minha campanha nacional. E Denise Bauer, que disse estar disposta a deixar o posto de embaixadora na Bélgica para retornar ao país e me ajudar. Houve dezenas de outros, entre prefeitos, deputados estaduais, captadores e consultores de campanha democratas. Prometi manter sigilo sobre todos esses telefonemas e ofertas. Não queria pegar ninguém desprevenido caso decidisse que não estava em condições de concorrer. Não queria que sua lealdade em relação a mim prejudicasse seu relacionamento com qualquer outro candidato.

Havia algumas mensagens de outro teor enviadas por meio da imprensa. "Só desejo que o vice-presidente faça o que for correto para ele e para sua família", afirmou Hillary em um evento de campanha em Iowa. "Tenho grande admiração e afeição por ele. Acredito que precise tomar uma decisão das mais difíceis para ele e sua família. Deve ter o espaço e a oportunidade para decidir o que deseja fazer." Mas, a essa altura, a pesquisa da oposição sobre mim já havia começado. Houve uma grande comoção no fim de agosto quanto ao meu projeto de lei sobre o incentivo à cooperação entre a polícia e a comunidade, sancionado por Bill Clinton quando era presidente em 1994 e visto por ele na época como um grande avanço. Agora ele o chamava de grande erro. A essa história, seguiu-se outra sobre como eu teria me aproximado demais dos bancos e operadoras de cartões de crédito em minha época no Senado. E apoiadores de Clinton deixaram claro que, se eu entrasse na corrida, a coisa não pararia por aí. "Não há muita informação a respeito de pontos fracos, este é o problema", disse um apoiador à reportagem do *Politico*. "O ataque precisaria ser em relação à sua capacidade de governar e será bem difícil fazê-lo."

    Foquei nas demonstrações de apoio, que significaram muito para mim, em especial vindas de pessoas que me conheciam e trabalharam comigo por anos. Tal apoio faria diferença se eu decidisse concorrer, mas não facilitava em nada a decisão. A verdadeira questão tinha vindo à tona durante a semana passada em Wilmington, em agosto. Os filhos de Beau, Hunter e Natalie, moravam a cinco minutos de carro e por isso passaram bastante tempo em nossa casa. Hunter podia pegar seu pequeno esquife de plástico e remar em diagonal pelo lago, do cais até o outro lado, mais de 130 metros de distância, para então explorar a mata e ressurgir com uma tartaruga recém-capturada. Natalie ficava a maior parte do tempo na piscina. Os melhores momentos eram quando estávamos todos juntos na piscina, logo abaixo da varanda dos fundos e do jardim de inverno, brincando na água ou aproveitando o sol. "Vô", dizia Natalie às vezes, "vejo o papai o tempo todo." O pequeno Hunter deitava-se em meu peito ao sol e caía no sono. "Você tem o mesmo cheiro do papai", disse ele certa tarde, com a cabeça em meu colo. "Você não vai me deixar, vai, vô?"

Achei que seria fácil decidir depois disso; meu luto tinha uma força bastante específica, e em nada fora aliviado no fim de agosto. Eu sabia ainda, pela experiência adquirida a duras penas, que o segundo ano, de certa forma, é o mais difícil. O choque tinha passado, assim como a estranheza de sentir a ausência pela primeira vez em festas de fim de ano, datas comemorativas e aniversários, e é quando começa a cair a ficha do quão inegavelmente permanente é a perda. Se eu conquistasse a indicação no verão seguinte, teríamos que lidar com uma nova camada de dor no meio de uma eleição geral.

O melhor a fazer seria pular fora naquele momento, enquanto todos que me apoiavam ainda teriam a oportunidade de se alocarem em outra campanha. Mas eu continuava a ouvir as palavras de Beau. *Me dê sua palavra, pai, de que vai ficar bem. Me prometa, pai.* Jill não me pressionava a concorrer, mas queria que eu esperasse até ter *certeza* antes de tomar uma decisão. Ela entendia exatamente o que se passava, o quanto eu sofria, porque sentia o mesmo. Dizia sempre: "Mantenha a cabeça erguida, Joe. Mantenha a cabeça erguida. Sorria ao falar de Beau." Steve e Mike me diziam para esperar só mais um pouco, e que a resiliência seria meu diferencial.

Em setembro, no Dia do Trabalho, ao ar livre, em um desfile no centro de Pittsburgh, a sensação era de que algo estava acontecendo. Fiquei surpreso ao ver como fui recebido. Leo Gerard, presidente do sindicato de metalúrgicos, e Rich Trumka, diretor da AFL-CIO, que me acompanhavam, também ficaram. A reação foi incrível. Milhares de pessoas ocupavam os dois lados da rua. Mais de mil participaram do desfile. O público era grande, barulhento, entusiasmado. Jovens, velhos, brancos, negros, hispânicos. Um menino de oito anos com uma camiseta do Superman. Adolescentes usando bandanas de cores chamativas. Mães de família com jornada dupla usando camisetas com os dizeres MULHERES DE AÇO. Homens de meia-idade com netos nos ombros. Havia pessoas de skate, bicicleta e cadeira de rodas. Era a América que eu conhecia. Houve gritos de "Concorra, Joe, concorra!". Pessoas erguiam cartazes escritos à mão com os dizeres BIDEN PARA PRESIDENTE. A imprensa pareceu igualmente surpresa com o entusiasmo. Senti como se estivesse de volta à velha forma. Aquela foi a primeira manifestação física da empolgação que eu percebia estar ocorrendo já havia seis semanas. Era gente demais para cumprimentar, mas tentei falar com o máximo de pessoas possível. Acabei tendo que andar cada vez mais rápido em zigue-zague, de um lado ao outro da avenida, peito aberto e postura reta, tentando falar com o máximo de gente. Estava quente, mas eu me sentia vivo. E me sentia bem. Bem demais.

* * *

Naquela noite, lá estava eu na abertura do *ABC World News Tonight*. "Um Joe Biden animado... será que este homem vai disputar?" E dali as coisas começaram a acontecer. Três dias depois, fui um dos convidados da primeira semana no ar do novo *Late Show with Stephen Colbert*. Na primeira parte, Colbert me deixou falar bastante sobre Beau e o que meu filho significava para mim. Foi um bom teste. Achei que tinha me saído muito bem, sem me emocionar demais. Talvez eu estivesse virando uma página. Quando o programa voltou do intervalo, os espectadores no estúdio gritavam: "Joe! Joe! Joe! Joe!"

"Você tem algo a nos contar sobre seus planos?", perguntou ele.

"Olhe, acho que qualquer homem ou mulher só deveria concorrer à presidência se, em primeiro lugar, souber exatamente por que deseja ser presidente; e, em segundo, puder olhar na cara das pessoas e dizer: 'Prometo me dedicar com todo o meu coração, com toda a minha alma, minha energia e minha paixão.' E eu estaria mentindo se dissesse já estar nesta posição. Estou sendo totalmente honesto. Ninguém tem o direito, a meu ver, de almejar esse cargo se não estiver disposto a dar 110% de si. Estou otimista, tenho convicção de nossas metas, mas fico..." Comecei de novo a me emocionar. "Às vezes", continuei, afinal, "acaba sendo demais." E me peguei contando a história da base aérea em Denver, quando fiquei com o nó na garganta.

Ao sair do estúdio, estava aliviado por ter me controlado, mas me sentia exausto. Hunter viu como fora difícil para mim. "Pai, você foi ótimo", disse quando chegamos em casa, "mas a gente precisa parar de mencionar a perda de Beau. Temos que falar de tudo o que ele fez e falar sobre o futuro."

As resenhas do programa de Colbert no dia seguinte fizeram ganhar força o burburinho sobre Biden para Presidente. "Foi um acontecimento extremamente raro, levando-se em conta o atual estado de nossa cultura e nossa política", disse Mike Barnicle na abertura de *Morning Joe*. "Era um ser humano de verdade." Naquele dia eu ainda estava em Nova York para acompanhar o governador Cuomo marcar o aniversário do 11 de Setembro. Andrew já havia manifestado apoio à campanha presidencial de Hillary Clinton, ex-senadora por seu estado, mas continuava a insistir para que eu pensasse bem a respeito de concorrer. *Não tome uma decisão da qual vá se arrepender.* E não poupou os elogios. "Hoje falamos de seres humanos e de caráter", discursou em um encontro de socorristas. "Eis aqui um homem autêntico. Eis aqui um homem genuíno [...] Quando ele está com você, olha nos seus olhos e diz que está ali [...] É puro coração. Está aqui para fazer o que é certo. É um amigo nas horas boas e ruins."

Quatro dias depois, o colunista conservador do *The New York Times* David Brooks escreveu que minha ida ao programa de Colbert o fizera mudar de ideia. Ele agora achava que eu deveria concorrer. "Todo candidato à presidência precisa de uma narrativa para explicar como formou o caráter", escreveu ele. "Com Stephen Colbert, Biden revelou uma história e indicou uma campanha comovente, cativante e em sintonia com o agora." Passados mais dois dias, na viagem que superou a marca de um milhão de milhas percorridas como vice-presidente, o prefeito de Los Angeles me pressionou a concorrer. E, ainda mais surpreendente, um executivo da indústria do entretenimento insistiu que eu tinha mais apoio na comunidade hollywoodiana do que Hillary. Segundo ele, eu não teria o menor problema para levantar fundos ali. Pouco depois disto, George Clooney entrou em contato com Steve Ricchetti. "Eu amo Joe Biden", disse ele ao meu chefe de gabinete, "e, se ele se decidir pela campanha, entrarei com toda a ajuda que puder oferecer. Acho que já me provei um excelente captador e hoje só me chamam para isso. Mas estou comprometido. Estou disposto a assumir um papel na campanha se vocês quiserem."

Mike continuava a me dizer que a boa vontade para comigo não estava se dissipando: minha avaliação de caráter nas pesquisas só melhorava. A julgar em termos políticos — minhas características pessoais, minha plataforma, meu histórico —, dizia ele, a candidatura tornava-se mais viável a cada dia. A autenticidade era cada vez mais importante para os eleitores. A necessidade de alguém capaz de falar à classe média na disputa era mais urgente, e um candidato que fosse capaz de dialogar com lados opostos das divisões partidárias, mais insistentes. Em setembro, Mike acreditava ainda mais em minhas possibilidades de vitória do que em julho.

Bill Bradley telefonou de novo quando voltei da Califórnia. Agora era minha vez, insistia ele. Contou sobre ter ouvido uma mulher em um café dizer que eu deveria concorrer. "E não quero ver ninguém o atacando", dissera ela a uma amiga. "Já passou por coisas demais."

"Joe, às vezes a pessoa e a ocasião se encontram", disse meu velho colega. "A tragédia criou um vínculo entre você e a população, e você pode fazer uso disso. O momento é seu. Se você se erguer, o país inteiro se ergue junto." Ele disse que não queria me pressionar, que eu deveria ir com calma e me certificar de estar pronto para o desafio. Segundo ele, se a mulher do café estivesse certa, ainda havia tempo. "O seu é um caso especial."

Eu sabia que a disputa contra Hillary seria tensa, mas achava que poderia vencer. Deve ter sido dificílimo para ela tomar a decisão de concorrer, pois sabia que seus detratores partiriam para cima dela. Dito e feito. Seus índices vinham caindo face aos ataques implacáveis dos republicanos e à cobertura crítica da imprensa. Bernie Sanders abrira onze pontos de vantagem nas pesquisas em New Hampshire e chegara ao empate em Iowa. Ela não conseguia desviar o foco de seus e-mails e dos cachês pelas palestras em Wall Street. Embora eu não soubesse o quanto isso importava de fato, tinha uma performance melhor do que a dela, na comparação direta com os republicanos. "Para alguém que não é candidato", disse o diretor do Instituto de Pesquisas da Universidade de Monmouth, "Biden está abrindo terreno contra a favorita." O sindicato dos bombeiros havia decidido adiar o anúncio do apoio a ela até eu tomar minha decisão. O diretor do AFL-CIO me elogiava, o que estava causando uma grande consternação ao comitê de campanha de Hillary. Era evidente que a campanha dos Clinton tinha sérias preocupações em relação à minha entrada na disputa.

Uma nova dinâmica se estabelecia de súbito. Steve e Mike recebiam telefonemas havia meses de amigos próximos na campanha de Clinton e de gente com quem haviam trabalhado na equipe do presidente Obama. Em geral, eram sondagens. *Qual é a de vocês? Isso não é para valer, é?* Mas os telefonemas eram diferentes agora. Do lado dos Clinton, a narrativa batida que promoviam sobre minha empreitada autodestrutiva e heroica havia começado a ser repensada. Agora diziam que, se eu concorresse, teria um impacto tão grande que dividiria o partido ao meio ou tiraria tantos votos de Hillary que Bernie levaria a indicação de lavada. E então a eleição geral estaria perdida de vez. Alguns assessores próximos de Obama continuavam a dizer para Steve e Mike que não tínhamos chance de vitória. *Por que vocês não entendem isso?*

A verdade é que eu, assim como o restante da equipe, estava à vontade com meu status de azarão no início da disputa. A crescente insistência para não concorrer deixou todo mundo com certa raiva e muito mais determinação. Steve repetia a quem quisesse ouvir no prédio que eu conquistara o direito de tomar minha própria decisão. E que ninguém deveria dizer o que aconteceria na disputa da indicação pelo Partido Democrata antes de a votação ser aberta. No início de outubro, eu já percebia que minha própria equipe estava se preparando para entrar para valer na briga.

Convocamos uma reunião para 5 de outubro para a tomar a decisão final sobre nossas chances de montar uma equipe de primeira linha e arrecadar o dinheiro necessário. Steve e Mike estavam presentes, assim como Greg Schultz e Michael Schrum, que vinham trabalhando nos fundamentos da campanha desde julho. Jill, Val e Hunter estavam lá.

E Ted Kaufman. Mas o círculo agora havia se ampliado e incluía gente como Bob Bauer e Anita Dunn, que haviam sido peças-chave na equipe de Obama. Bob, que fora conselheiro legal da Casa Branca, chegara a um acordo com sua firma para que pudesse usar seu tempo de folga para atuar como um dos meus principais assessores no processo de tomada dessa decisão. Observei, quase que estupefato, falarem sobre tudo que precisava ser feito. Estava claro que tínhamos tempo para cumprir os prazos dos estados no que se referia à papelada. Sabíamos exatamente de quanto precisávamos para disputar os primeiros quatro estados e levantar a verba estava ao nosso alcance — mesmo com a decisão de não fazer proveito dos Super PACs, que poderiam receber doações ilimitadas de indivíduos ricos. Mais de cinquenta pessoas já estavam alinhadas conosco, cada uma com um histórico de arrecadação de pelo menos 250 mil dólares para a chapa Obama-Biden e todas elas dispostas a repetir a dose para Biden 2016. Era só pedirmos.

Greg Schultz já havia identificado diretores estaduais em Iowa, New Hampshire, Nevada e Carolina do Sul. Havia arregimentado os melhores organizadores em estados divididos como Pensilvânia, Ohio e Flórida. Era evidente que ainda havia pessoas competentes disponíveis, prontas para embarcar na empreitada. Anita Dunn, ex-diretora de comunicações de Obama, já estava na equipe. Pete Rouse, que fora o vice-chefe de gabinete do presidente, também aceitara se juntar a nós. Fiquei muito orgulhoso de perceber como vários ex-membros da equipe de campanha do presidente Obama, seu staff na Casa Branca e até membros de seu ministério mostravam-se dispostos a demonstrar apoio.

Havíamos montado uma bela lista de apoiadores. Anita estruturara um plano de comunicação visando a um anúncio em duas semanas, talvez três. Estávamos prontos para buscar espaços físicos em Wilmington para montar o quartel-general da campanha. Ao final da reunião ficara claro para todos na sala que tínhamos como montar uma equipe de primeira linha e não nos faltava condições de arrecadar dinheiro para sustentar as primeiras quatro disputas das primárias. No início de julho, eu não estava nem um pouco confiante, mas, em 5 de outubro, a situação era outra. Só restava um obstáculo — eu mesmo.

No dia seguinte, 6 de outubro, uma matéria do *Politico* me deixou abalado. A equipe tentou até esconder de mim a manchete — EXCLUSIVO: O PRÓPRIO BIDEN VAZOU O ÚLTIMO DESEJO DE SEU FILHO. "Desde agosto, Joe Biden tem usado seu falecido filho como centro de suas deliberações sobre as eleições de 2016", dizia a matéria. "Mais precisamente, desde 1º de agosto — dia da publicação de uma coluna de Maureen Dowd, cujos textos são notoriamente críticos a Hillary Clinton, que representou uma guinada nas especulações referentes à presidência [...] Foi como se Biden tivesse colocado um anúncio no *The New York Times*."

Imagino que já deveria esperar por isto.

Contudo, a matéria do *Politico* ultrapassou até minhas piores expectativas de como a oposição agiria. A ideia de que eu usaria a morte de meu filho para extrair vantagens políticas era revoltante. Não achei que alguém fosse acreditar, mas senti minha raiva aumentar. E compreendi o perigo daquilo, ainda mais no estado emocional em que me encontrava. Se Beau fosse novamente mencionado nestes termos no contexto de um depoimento feito por mim, temia não conseguir controlar minha raiva. E acabaria dizendo ou fazendo algo de que me arrependeria.

A reunião de campanha que acabaria por ser nossa última transcorreu noite adentro na terça-feira, 20 de outubro. A equipe continuava a discutir os detalhes do plano de lançamento quando reparei que Mike Donilon não tirava os olhos de mim. Ele me conhecia havia trinta anos. Estivera comigo na estruturação de nossa plataforma para 2016, sempre com uma resposta rápida para quem demonstrava dúvidas. "Não tirem isso dele", era o que dizia. Mike me diria depois que, naquela noite, ao me observar enquanto o momento crítico se aproximava, percebia a tensão em meu rosto. A dor que enxergava em mim era indescritível. Mike também sabia que Jill teria apoiado qualquer decisão que eu tomasse, mas achou ter visto receio nos olhos dela. Flagrei-o olhando para mim e gesticulei como quem diz: *O que foi, Mike?*

"Acho que você não devia se candidatar", foi a resposta.

Nos dois anos em que vínhamos debatendo esse projeto, aquela foi a primeira vez que ele se mostrou contrário à ideia. Compreendi que Mike não falava como estrategista político, pois sabia que ele acreditava profundamente em minha candidatura e, assim como eu, em nossas chances de vitória. Ele falava como amigo.

Ao me despedir de todos naquela noite, chegara a hora de eu tomar minha decisão — e assim o fiz. A primeira pessoa com quem falei foi Jill, e, em seguida, Hunter e Ashley.

Ao me levantar na manhã seguinte, liguei para o presidente Obama para informá-lo. Liguei depois para Steve e Mike. Steve telefonou para o chefe de gabinete da Casa Branca e ouviu dele que o presidente dissera que faria todo o possível para me ajudar. Barack fez a generosa oferta de estar ao meu lado durante o anúncio e nos convidou para fazê-lo no Rose Garden, atrás do Salão Oval. Mike e Steve foram até o Observatório Naval de manhã bem cedo e se juntaram a mim no carro para que pudéssemos aproveitar o curto trajeto até a Casa Branca para pensar no que eu diria. "É o certo a ser feito pela família", falei para Mike no caminho. "É o certo a ser feito por mim."

O presidente nos recebeu no Salão Oval para revisar o que eu diria naquela manhã e foi incrivelmente solidário. Eu sabia ter tomado a decisão correta ao sair para o Rose Garden com Jill de um lado e Barack do outro para explicar que não teria como assumir o compromisso necessário para concorrer. O tempo havia se esgotado. O processo de luto, expliquei, "não respeita ou se importa com coisas como prazos burocráticos, debates, primárias e caucus". E eu continuava de luto.

Fiz questão de mostrar ânimo, de manter a cabeça erguida, de sorrir. Não preparara um discurso, tinha somente algumas anotações, mas sabia que queria enfatizar que ainda estava otimista quanto ao futuro do país e deixar claro que não pararia de me pronunciar. "Acredito que temos que acabar com esta política agressiva e polarizadora que só serve para enfraquecer as estruturas de nosso país, e creio que podemos fazê-lo. É cruel. É mesquinho. E já está durando tempo demais. Não acredito, como alguns, que seja uma ingenuidade dialogar com republicanos. Não acho que devamos enxergá-los como inimigos. São nossos opositores, não nossos inimigos. E, pelo bem da nação, precisamos trabalhar juntos [...] Mais quatro anos desse tipo de embate sujo podem ser mais do que o país consegue aguentar." E, de forma despretensiosa, disse que tinha um arrependimento. "Se eu pudesse ser qualquer coisa", disse, "gostaria de ter sido o presidente que deu fim ao câncer, porque é possível."

Mike estava lá no Rose Garden naquele dia, apenas observando. "Joe Biden me pareceu um pouco menos sofrido", diria depois. "E um pouco menos vivo."

EPÍLOGO

Em 6 de dezembro, lá estava eu mais uma vez em um avião, a caminho de Kiev, acrescentando mais milhas ao milhão acumulado nas viagens como vice-presidente. Havia sido convidado para discursar no parlamento da Ucrânia, o Rada, e sentia que seria um dos discursos mais importantes que já fizera na Europa. A Ucrânia se encontrava em uma encruzilhada histórica no fim de 2015. Queria deixar esse momento registrado e lembrar aos homens e às mulheres na plateia do Rada que eles estavam à beira de algo extraordinário e — como tudo que vale a pena na vida — extraordinariamente frágil. Havia semanas que eu trabalhava no discurso e seus temas importantes, focando não só no texto, mas também no tom que desejava exprimir ao fazer minhas colocações. Quando alçamos voo, rumo à Europa, eu ainda aprimorava o que tinha escrito.

Eu tinha em mente os mais de cem civis ucranianos mortos havia quase dois anos em Kiev, durante protestos da Revolução da Dignidade — os "Cem Divinos", como ficaram conhecidos. Esses ucranianos já haviam sido consagrados como mártires da causa da liberdade e da independência, mas também foram pessoas de carne e osso, com suas razões para ter esperança e ser felizes. Por isso eu pensava na dor profundamente real de uma centena de famílias cujos maridos, pais, filhos, esposas, mães ou filhas haviam sido perdidos — sem falar nos milhares de outros que os consideravam amigos íntimos e queridos. Esses milhares de ucranianos ainda poderiam ter algum consolo na possibilidade de que um glorioso recomeço para o país honrasse as vidas perdidas. *Entre o fogo e o gelo, atiradores em topos de prédios, os Cem Divinos pagaram o mesmo preço irrevogável de patriotas pelo mundo afora,* dizia o discurso no qual eu trabalhava. *Seu sangue e sua coragem valeram ao povo ucraniano uma nova chance de liberdade. O sacrifício deles — sendo bastante direto — é agora sua obrigação.*

O tempo para o governo da Ucrânia se acertar chegava ao fim. A economia do país estava em frangalhos enquanto Vladimir Putin continuava a pressionar seus pontos mais fracos: o suprimento de energia, o mercado de títulos de renda fixa, a venalidade endêmica nos negócios e na política ucranianas. A corrupção estrangulava o crescimento econômico, esvaziava as Forças Armadas e destruía a confiança no governo. O Rada criara a nova Secretaria Nacional Anticorrupção e empregara detetives, mas a nova agência ainda não havia processado ninguém e os dois principais partidos políticos continuavam mergulhados em fraudes. O próprio procurador-geral era alvo de acusações de corrupção. Membros convictos do movimento reformista começavam a desanimar; um de seus líderes questionava se a Ucrânia como nação não estaria a ponto de ruir. A sensação era de que o sacrifício dos Cem Divinos — assim como o de milhares de outros ucranianos mortos nos conflitos desde então — poderia ter sido em vão. Esse era o cenário que eu adentrava naquela primeira visita de volta à Ucrânia desde as vésperas do último Dia de Ação de Graças, um ano antes.

Seguindo a rota até o leste europeu naquele dezembro, sobrevoamos o Atlântico Norte, onde, em um dia claro, o primeiro ponto de terra a surgir é a Irlanda — um marco fundamental de minha história familiar e pessoal. Um de meus colegas no Senado, Daniel Patrick Moynihan, certa vez realizou uma observação simples e profunda sobre nós, irlandeses: "Não compreender que a vida vai nos derrubar é não compreender o que ela tem de irlandesa." Algo que eu sabia ser verdade antes mesmo de ouvir aquilo em voz alta com as palavras do senador Moynihan, como bem sabe qualquer descendente dos Blewitt do condado de Mayo, onde o rio Moy começa a se alargar e a se confundir com o Atlântico Norte, e dos Finnegan do condado de Louth, às margens de um pequeno e imprevisível braço do mar da Irlanda. Àquela altura, eu já havia sido derrubado com força suficiente para entender o que a vida tinha de irlandesa, e aquele último ano servira para trazer tudo à tona mais uma vez.

Porém, o caráter irlandês da vida não se resumia a isso para mim — não era nem a metade. "Mantenha a fé, Joey", costumava dizer o vovô Finnegan quando eu saía por sua porta. "Lembre-se, o melhor de seu sangue é irlandês." Nós, irlandeses, como gosto de dizer às pessoas, somos o único povo do mundo com nostalgia do futuro. Nunca deixei de ser um sonhador. Recuso-me a deixar de acreditar nas possibilidades. Ao sobrevoar o Atlântico Norte no *Air Force Two* enquanto trabalhava no discurso ao Rada, me pus a pensar em tudo isso, assim como em outra força motriz da vida — uma que eu imaginava compartilhar com todos os membros eleitos do Rada.

Uma coisa que aprendi ao trabalhar com políticos e líderes de nações ao redor do mundo é que temos muito mais semelhanças do que diferenças. A maioria de nós tem aspirações parecidas: a oportunidade de fazer parte da criação de algo verdadeiramente importante e significativo para seu país; a chance de fazer parte de um momento histórico e ser lembrado pela coragem e visão que nortearam suas atitudes. Por isso, acreditava saber o tipo de discurso político que teria apelo junto àqueles legisladores ucranianos. Eu mal tinha chegado à adolescência quando minha mãe me perguntou o que eu gostaria de ser, ou de fazer, quando crescesse. Só tinha certeza de uma coisa. Eu gostaria de fazer alguma diferença, de ser parte de alguma mudança histórica significativa. Imagino que, na época, eu estivesse pensando nos direitos civis.

Esse ímpeto é inegavelmente poderoso e acredito que aplicá-lo a serviço do bem é nossa melhor esperança para o futuro. Assim, ao preparar meu discurso, compreendi que seria preciso ir bem além de um mero anúncio ao Legislativo ucraniano do incremento em 190 milhões de dólares na assistência direta dos Estados Unidos. Certificá-los de que nosso país e seus aliados iriam continuar a apoiá-los face às pressões militares e econômicas de Putin e a defender seu direito de nação soberana de tomar as próprias decisões e escolher os próprios parceiros. Lembrá-los de que precisavam continuar a extirpar a corrupção desenfreada da política de seu país. Nenhuma dessas falas seria suficiente para atingir o objetivo necessário. Senti que teria que lembrá-los de seu propósito maior.

Ao subir ao púlpito do Rada em 7 de dezembro, eu estava determinado a apelar a algo maior que os interesses particulares de cada membro: a chance de proporcionar a seus filhos e netos um legado de liberdade e democracia com as quais, por séculos, não haviam podido contar. Então disse a eles que haviam atingido um momento em que teriam condições de instaurar na Ucrânia uma verdadeira democracia, independente e sustentável, um momento semelhante àquele vivido pelos americanos durante nossa revolução, mais de dois séculos antes. "Tudo teve início quando homens conscientes se ergueram em casas legislativas que representavam cada região da então América Colonial — Massachusetts, Pensilvânia, Virgínia, com interesses muito diferentes — e declararam em cada uma delas os direitos inerentes ao povo livre [...] o direito inerente de ser livre", afirmei. "De um vasto continente e de um povo diverso — nas palavras de John Adams, um de nossos fundadores e depois presidente, 'uma máquina desajeitada' —, extraíram uma democracia representativa unida na qual as pessoas se enxergavam como americanas em primeiro lugar e cidadãs de sua região em segundo." Este feito valeu a Washington, Adams, Jefferson, Franklin, Madison, Hamilton e dezenas de outros a presença nos livros de história.

"Vocês têm a oportunidade histórica de serem lembrados como o Rada que enfim instituiu os pilares da liberdade pelos quais seu povo anseia e deseja há tantos anos", declarei ao Parlamento ucraniano. "A hora é de vocês. A responsabilidade é de vocês." Eles tinham que deixar de lado o partidarismo e o paroquialismo e almejar aquilo que Edmund Burke chamava de "o bem geral". Se fossem bem-sucedidos, eu acreditava de verdade que seus netos iriam se referir a eles com admiração e reverência.

"Tudo isso está ao alcance de vocês", disse aos membros do Rada. "Está nas suas mãos. Nas de mais ninguém — nas suas."

Ninguém nunca me disse que uma vida na política e no serviço público seria fácil; assim como a vida, nunca esperei que a política fosse livre de decepções e mágoas. Mas sempre acreditei que o esforço valia a pena. E, ocupando um cargo público por voto popular desde os 27 anos, vim a compreender como tudo que é bom é difícil e leva tempo. Talvez seja preciso uma geração ou mais para termos certeza se a Revolução da Dignidade na Ucrânia terá tido sucesso. Ou para sabermos se o investimento americano no Triângulo Norte — Honduras, Guatemala e El Salvador — transformará de fato aqueles países em democracias seguras e estáveis com economias em expansão e uma classe média emergente com boa instrução. Ou para sabermos se todo o sangue derramado e os recursos alocados, e o esforço de Beau e centenas de milhares de outros soldados americanos no Iraque, fariam florescer uma democracia inclusiva e unificada com base em liberdade e tolerância religiosa. Eu estava determinado, mesmo em meu último ano de mandato, a fazer o que fosse possível para que avançássemos na direção correta em todas essas áreas. E assim acontecia.

Cerca de uma semana depois de meu retorno de Kiev, o Congresso aprovou uma verba de 750 milhões de dólares para os países do Triângulo Norte, projeto em que eu investira muito do meu tempo pessoal e da minha reputação para obter. Era o triplo do montante do ano anterior e seria o suficiente para começarmos a ajudar líderes políticos da região a montar governos civis sensíveis aos seus respectivos cidadãos e aumentar-lhes a segurança e as oportunidades. E então, na última semana de dezembro, com ajuda de instrutores militares dos Estados Unidos e mais de seiscentos ataques aéreos da coalizão a alvos do Estado Islâmico, as forças de segurança do Iraque retomaram Ramadi dos jihadistas. A coalizão de combatentes xiitas e sunitas do primeiro-ministro Abadi havia tomado a cidade e sustentado sua posição. Os comandantes de Abadi já planejavam a liberação de outras cidades-chave em Anbar e logo avançariam para Mosul. Senti orgulho ao me lembrar de quando Abadi me ligara nove meses antes dizendo "Joe, preciso da sua ajuda", e eu o apoiei. Acho que fiz diferença.

O presidente Obama preparou uma surpresa para mim em seu último discurso sobre o Estado da União, em janeiro de 2016. "No ano passado, o vice-presidente Biden afirmou que, com uma nova instituição de pesquisa, nosso país poderia alcançar a cura do câncer", disse ele, com cerca de 25 minutos de discurso. "Esta noite estou anunciando um novo empenho neste sentido. E como ele se engajou em nome de todos nós em tantas questões ao longo dos últimos quarenta anos, entrego a Joe o comando da missão. Em nome das pessoas queridas que perdemos, e das famílias que ainda podemos salvar, vamos fazer dos Estados Unidos o país que vai curar o câncer de uma vez por todas. O que me diz, Joe?" Eu recebia a notícia ao mesmo tempo que o restante do país. Quando o presidente se virou para mim e assentiu, olhei ao redor e vi meus antigos colegas dos dois lados do corredor de pé, aplaudindo. Aquilo me deu a esperança de que fôssemos capazes de fazer algo significativo.

Barack presenciara o que minha família passara ao longo dos últimos anos, não só os momentos difíceis, mas também aqueles em que o brilhantismo e o esforço da equipe médica do M. D. Anderson nos encheram de esperança. Ele me ouvira, alguns meses antes, no Rose

Garden da Casa Branca, quando expus meu único arrependimento genuíno quanto a não concorrer à presidência: que eu não estaria governando quando acabássemos de vez com o câncer. Quando o presidente me passou o comando da missão, cada burocrata federal sabia que eu teria o apoio irrestrito dele para arregimentar todos os ativos do governo, assim como contar com a ajuda da comunidade nacional e internacional de especialistas. Aquela era a primeira vez que qualquer presidente delegava tal autoridade a um indivíduo no intuito de resolver o problema. Eu recebia de suas mãos uma oportunidade incrível — uma chance de impedir que outras famílias passassem pelo que havíamos passado.

Nesses últimos anos, trabalhei para acelerar a batalha contra o câncer. Acredito que estamos chegando perto de obter avanços reais e significativos, e tenho me dedicado a dois aspectos — trazer à luta um sentido de urgência e me certificar de que os sistemas de prevenção, pesquisa e cuidados com pacientes sejam projetados para se beneficiar do melhor da ciência e da tecnologia do século XXI. Estamos à beira da era dos supercomputadores com capacidade de processar um bilhão de bilhões de cálculos por segundo, aumentando a possibilidade de encontrarmos novas respostas se pudermos alimentá-los com os dados de milhares, ou milhões, de pacientes. Tenho incentivado um sistema que honre a ciência coletiva e mais colaboração intensa e compartilhamento de dados entre clínicos, pesquisadores e especialistas médicos dos diferentes institutos do câncer no país e mundo afora. Tenho feito o possível para disponibilizar a todas as comunidades a melhor prevenção e os melhores cuidados, de forma que o lugar onde a pessoa mora não seja o aspecto primordial que vai determinar o desfecho de sua história. E tenho procurado encontrar formas de incentivar companhias farmacêuticas a trabalhar umas com as outras para incrementar o uso de terapias combinadas em testes clínicos. Acima de tudo, meu desejo é o de incentivar um sistema e uma cultura nos quais o interesse dos pacientes e de suas famílias esteja à frente de todas as outras considerações. Aprendi em primeira mão, da maneira mais difícil possível, que enfrentar o câncer é, na melhor das hipóteses, uma provação assustadora e custosa até mesmo para a mais forte das famílias. É preciso identificar todos e cada um dos obstáculos extras depositados perante essa gente sofrida, considerá-los imperdoáveis e fazer o possível para aboli-los.

Essa empreitada conta com o apoio dos dois partidos no Congresso, o auxílio de empresas de toda a nação e o compromisso de muitos outros países para nos ajudar no esforço para dar fim ao câncer como o conhecemos. A meta está em nossas mãos, e alcançá-la nos lembrará de algo que o país parece ter perdido de vista: não há nada que nós americanos não possamos fazer se tivermos determinação. Não há desafio grande demais para nós. Sou mais otimista quanto às nossas chances hoje do que era ao ser eleito para o Senado aos 29 anos. O século XXI será mais um Século Americano.

Ao escrever este livro, no verão de 2017, ainda reflito sobre a pergunta que Barack me fez em sua sala de jantar particular, anexa ao Salão Oval, em janeiro de 2015: "Joe", perguntara ele, "como você quer passar o resto de sua vida?" A resposta que lhe dei na ocasião continua a valer. Aliás, eu teria lhe dado a mesma resposta quando estava em meus primeiros passos na vida pública. A mesma resposta que teria dado sempre que fui candidato ao Senado dos Estados Unidos. A mesma resposta que teria dado ao deixar para trás 36 anos de Senado para me tornar vice-presidente. A mesma que teria dado antes de receber o diagnóstico de Beau, ao longo de toda a sua batalha contra o câncer e todos os dias desde então. A diferença é que agora tenho outra voz na cabeça, tão apaziguadora quanto insistente. *Você tem que me prometer que, aconteça o que acontecer, vai ficar bem. Me dê sua palavra, pai. Você vai ficar bem.*

Beau não falou com todas as palavras naquela noite na mesa de jantar, algumas semanas antes de nosso último Dia de Ação de Graças juntos em Nantucket, quando me pediu que prometesse. Nem era preciso. Sempre fomos capazes de adivinhar os pensamentos um do outro. O sentido do que dizia era claro. Ele contava também com Hunt para garantir que eu cumprisse a promessa. E hoje uso o rosário de Beau ao redor de meu punho todos os dias, como tenho feito desde sua morte, como uma lembrança do que ele esperava de mim. Eu tinha que cumprir meu dever, pelo tempo que fosse necessário. Era minha função como marido, pai e avô. Tinha que colocar toda a minha força à disposição de Hallie para ajudá-la a criar as crianças, Natalie e Hunter. Tinha que estar presente para Jill, Hunt e Ashley. Mas a família não era o principal. Beau sabia que ela era sólida, que onda alguma a arrastaria. Tinha fé em nossa resiliência. Havia muito mais que eu precisava fazer além deste âmbito, e ele temia que eu abandonasse minhas obrigações para com o mundo em geral. Beau insistia para que me mantivesse fiel a mim mesmo e a tudo pelo qual trabalhara ao longo dos anos. Queria que prometesse continuar engajado na vida pública da nação e do mundo. *Sua base, pai. Sua base.*

Como quero passar o resto da minha vida? Quero passar o máximo de tempo que puder com minha família *e* quero ajudar a mudar o país e o mundo para melhor. Este dever me proporciona muito mais do que um propósito; me proporciona motivos para ter esperança e me faz ficar com nostalgia do futuro.

POSFÁCIO

O presente de Beau

Voltamos em família a Nantucket para o Dia de Ação de Graças de 2017.

Jill e eu tínhamos conosco todos os nossos cinco netos e estávamos decididos a cumprir cada um dos rituais tradicionais da família Biden: os grandes jantares, as longas caminhadas por nossas lojas favoritas no centro (um legado do vovô), bater perna na praia de Sconset, ver a cerimônia em que a árvore de Natal é acesa e, é claro, dar cabo das listas natalinas. Havia a antiga alegria familiar de apenas estar juntos, somada à notícia recebida em nossa primeira noite em Nantucket: *Promessa de pai* era o livro de não ficção mais vendido do país naquela semana. Em vários sentidos, os nove meses passados desde minha saída da vice-presidência haviam sido mais satisfatórios do que eu esperava: ativos, significativos, recheados de propósito. O Centro Penn Biden para Diplomacia e Engajamento ia de vento em popa, assim como o Instituto Biden da Universidade de Delaware, a Fundação Biden, a Iniciativa Biden contra o Câncer e, o que mais me alegrava, a Fundação Beau Biden para a Proteção de Crianças. Eu estava no começo do que seria uma turnê por 38 cidades para promover o livro. Todos na família melhoravam e me fortaleciam um pouco a cada dia.

Acabamos esticando as férias em um dia para encaixar um evento promocional do livro no auditório Mary P. Walker, em Nantucket. Portanto, era o sábado anterior ao Dia de Ação de Graças e fui até a rua principal para pegar um café quando um idoso se aproximou de mim na calçada. "O senhor não me conhece", disse ele educadamente, "mas, cerca de quatro anos atrás, eu estava andando pela rua bem ali em frente à farmácia, com dificuldades, e um rapaz muito gentil parou e disse: 'Posso ajudá-lo com as compras, senhor?' Ele pegou a sacola e me levou até a esquina porque eu estava perdido. E era seu filho, Beau."

Foi um pequeno choque ouvir seu nome assim, de forma tão inesperada: *Beau*. Da mesma forma, fui pego de surpresa uma semana antes, quando o mediador de um evento promocional do livro em Nashville, o renomado editor e historiador Jon Meacham, se virou para mim perante uma plateia de quase duas mil pessoas e disse: "Conheci um pouco Beau. Lembro-me de tomar um café com ele em Nova York e pensar: *Ele vai ser presidente.*" Aonde quer que eu fosse, independentemente do que estivesse fazendo, as pessoas queriam falar comigo sobre ele, sobre a ligação que criaram com ele. Houve até um homem que havia trabalhado com Beau durante o serviço militar no Kosovo. Gente que eu conhecia bem, e pessoas que eu tinha visto antes na vida, todos me abordavam quase diariamente naquele outono após a publicação do livro e continuam a fazê-lo até hoje, com alguma história a respeito de Beau. Os relatos variavam de alguma pequena gentileza pessoal que ele havia feito para um estranho à sua obstinação como procurador-geral de Delaware em prol de algum cidadão, chegando até o quão extraordinariamente promissor ele era: "Ele vai ser presidente."

Agora já faz mais de três anos desde que Beau se foi, mas sua ausência ainda é forte. Até hoje, ao menos 25% do tempo, a primeira coisa que penso ao acordar, a primeira coisa que *sinto*, é sua ausência. Acordo pela manhã sentindo sua falta. Meu primeiro instinto é querer pegar o telefone, ligar para ele e ouvir sua voz. E ainda machuca. *Acordei. Ele sumiu. E o nascer do dia trouxe a noite de volta para mim.*

No entanto, fiz uma promessa a Beau e sigo determinado a cumpri-la. Por mais difícil que tenha sido a turnê promocional do livro no início, por mais difícil que tenha sido falar da perda de Beau sem perder a compostura, por mais difícil que tenha sido responder a tantas perguntas sobre o atual estado de nossa política interna e de nossas relações internacionais quando tudo o que eu queria era falar de Beau e de tudo de bom que ele representou, foi também surpreendentemente catártico. Eu me senti como se estivesse fazendo algo significativo, com um propósito, cumprindo uma promessa feita ao meu filho. O mais surpreendente e gratificante é a quantidade de pessoas que comparecem aos eventos não pela política, mas por uma necessidade de alívio. Em busca de uma conexão. Às vezes, me dirijo à plateia e peço às pessoas que perderam alguém querido ou que lutaram elas mesmas contra o câncer ou alguma outra doença potencialmente terminal para erguerem as mãos. Tenho a impressão de que, na maioria dos lugares, ao menos 75% do público fez o que pedi.

No fim, sempre há uma fila de pessoas que permanece no local em busca de um autógrafo no livro e de uma foto comigo. Permaneci em cada evento por cerca de uma hora, cumprimentando pessoas; não demorei a aprender que muitas delas buscam por bem mais do que um aperto de mão fugaz e uma lembrança para colocar na estante ou emoldurar e pendurar na sala de estar. Certa noite em Los Angeles uma mulher muito distinta caminhou em minha direção e, sem pedir, me abraçou. Comecei a tentar me desvencilhar. Mas antes que eu tivesse chance, ouvi a mulher dizer baixinho, de forma que só eu e mais ninguém pudesse ouvir: "Sinto muito, sinto muito", disse ela, começando a chorar de repente. "Perdi minha filha há cinco dias. Glioblastoma. Só me abrace por um instante. Sinto muito, mas por favor, por favor, me abrace por um instante."

Era uma pergunta comum nesses eventos, que eu ouvia de homens e mulheres. "Posso abraçar o senhor?" Ao menos meia dúzia de pessoas confidenciou ter perdido alguém poucos dias antes, e muitas, muitas outras, disseram que precisariam enfrentar esta situação horrível em um

futuro muito próximo. Todos buscavam alguma espécie de bote salva-
-vidas emocional para agarrar, por mais efêmero que fosse. Alguém capaz de entender o que estavam passando naquele momento. Um amu-
leto de algum tipo que pudesse tornar suportável, se não reversível, seu
tenebroso futuro. *Eu acompanhei você*, diziam. *Como aguentou passar
por isso uma segunda vez?* O que realmente queriam saber, em suma,
era: *Vou ficar bem? Vou sobreviver?*

Como eu sabia por experiência própria, nada que pudesse lhes dizer traria o conforto necessário. Palavras não bastam. Sabia também que, no fundo, o luto e a dor são vividos individualmente, não importa o número de amigos e pessoas gentis ao redor nem o tamanho da fé. Mas acreditava que o simples ato de estar lá, oferecer-lhes minha presença física, deixá-los me ver aguentando firme, pudesse fazer diferença, trazer alguma esperança. O simples ato de oferecer um consolo a outras pessoas tem sido meu trabalho mais gratificante longe do serviço público. A demanda por isso parece alta ultimamente. E a verdade é que a sensação, por menor que seja, de poder aplacar o sofrimento das pessoas tem me ajudado a curar minhas feridas.

Foi tanto por mim quanto por ele que decidi ir ao Arizona ver John McCain no fim de abril de 2018. Meu velho amigo estava muito doente e era improvável que se recuperasse. Eu havia conseguido lhe ser útil em alguns eventos públicos. Falei em seu nome, a pedido dele, por ocasião de um prêmio incrivelmente honroso que recebeu na Conferência de Segurança de Munique daquele ano. E uma vez mais quando ele recebeu o Prêmio Honorário da Academia Naval Americana em reconhecimento "a toda uma vida dedicada à Armada, ao seu caráter pessoal e às suas ilustres contribuições à nossa nação". Consegui falar com John no telefone após a cerimônia da Academia Naval. "John, eles adoram você", disse a ele. "Todo o corpo de fuzileiros o ovacionou."

A viagem ao rancho de John no Arizona era uma oportunidade de passar um pouco de tempo com meu antigo colega de Senado e amigo. Só queria abraçá-lo e dizer-lhe pessoalmente que estava pensando nele.

Sabia bem demais o que John e sua família passavam, pois ele lutava contra a mesma doença infeliz que Beau teve que enfrentar: glioblastoma estágio IV. Seu prognóstico era o mesmo de qualquer um que recebesse tal diagnóstico, incluindo Beau. A não ser que haja algum avanço milagroso em seu tratamento, a sobrevida da maioria dos pacientes com essa doença não costuma passar de um ano ou um ano e meio.

Sempre que pensava em John e em como ele se portara nos nove meses desde seu diagnóstico, era inevitável me lembrar de Beau. Porém, percebia que minhas reflexões eram menos sobre a condição médica compartilhada pelos dois e mais sobre o sentido de missão que enxergava em ambos, ainda que face a uma sentença de morte. John insistia em continuar a cumprir com seu dever cívico enquanto lhe fosse possível. Retornara a Washington dias após o diagnóstico e a cirurgia, em julho de 2017, apesar da contraindicação dos médicos, determinado a seguir com seu trabalho. E ainda que agora estivesse impossibilitado de viajar a Washington para participar do dia a dia do Senado, John trabalhava feito louco para terminar um livro novo, considerando a obra sua mensagem de despedida ao país que tanto amara e defendera. Fiquei particularmente tocado com uma frase do livro. "Vivi com uma determinação", escreve ele. "Servi a um propósito maior do que prazeres ou vantagens pessoais..."

Aquilo também me fez lembrar de Beau. Como John, Beau manteve até o fim seu senso de propósito. Como John, exibiu coragem verdadeira. Peguei-me de novo pensando em como Beau insistia em dirigir até a Filadélfia antes do trabalho para horas de terapia ocupacional e da fala, mesmo quando o processo já se tornara tão difícil e frustrante que precisava pedir à irmã para sair da sala. Era absolutamente inflexível em sua determinação em fazer o necessário para manter a forma física e mental para terminar o mandato de procurador-geral de Delaware. Desenvolvera uma paixão genuína por garantir que os mais vulneráveis em nossa sociedade, em especial as crianças, ficassem mais protegidos. Essa paixão, esse propósito, o impulsionavam. E continuava a fazer planos de se candidatar a governador para dar sequência à sua missão de tornar nosso estado — e nosso país — um lugar melhor. Esse senso de propósito o fazia se levantar da cama pela manhã e o mantinha vivo. Até o fim, Beau se mostrou determinado a, nas palavras de John, "servir a um propósito maior do que prazeres ou vantagens pessoais".

Tais palavras servem de exemplo a todos nós e, para mim, são mais um lembrete do que Beau quis dizer com "Você tem que me prometer que, aconteça o que acontecer, vai ficar bem." Eu havia entendido imediatamente o que meu filho tentava me dizer sem que ele precisasse expor em palavras. *Comprometa-se, papai*, dizia ele. *Mantenha-se na disputa. Continue a lutar por tudo que acredita. Não desista.* Na época, e mesmo ao terminar o manuscrito deste livro na primavera de 2017, sempre tive a sensação de ter captado o que Beau quis dizer em grande parte devido à nossa ligação, nossa sintonia. Quando pessoas são próximas, em especial pai e filho, muita coisa é transmitida e compreendida sem que palavras sejam necessárias. Mas ao longo do último ano, ao viajar pelo país falando com pessoas sobre a vida e o legado de Beau e refletir sobre o significado de seu tempo conosco e sua mensagem para nós que aqui ficamos, me dei conta de outra coisa. Meu filho não apenas me disse como continuar depois que ele partisse ou o que esperava de mim. Ele me *mostrou* como fazê-lo. Beau me guiava não por palavras ou pensamentos, mas por algo bem mais duradouro e estimulante: a força de seu exemplo. Mesmo antes de adoecer e sem dúvida ao longo de sua batalha contra o câncer, Beau mostrara a mim, e à sua família e amigos, o valor de viver com um propósito diante dos prognósticos mais sombrios. Ainda é uma honra para todos nós tentar viver de acordo com seu exemplo, melhor capturado na Segunda Epístola a Timóteo, capítulo 4, versículo 7: "Combati o bom combate; acabei a carreira; guardei a fé."

Tributo a Beau

6 de junho de 2015

Ashley Biden

Não há palavras que podem expressar adequadamente o amor, a admiração e a adoração que sinto por meu irmão. Nada que eu diga fará jus ao que ele significa para mim — para nós.

E fico sem saber por onde começar, quando tento relembrar memórias específicas, pois toda a minha vida é uma colagem de memórias e momentos. Beau foi uma presença constante durante toda a minha vida.

Quando estava no primeiro ano da escola, fiz um desenho do que me deixava feliz; era eu de mãos dadas com meus dois irmãos. Escrevi: "Felicidade é estar com meus irmãos." Era verdade na época e continuou sempre a ser por toda a vida.

Sinto que sou a mais sortuda das irmãs caçulas por ter sido criada e norteada por dois homens extraordinários. Ainda que, como meu marido às vezes ressalta, eles não tenham seguido sempre as regras.

É impossível falar sobre Beau sem falar sobre Hunter.

Eles eram inseparáveis e seu amor um pelo outro, incondicional.

Embora Beau fosse um ano e um dia mais velho, Hunter era o vento que impulsionava Beau. Hunt lhe deu a coragem e a confiança para voar.

Ele confiava e acreditava em Hunter mais do que em qualquer outra pessoa. Hunter o inspirava com sua sabedoria, sua compaixão e seu espírito independente. Hunter dava a Beau força, conforto e coragem.

Não havia uma decisão que tomasse sem antes passar por Hunter, não passavam um dia sem se falar, nenhuma estrada onde não fossem copilotos um do outro.

Hunter era o confidente de Beau. Seu lar.

Quando nasci, fui recebida de braços abertos e protegida tanto por Beauy quanto por Hunty, como os chamei com carinho por toda a vida. Os meninos me batizaram. Eu era deles e sentia que eles eram meus.

O único lugar onde Beau queria estar era com Hunter e nossa família. E ele estará para sempre conosco.

Como irmã caçula, sempre quis ficar ao seu lado.

Quando ele estava no ensino médio e na faculdade, deixava que eu ficasse por perto desde que eu cantasse "Fire on the Mountain", do Grateful Dead. Ele me levava à Universidade da Pensilvânia, ainda que nada pudesse ser menos descolado do que levar a irmãzinha de oito anos para passar a noite em seu dormitório na faculdade.

Mas Beau não se importava — era assim que as coisas funcionariam. Eu passava tanto tempo com meus irmãos que os amigos deles me deram o apelido de "pulga".

Beau era a primeira pessoa para quem eu telefonava quando precisava de apoio e, para ser honesta, era minha primeira linha de defesa diante de mamãe e papai.

Houve inúmeras discussões à mesa da cozinha, inúmeras conversas nas quais Beau me torturava por horas até eu perceber que o que ele dizia era o certo a ser feito.

Ele jamais julgava. Só ouvia e oferecia a mão, o ombro, os conselhos sábios e o amor. Bastava olhar para ele, e ele sabia exatamente o que eu estava pensando. E sempre me dirigia um olhar, fazia um aceno de cabeça, reagia de forma a me confortar e deixar tranquila.

Estar com a família era a atividade favorita de Beau. Fosse sentar-se na varanda de nossos pais, pescar com Natalie e Hunter ou comer em nossa mesa de café da manhã. Sempre nos queria por perto, e nós sempre queríamos estar por perto.

Ele amava nossas viagens em família, especialmente os Dias de Ação de Graças passados em Nantucket — uma semana para ler, conversar, andar pela cidade e simplesmente estar juntos ao redor da fogueira.

Até onde consigo lembrar, na semana do Dia de Ação de Graças meus irmãos vinham me buscar após as aulas, nos amontoávamos no Wagoneer e viajávamos por sete horas — meu passeio de carro favorito. Beau adorava tanto Nantucket que foi lá que pediu Hallie em casamento e foi lá que se casaram.

Era um porto seguro constante para mim, meu irmão, nosso pai e nossa mãe. Era nosso protetor, nosso mediador — o capitão de nossas vidas.

Ele foi meu primeiro amor. E que lindo exemplo de amor nos deu.

Meus irmãos me apresentaram ao meu marido. Hunter, que o conheceu primeiro em um evento de arrecadação de fundos em 2008 e passou tempo com ele depois, voltou para casa e me contou sobre o homem incrivelmente divertido, bonito e gentil que ele e Beau haviam conhecido.

Na época, não prestei muita atenção. Entretanto, dois anos depois, no quarto de hospital de Beau, toda paramentada de beca e quepe após a formatura do mestrado, conheci o homem que se tornaria meu marido — e irmão de Beau e Hunt.

Beau trouxe Howard para esta família. Ele sabia que iríamos precisar dele —- seu incrível presente para nós.

Beau também nos trouxe nossa irmã, Hallie, a quem amou com todo o coração e com quem se casou devido à incrível força e determinação dela. Passei tantas noites jantando com os dois e simplesmente aproveitando sua companhia, escutando suas conversas. A compreensão e o amor de um pelo outro eram naturais. Quando caía a noite, era comum encontrá-los aninhados no sofá — com Beau muitas vezes pedindo a Hallie que lhe massageasse os pés — assistindo aos seus programas favoritos.

Beau nos deu Natalie e Hunter, tão parecidos com ele e tão valentes, inteligentes e bondosos quanto o pai. Natalie é uma líder por natureza; Hunter, um jovem xerife protetor.

Beau amava a vida e nunca reclamava, a não ser de uma coisa: não havia nada que detestasse mais que do que quando as pessoas se preocupavam com ele. Assumia abnegadamente os problemas de todos e adotava a atitude de "vamos superar isso". Ele nos ensinou a nunca desistir de nós mesmos e uns dos outros.

Tive o trágico privilégio de acompanhar Beau na quimioterapia, de duas em duas semanas às sextas-feiras. Sempre tomávamos café da manhã logo após as sessões, às vezes passeávamos pela cidade ou eu o levava para cortar o cabelo. Sempre me lembrarei com carinho desse tempo que passamos juntos, das muitas conversas que tivemos sobre a vida. Enquanto comíamos, ele sempre me fazia ouvir o que eu pensava ser sua canção-tema: "You Get What You Give", dos New Radicals. Muito embora nunca tenha parado de lutar e seu desejo de viver fosse mais forte que o de muita gente, acho que sabia que seu dia poderia chegar. A letra da canção diz o seguinte:

Todo este maldito mundo pode desmoronar.
Você vai ficar bem, siga seu coração.
*Quando estiver encrencado, virei ao seu encalço.**

Olhando para trás, creio que Beau tocava esta canção durante nossas manhãs juntos não para ele, mas para mim. Para eu me lembrar de não desistir ou não deixar a tristeza me consumir, nos consumir.

Desde que eu era bem pequena, Beauy nunca deixava ninguém desligar o telefone dizendo "tchau". Era sempre "até mais, te amo".

---

* Tradução livre de: *This whole damn world could fall apart/ You'll be ok, follow your heart/ You're in harm's way, I'm right behind.*

Beauy, veremos seu rosto e seus olhos todos os dias quando acordarmos. Ouviremos sua risada. Veremos seu sorriso. Sentiremos seu toque. Você vai estar conosco em cada decisão que tomarmos, em momentos de tristeza e dificuldade, e comemorações e alegria.

Vamos enxergá-lo onde estivermos, na beleza da natureza, em um sorriso de estranhos e em seus lindos filhos, de quem cuidaremos da mesma forma como você cuidou de todos nós.

Você está gravado em cada fibra do nosso ser. É osso dos nossos ossos, carne da nossa carne, sangue do nosso sangue. Vai estar sempre presente em nossas vidas, hoje, amanhã e eternamente.

Obrigada por tudo que nos deu e continuará a dar enquanto continuamos a viver em sua homenagem — que é como você teria desejado.

Pois então, Beauy... Até mais, te amo muito, muito.

Hunter Biden

Bom dia.

Em nome da nossa família, quero reconhecer e agradecer a todos os líderes religiosos que vieram até aqui celebrar a vida do meu irmão.

General, obrigado por estar aqui hoje. Beau tinha orgulho do serviço que prestou à nação e orgulho de ter servido sob sua liderança.

Senhor presidente, obrigado por tudo o que fez por nossa família neste momento tão difícil. E obrigado por seu incrível tributo a Beau. O senhor sabe o quanto nós o amamos.

Ashley, Beau tinha tanto orgulho de você. Ficava emocionado pela forma como você se importava com as pessoas. A profundidade de seus sentimentos. Ele via a alegria que você trazia não só à nossa família, mas à vida de tantos outros. Amava sua risada. Amava seu sorriso. Tinha tanto orgulho por ter conseguido trabalhar com você a serviço do povo de Delaware.

Amava o fato de você ter se casado com Howard, e de ter sido ele o catalisador a trazer Howard para esta família, me presenteando com outro irmão mais velho.

Natalie e Hunter, já falamos sobre isso. Seu pai sempre vai estar com a gente. Seu pai sempre vai estar ao lado de vocês. Seu pai sempre vai amar vocês. E eu prometo: vocês sempre serão amados. Somos uma família cujo amor não tem limites.

Ele é parte de vocês.

Natalie, ele é aquela parte de você que permite que você seja tão carinhosa e solidária. É a razão pela qual você é tão protetora com seu irmão, da mesma forma que seu pai fazia comigo.

Hunter, Robert Hunter Biden II, ele nos ligou para sempre, eu e você. E você é a verdadeira encarnação da calma e da concentração dele. Você e seu pai se parecem tanto que ver os dois pescarem lá na ponta do cais era como ver um reflexo da mesma pessoa.

Assim como a tia Valerie cuidou do seu pai e de mim, sempre com amor incondicional, da mesma forma que nós tivemos o tio Jimmy, o tio Frankie, o tio Jack, o tio John, mamãe e papai, vocês vão ter sua tia Ashley, a tia Liz, a tia Kathleen, Poppy e Mimi, a vó e o vô.

Vamos cercar vocês com o mesmo amor, um amor tão imenso e tão lindo. O mesmo amor que nos fez existir — o papai de vocês e eu — vai agora fazer vocês existirem.

E o amor que o papai tinha por vocês é o mesmo que ele tinha pela sua mãe.

Ele amava tanto a sua mãe. Ninguém dava a ele mais confiança e mais coragem.

Sua mãe é a pessoa mais profundamente leal e protetora que conheço, e não preciso nem dizer que ela faria qualquer coisa por vocês.

Ela era mais dedicada ao seu pai do que qualquer outra pessoa neste mundo. Faria qualquer coisa por ele — e fez de tudo por ele.

Ela deu tanto amor ao pai de vocês que possibilitou a ele dar amor a todos que encontrava.

Sua mãe compartilhou seu pai com o mundo e, o mais importante para mim, o compartilhou com a tia Kathleen — confidente e cúmplice dele por quase metade de sua vida — e os seus primos Naomi, Finnegan e Maisy, que veem o seu pai como parte de mim.

Vocês sabem que o seu pai é uma parte de mim. E eu serei sempre parte de vocês. Nós todos sempre seremos parte de vocês. Nós todos sempre seremos uma família – porque sempre fomos uma família.

Vocês são o centro do maior amor que jamais conhecerão.

Mamãe... você fez todos os nossos corações sararem. Fez de nós três um só. Você nos deu o maior presente possível: Ashley. Você deu a Beau sua força e seu equilíbrio, e lhe ofereceu o amor que só uma mãe poderia dar. Você o amou com todo o seu coração, e todos sabemos que não havia no mundo ninguém de quem se orgulhasse mais.

Você adorava Beau, e ele adorava você. É sua força e seu equilíbrio que são a fundação desta família, e sei que você nos completará novamente.

Minha lembrança mais antiga é a de estar em uma cama de hospital junto com meu irmão. Eu tinha quase três anos. Lembro-me do meu irmão, um ano e um dia mais velho, segurando minha mão, olhando no fundo dos meus olhos e dizendo "te amo, te amo, te amo" dezenas de vezes.

E nos 42 anos que se passaram desde então, ele nunca deixou de segurar minha mão, nunca parou de dizer o quanto me amava.

Mas minha mão não foi a única que Beau segurou. Era dele a mão a que todos recorriam em momentos de necessidade. Era dele a mão que pegava a sua antes mesmo de você pedir.

Essa é a história do meu irmão. Não a de seus feitos, embora tenham sido muitos:
- Oficial de justiça federal.
- Assistente especial do procurador-geral da república.

- Conselheiro legal no pós-guerra em Kosovo.
- Procurador-geral que se tornou a autoridade com mandato eletivo mais popular do estado.
- Major na Guarda Nacional do Exército.

Mas o que define meu irmão não é seu currículo extraordinário, mas a qualidade do seu caráter.

O menino — o homem — que sempre nos abraçava forte. Aquele que sempre fazia com que nos sentíssemos seguros. Aquele que sempre nos fazia sentir mais coragem do que o normal. Aquele com quem sempre se podia contar para um carinho especial.

Aquele que ouvia. Aquele que estava sempre presente quando você mais precisava dele. Aquele que sempre nos dava crédito por coisas que ele havia feito.

Ele era o nosso líder mesmo sem nunca ter pedido, que nunca nos julgava — só nos inspirava por seu exemplo.

Ele era a clareza, uma clareza na qual dava para sentir. Era a clareza do lago Skaneateles ao nascer do sol. Uma clareza na qual se podia flutuar. Uma clareza contagiosa. Ele era essa clareza, não só para sua família, mas para todos que o consideravam um amigo.

E seus amigos eram uma legião.

Esses amigos podem atestar o número incalculável de vezes em que Beau veio ajudá-los sem que ninguém pedisse. Por isso, quando éramos pequenos, nós o chamávamos de Xerife.

Não era por ser severo ou implacável — ele nos fazia rir mais do que qualquer outra pessoa. E, na verdade, se divertia mais do que a maioria de nós.

Nós o chamávamos de Xerife porque sabíamos que, se estivéssemos em apuros, se precisássemos de alguém para nos apoiar, se precisássemos saber o que fazer, poderíamos recorrer a Beau.

Quando éramos mais novos, todas as mães sabiam que, se você estivesse com Beau, estaria seguro.

Era o Xerife que livrava nossa pele, que nos mantinha em segurança e nos mostrava o caminho para casa. Ele cuidava de todos nós.

Nenhum de nós jamais precisava pedir, ele simplesmente estava lá quando precisávamos. Nunca esperava por nada em troca.

E, no entanto, nunca estávamos à sua sombra. Estávamos sempre sob a sua proteção.

Desde quando éramos crianças, erros nunca eram grandes demais para serem perdoados ou pequenos demais para merecerem o seu consolo. O seu problema era um problema de Beau também.

Mas ele parecia dar conta de tudo isso sem esforço. Da mesma forma como guardava tantos de nossos segredos. Você podia se confessar para Beau sabendo que ele jamais quebraria sua confiança.

Ele era a pessoa que você sempre queria por perto, pois sabia que ele o faria sorrir, o faria rir, o deixaria chorar. Com ele, nós podíamos ser quem éramos. E ele não apenas nos amaria do mesmo jeito, mas até nos amaria ainda mais por causa disso.

Há tanta gente nesta igreja e no país inteiro com um legítimo direito de dizer: "Beau era meu melhor amigo." E era mesmo.

Era o melhor amigo que qualquer um de nós já teve. Nas palavras de Shakespeare: "Era um homem e nada mais importa; jamais haverá outro como ele."

Este foi o homem que ele foi, em tudo o que fazia, como se a coisa mais importante do seu mundo fosse também a mais importante do mundo dele — e era para valer.

É como se todas as suas decisões fossem guiadas por seu altruísmo. Ele não entrou para as Forças Armadas para poder tirar foto de uniforme ou para deixar o currículo mais bonito. Não precisava disso. Entrou porque achava que era o certo a ser feito. Não foi servir no Iraque para ganhar uma Estrela de Bronze. Foi porque achava que era o certo a ser feito.

Ele por acaso contou a alguém aqui que tinha uma Estrela de Bronze?

Um de seus amigos mais próximos me disse outro dia: "Não acredito que eu não sabia que Beau tinha uma Estrela de Bronze."

Beau simplesmente achava que fora um privilégio servir.

Quem não conhecia meu irmão pensava que ele havia entrado para a política porque, se seu nome é Biden, é isso que você vai fazer. Mas meu irmão entrou para a política porque, para ele, era o certo a ser feito. Era o caminho mais rápido para ajudar o maior número de pessoas possível.

Sei onde meu irmão aprendeu isso — com meu pai. Aprendeu que a vida pública não é para benefício próprio, mas para ter o privilégio de poder beneficiar quem não pode fazê-lo por si próprio.

Alguém disse uma vez: "Não espere para fazer do seu filho um grande homem. Faça dele um grande menino."

Desde que saímos do hospital, meu pai passou cada instante que pôde conosco. Nenhum evento era insignificante demais, nenhum era grande demais. Viajamos com ele por todo o estado e mundo afora.

Comparecemos a milhares de discursos, jantares e debates. Andamos de trem com ele por milhares de quilômetros. Fomos com ele para todos os cantos. Achamos que o normal era querer estar com o nosso pai mais do que qualquer outra coisa no mundo.

Aprendemos com o seu exemplo — até o menor dos gestos podia ter um enorme significado.

Íamos ao Senado com ele — mais do que quaisquer outros filhos de senadores, creio. Andávamos de metrô e o condutor dizia: "Sabe, seu pai é o nosso favorito." E quando entrávamos no elevador, o ascensorista dizia: "Sabe, adoramos o seu pai."

Nada nos dava mais orgulho. Achávamos tão legal ele ser senador. Mas achávamos ainda mais legal ele conhecer cada garçom do Charcoal Pit.

A razão de ser de Beau, portanto, sua integridade, seu caráter, sua honra, vieram do amor do nosso pai.

Acredito haver um peso inerente ao amor, um equilíbrio que determina os limites do quanto alguém pode dá-lo ou recebê-lo. Mas, para Beau, tais limites pareciam não existir.

A beleza de Beau não residia no quanto foi amado, mas em quanto amor podia oferecer. E ele dava este amor livremente. Fazia-o com sua risada, seu toque, suas palavras, mas, acima de tudo, com suas atitudes. É o que tornava seu amor tão especial. Nunca era um peso, mas sempre uma alegria.

E aquele amor vivia em todos nós. Às vezes, da forma mais profunda. Era um amor cuja luz iluminava nossos momentos mais sombrios. Mas era para muitos um amor tranquilo, sutil. Um amor puro expresso simplesmente pela forma como nos sentíamos em sua presença. Um amor tão rico que ele só precisava segurar nossa mão. Tantas foram as mãos que ele segurou:

- Sobreviventes de abusos.
- Pais de seus irmãos e irmãs de uniforme que faleceram em combate.
- Vítimas de crimes violentos em sua amada cidade de Wilmington.

Esta é a história do meu irmão; neste exato momento, há milhares de pessoas contando estas histórias. Uma mesma história, sobre quando Beau Biden lhes segurou a mão.

Só me gabo de uma coisa: ele segurou a minha mão primeiro.

Penso que 42 anos atrás, Deus nos deu um presente. O presente de poupar a vida do meu irmão por tempo o bastante para que ele distribuísse amor suficiente para milhares de vidas. Deus nos deu um menino que não tinha limites para o amor que era capaz de carregar.

E tudo terminou da forma como começou. Sua família ao redor, todos segurando sua mão com firmeza, desesperadamente. E eu segurei a mão dele, e ele deu seu último suspiro.

Sei que fui amado. E sei que a mão dele jamais largará a minha.

Barack Obama

"Um homem", escreveu um poeta irlandês, "é original ao pregar a verdade que sempre foi do conhecimento de todos os bons homens." Beau Biden era original. Era um homem bom. Um homem de caráter. Um homem que amava profundamente, e era amado de volta.

Vossas eminências, vossas excelências, general Odierno, distintos convidados; para Hallie, Natalie e Hunter; para Hunter, Kathleen, Ashley, Howard; o restante da linda família de Beau, amigos, colegas; para Jill e para Joe — estamos aqui em luto com vocês, porém, o que mais importa, estamos aqui porque amamos vocês.

Sem amor, a vida pode ser fria e cruel. Às vezes, trata-se de uma crueldade deliberada — os atos de agressores ou preconceituosos, ou a apatia dos que se mantêm indiferentes à dor dos outros. No entanto, é comum a crueldade advir simplesmente da vida, uma questão de destino ou da vontade de Deus, cuja compreensão está além de nossa capacidade como mortais. Sofrer esse tipo de crueldade intangível, aparentemente aleatória, pode endurecer o mais terno dos corações ou fazer encolher o mais robusto. Pode encher alguém de malícia, amargor, autopiedade. Ou, parafraseando um antigo provérbio, pode levar tal pessoa a implorar por uma sina mais leve.

Contudo, para quem for forte o bastante, pode também fazê-lo pedir a Deus ombros mais largos; ombros largos o bastante para sustentar não só os próprios fardos, mas também os de outros; ombros largos o suficiente para proteger aqueles mais necessitados de abrigo.

Ter conhecido Beau Biden é saber qual foi a escolha feita por ele em sua vida. Conhecer Joe e o restante da família Biden é entender o motivo de Beau ter vivido da maneira como viveu. Para Beau, uma cruel armadilha do destino veio muito cedo — o acidente de carro que tirou a vida de sua mãe e sua irmã e confinou Beau e Hunter, na época ainda tão pequenos, a camas de hospital durante o Natal.

Mas Beau era um Biden. E não demorou a aprender a regra da família: se você precisa pedir ajuda, é porque já é tarde demais. Isso significa que você nunca está sozinho; não precisa sequer pedir, pois alguém sempre estará ao seu lado quando você precisar.

E assim, após o acidente, tia Valerie surgiu de imediato para cuidar dos meninos e continuou depois a ajudar em sua criação. Joe seguiu no serviço público, mas dispensou as moradias de Washington e preferiu voltar todos os dias para casa, durante décadas, para poder cumprir os deveres que mais amava: deixar os filhos na escola, dar-lhes um beijo de boa-noite, fazer com que soubessem que seu mundo era estável e estavam seguros em casa.

Como o próprio Joe me confidenciou, não fazia isso só porque os filhos precisavam dele, mas também porque ele precisava dos filhos. E, de alguma forma, Beau sentiu isso, o quão compreensível e profundamente traumatizada estava sua família e seu pai. Assim, em vez de usar o trauma de infância como justificativa para uma vida de autocomiseração e egocentrismo, aquele menino tão novo tomou uma decisão de adulto: viveria uma vida com propósito. Viveria uma vida pelos outros. Pediria a Deus ombros mais largos.

Beau guiaria e protegeria seu irmão mais novo. Receberia de braços abertos sua nova mãe — parece que os meninos perguntavam ao pai, timidamente, quando todos poderiam se casar com Jill —, e, ao longo de sua vida, ninguém faria Jill rir com tanta alegria. Ele cuidaria da irmã pequena, Ashley. Seria para sempre aquela pessoa que faria o certo, com a atenção de jamais dar motivo para que sua família ou seus amigos se preocupassem.

Não é segredo que, em grande parte, o motivo de Beau ser como era residia no amor e na admiração que sentia pelo pai. Estudou direito, como o pai, cursando inclusive a mesma faculdade. Tornou-se funcionário público, como o pai, por acreditar ser uma carreira nobre e importante. Com o pai, aprendeu a se levantar quando a vida o derrubava. Aprendeu que não era melhor do que ninguém, nem pior — algo que Joe aprendeu com a mãe, por sinal. E aprendeu a fazer todos os demais sentirem que tinham importância, pois seu pai lhe ensinou que todo mundo importa.

Ele até mesmo se parecia e soava como Joe, embora eu imagine que Joe seria o primeiro a reconhecer que Beau era uma versão aperfeiçoada, o Joe 2.0. No entanto, por mais que lembrasse Joe, Beau tinha identidade própria. Era original.

Eis um descendente de uma família incrível, que deixou de lado a possibilidade do privilégio em prol da recompensa mais árdua e gratificante de construir seu próprio nome. Eis um soldado que se esquivou da glória para exalar verdadeira modéstia. Um procurador que defendia os indefesos. Um raro político com mais admiradores do que detratores e uma figura pública ainda mais rara por priorizar a vida pessoal acima de qualquer outra coisa.

Beau não tomava atalhos. Recusou a indicação para ser procurador-geral de Delaware pois queria obter o cargo por merecimento. Diante de um cenário favorável para concorrer ao Senado, escolheu cumprir até o fim o mandato de procurador-geral. Não tomou essas decisões buscando agradar a opinião pública, sempre cínica — era simplesmente quem ele era. Quando tinha vinte e poucos anos, ele e um amigo foram parados por excesso de velocidade perto de Scranton. E o policial reconheceu o nome na carteira de motorista, e, por ser fã do trabalho de Joe junto à polícia, quis liberar Beau só com uma advertência. Mas Beau pediu para que o multasse. Beau não aceitava vantagens por causa do sobrenome.

Após o 11 de Setembro, ele entrou para a Guarda Nacional. Julgava ser uma obrigação — parte do que significa ter aqueles ombros largos. Cumpriu seu dever para com seu país e foi para o Iraque, e o general Odierno já nos falou com eloquência sobre o serviço do major Biden. O que posso acrescentar é que, quando ajudava a carregar suprimentos para zarpar em Dover, muitos repórteres queriam entrevistá-lo. Beau se recusou. Considerava-se nada mais do que um soldado.

Estive com ele quando visitei o Iraque; portava-se da mesma forma. Sua convocação foi difícil para Hallie e as crianças, da mesma maneira que para tantas outras famílias ao longo dos últimos quatorze anos. Foi difícil para Joe, difícil para Jill. Também por isto, Jill se empenhou com tamanha intensidade em seu trabalho com famílias militares. Estejam cientes, portanto, o quão a sério Joe está sendo quando brada em todos os seus discursos para que Deus proteja nossas tropas.

Assim como o pai, Beau era desprovido de qualquer traço de maldade. A crueldade a ele reservada pela vida não o endureceu, fez dele solidário e empático. Mas o fez abominar os agressores.

O avô de Beau, pai de Joe, acreditava não haver nenhum pecado mais repulsivo do que o abuso de poder para infligir dor a terceiros. Beau, assim, se prontificou a proteger as pessoas desse tipo de abuso. Lutou em nome de proprietários de imóveis enganados, de idosos ludibriados. Levantou-se até contra o bullying propriamente dito. Estabeleceu uma força-tarefa contra predadores de crianças, condenou mais de duzentas pessoas que se aproveitavam de meninos e meninas vulneráveis. E conduziu o processo de forma atenta ao sofrimento dos outros, lançando mão de especialistas de forma a poupar as crianças e suas famílias de mais traumas.

Este era Beau. Alguém que se importava. Alguém que nos encantava, alguém que nos desarmava, nos deixava à vontade. Se tinha que comparecer a um evento chique de arrecadação de fundos com pessoas que se levavam excessivamente a sério, caminhava na sua direção e sussurrava no seu ouvido alguma coisa tremendamente inapropriada. O filho de um senador, um major do Exército, o político mais popular de Delaware — desculpe, Joe —, mas ainda assim se permitia dançar só de short e sombreiro no Dia de Ação de Graças se isso lhe valesse uma boa risada daqueles que amava. E, apesar disso, era o mesmo funcionário público exemplar, sempre com um caderno no bolso de trás da calça para poder anotar os problemas de todos que encontrava e resolvê-los quando voltasse ao escritório.

Como era um Biden, os títulos advindos da família — marido, pai, filho, irmão, tio — eram valorizados por Beau acima de quaisquer outros. Falamos aqui de um homem que, na convenção nacional do Partido Democrata, em vez de passar todo seu tempo nos bastidores com doadores ou fazendo contatos, subia e descia as escadas rolantes várias vezes com seu filho. Sabia, assim como Joe aprendera, o que importava de fato na vida.

Vocês sabem, qualquer pessoa consegue ficar famosa hoje em dia, na era dos reality shows, e em especial na política atual. Quem consegue aparecer mais — ou é polêmico o suficiente — consegue alguma atenção. Mas conseguir que a fama signifique algo, deixá-la associada na lembrança dos outros com dignidade e com integridade é raro. Para isso não existe atalhos. Não é algo que se compre. Mas quem cria os filhos da forma correta talvez consiga passar adiante esta mensagem. E não pode existir herança maior. Qual herança supera ter sido parte de uma família transmissora dos valores da boa paternidade, do que significa ser um verdadeiro cidadão, do que significa retribuir tudo que se recebeu de bom, plena e livremente, sem esperar nada em troca?

É assim que nosso país foi construído, por homens como Beau. Quem o construiu foram famílias como esta. Aqui não há reis, rainhas ou lordes. Não é preciso nascer rico para causar impacto. Não é preciso pisar uns nos outros para ser bem-sucedido. Temos o incrível privilégio de extrair da vida o que precisamos, sabendo não sermos melhores ou piores que ninguém. Sabemos disso não só por constar em nossos documentos de fundação como nação, mas porque famílias como os Biden fazem disso uma realidade, porque pessoas como Beau fazem disso uma realidade.

Ele fez em 46 anos o que muitos de nós não conseguiriam fazer em 146. Deu tudo o que tinha. Foi um homem em cuja vida os meios tiveram tanta importância quanto os fins. E seu exemplo nos fez querer ser melhores pais, melhores filhos, melhores irmãos ou irmãs, melhores em nossos trabalhos, melhores soldados. Ele nos fez querer ser melhores pessoas. Não é assim, afinal, que se consegue mensurar um homem, a forma como ele vive, como trata os outros, independentemente do que a vida lhe reserve?

Não sabemos quanto tempo nos resta neste mundo. Não sabemos quando o destino vai se fazer presente. Não temos como saber os desígnios de Deus. Mas sabemos que em cada minuto que tivermos nesta vida, podemos viver de forma a não considerar que as coisas venham de mão beijada. Podemos amar profundamente. Podemos ajudar quem precisa. Podemos ensinar aos nossos filhos tudo aquilo que importa, transmitir-lhes empatia, compaixão e abnegação. Podemos ensinar-lhes a ter ombros largos.

À família Biden — este clã tão abrangente e íntimo —, sei o imenso vazio que a perda de Beau deixou em seu mundo. Hallie, posso apenas imaginar o fardo que você carregou nos últimos dois anos. E foi por você ter lhe dado tudo, que ele pôde nos dar tudo. E assim como você esteve lá para ele, nós estaremos aqui para você.

Natalie e Hunter, não há palavras para descrever como seu pai amou vocês e o quanto ele amou sua mãe. Mas eu lhes digo o seguinte: Michelle, Sasha, Malia e eu nos tornamos parte da família Biden, somos membros honorários agora. E vale a regra dos Biden: estamos sempre aqui para vocês. E sempre estaremos. É minha palavra de Biden.

Joe e Jill, como todos os demais aqui, Michelle e eu somos gratos a Deus por termos vocês em nossas vidas. Tê-los ao nosso lado nesta jornada é uma das grandes alegrias de nossas vidas. Joe, você é meu irmão. E agradeço todos os dias por seu coração enorme, por sua alma enorme e por estes ombros largos. Não poderia admirá-lo mais.

Conheci a mãe de Joe, Catherine Eugenia Finnegan Biden, antes de ela falecer. Quando fomos eleitos para o primeiro mandato, ela estava no palco conosco. E sei que ela disse a Joe certa vez que, de tudo de ruim que nos acontece, sempre podemos extrair algo de bom se soubermos prestar atenção. Imagino que estivesse canalizando aquele mesmo poeta irlandês que citei no início, Patrick Kavanagh, quando ele escreveu: "E vos disse, deixai o luto ser uma folha caída na aurora do dia."

Por mais difícil que seja agora, em meio à mágoa e às lágrimas, nossa obrigação para com Beau é pensar não no que foi ou poderia ter sido, mas em tudo aquilo que é, por causa dele. Pensar no futuro com mais segurança para crianças por causa de Beau, crianças cujas vidas são mais plenas devido a ele. Pensar no futuro para os pais que respiram aliviados e as famílias que se sentem mais tranquilas, por causa dele. Talvez haja pessoas que nunca saibam como suas vidas são melhores por causa de Beau Biden. Tudo bem. Para ele, os elogios nunca foram a razão de ser do serviço público.

Mas as filas de pessoas que vieram prestar suas homenagens durante a semana inteira — elas sabem. A montanha de cartas que tomou a sala da correspondência da Casa Branca — essa gente sabe. Soldados que serviram com Beau, aqueles que entraram para a Guarda Nacional por sua causa. Os trabalhadores do Verdi's que ainda têm lar graças a ele e lhe foram gratos por ajudá-los a servir mesas em uma noite de restaurante lotado. Os alunos de Newark que se lembram da ocasião em que Beau passou horas conversando com eles, incansável, mesmo depois de um discurso, mesmo depois de sua prova física para a Guarda Nacional. A mulher de Rehoboth que guardou por cinco anos uma mensagem de voz gentil dele, e que escreveu dizendo: "Amava a forma como ele amava sua família." E o desconhecido que escreveu do outro lado deste país maravilhoso só para dizer: "Tudo o que nós podemos esperar neste mundo é que nossos filhos nos deem orgulho fazendo diferença. Beau mais do que cumpriu esta expectativa. E o mundo reparou."

Jill, Joe, Hallie, Hunter, Natalie, o mundo reparou. Reparou e sentiu a presença dele. E Beau permanece vivo na vida dos demais. Não é esta nossa razão de existir? Tornar este país que amamos mais justo e igual, não só para Natalie e Hunter ou Naomi, ou Finnegan, ou Maisy, ou Malia, ou Sasha, mas para todas as crianças? Não é este o sentido desta jornada fantástica em que embarcamos? Tornar melhor a vida das próximas gerações?

Beau se deu conta disso bem cedo na vida. Que legado ele nos deixou. Que exemplo estabeleceu.

"Por obra e graça da sorte, nossos corações terão sido tocados pelo fogo na juventude", disse Oliver Wendell Holmes Jr. "Mas, acima de tudo, aprendemos que, escolha um homem aceitar do Destino sua pá, fitar o solo e cavar, ou dos Anseios seus laços e sua machadinha e com elas escalar as geleiras, o único êxito que lhe cabe apregoar é o de preencher seu trabalho com todo o coração."

Beau Biden preencheu seu trabalho com todo o coração. Preencheu a vida de sua família com todo o coração. Que homem bom. Que figura ímpar.

Que Deus abençoe sua memória e as vidas de todos tocados por ele.

Agradecimentos

Esta não foi uma história fácil de contar. Houve vários dias em que tive dificuldade em revisitar este período, e minhas lembranças de certos acontecimentos eram, às vezes, turvas. Há uma série de pessoas com quem pude contar para me ajudar nas memórias, reconstruir a cronologia e me dar força.

Obrigado, por tudo isso e muito mais, a Kathy Chung, Mark e Libby Gitenstein, Colin Kahl, Michael Carpenter, Juan Gonzalez, Jeffrey Prescott e Tony Blinken.

A Steve Ricchetti, Mike Donilon, Danielle Carnival, Don Graves e Bob Bauer. A Kevin O'Connor e John Flynn.

Obrigado a toda a equipe extraordinária do M.D. Anderson: dr. W. K. Alfred Yung, dr. Raymond Sawaya, dr. David Ferson, dr. Frederick Lang, Eva Lu Lee, Chris Hagerman e Yolanda Hart.

Obrigado ainda ao pessoal da CAA por conduzir este livro até uma editora — Richard Lovett, Craig Gering, Mollie Glick e David Larabell; e ao pessoal da Flatiron Books por conduzi-lo aos leitores — Bob Miller, Colin Dickerman, Greg Villepique e James Melia.

Este livro não teria sido possível sem o talento, a paciência e o trabalho pesado de Mark Zwonitzer. Não poderia ser mais grato a ele.

E obrigado à minha nora Hallie, à minha filha Ashley, ao meu filho Hunter, ao meu genro Howard e ao meu irmão Jimmy. Um agradecimento especial à minha irmã Valerie. E, acima de tudo e de todos, obrigado, Jill.

1ª edição	OUTUBRO DE 2020
impressão	LIS GRÁFICA
papel de miolo	PÓLEN SOFT 80G/M²
papel de capa	CARTÃO SUPREMO ALTA ALVURA 250G/M²
tipografia	ADOBE GARAMOND